Laxmi Paula Horan

Das große Buch der Reiki Kraft

Laxmi Paula Horan

Das große Buch der Reiki Kraft

Das Handbuch für die persönliche und globale Transformation

WINDPFERD

Hinweis

Das Buch macht den Leser zwar mit einer Reihe von Hilfsmitteln zur Heilung und Selbstheilung bekannt, will aber keinesfalls bindende therapeutische Ratschläge zur Behandlung spezifischer Krankheiten geben. Autorin und Verlag empfehlen deshalb, dass Sie zur Behandlung jeder Krankheit einen Arzt oder Heilpraktiker konsultieren, bevor Sie mit einer Therapie beginnen.

Die Informationen in diesem Buch sind für Interessierte und zur Weiterbildung gedacht und nicht als Therapie- oder Diagnoseanweisungen im medizinischen Sinne zu verstehen.

Dr. phil. Laxmi Paula Horan

13. überarbeitete und erweiterte Auflage 2005
Die 1.–12. Auflage erschien unter dem Titel: *Die Reiki Kraft*

Umschlaggestaltung: Peter Krafft Designagentur, Bad Krozingen
Zeichnungen im Innenteil: Peter Ehrhardt
Aus dem Amerikanischen übertragen von Matthias Dehne
Gesamtherstellung: Schneelöwe Aitrang
ISBN 3-89385-447-9
www.windpferd.de

Printed in Germany

Allen Suchenden
auf dem Weg zur EMANENZ
gewidmet.

Inhalt

Danksagung

Das Buch ist untrennbar in die Entwicklung eingebettet, zu der ich mich aus eigenem Antrieb vor fünfunddreißig Jahren mit dem Beginn meiner Suche nach praktikablen Methoden der Selbstheilung verpflichtet habe. Meine ersten Erlebnisse bei der Selbstbehandlung von Epilepsie, Zysten und Tumoren haben mich vieles gelehrt, vor allem aber die Macht des GEISTES[1] über die Materie und die Existenz feinstofflicher Ebenen der Wirklichkeit, auch wenn wir sie mit unserem normalen Auge nicht sehen können. Obwohl unser wahres Selbst stets auch unser bester Lehrer ist, begegnen wir auf dem Weg doch vielen Menschen, die uns leiten und Kenntnisse und Erfahrungen mit uns teilen.

An erster Stelle ist mein Satguru, Shri H.W.L. Poonja aus Lucknow in Indien zu nennen, dessen Liebe, Mitgefühl und unbeirrbar gradliniges Vorbild, mich erst befähigt haben, die Lehrerin zu sein, die ich heute bin. Ohne ihn würde ich wahrscheinlich immer noch auf den verschlungenen Pfaden eines beschränkten intellektuellen Verständnisses herumirren, ohne zu wissen, wer und was ich eigentlich bin. Mit seiner Hilfe habe ich diese grundlegende Frage lösen können, und so gibt es keine Zweifel mehr – nur eine unerlöschliche Neugier für alles Menschliche und alles Leben.

An zweiter Stelle möchte ich meinem Lebenspartner Narayan Choyin Dorje danken. Wir treffen im Laufe unseres Daseins viele Menschen, aber nur wenige Weggefährten, mit denen wir uns wirklich verstehen (auch wenn wir nicht immer ein und derselben Meinung sind). Blindes Verstehen und Vertrauen sind eine große Kraft, denn sie stärken unser Selbstvertrauen und das Vertrauen in das unmittelbare Wissen, das im Herzen wohnt und aus dem Herzen fließt.

Darüber hinaus habe ich das Glück gehabt, auch zu Beginn meines Weges sowie vor und während meiner Ausbildung zur Reiki-Lehrerin viele ausgezeichnete Lehrer zu treffen – zu viele, um sie alle namentlich zu nennen. Ihnen allen bin ich dankbar. Erwähnen möchte ich an dieser Stelle die Lehrer und Mitarbeiter der *University for Humanistic Studies* und das *Institute of Psycho-Structural Balancing* in San Diego, Kalifornien. Ich habe ihre liebevolle Unterstützung dankbar genossen.

Nennen möchte ich ferner Autoren und Lehrer, deren Ideen und Entdeckungen in die erste Version meines Buch Eingang gefunden haben: Paavo Airola, Vicki und Randall Baer, Ken Dychtwald, Eugene Ferson, Bara Fischer, Leonard Orr, Joyce Nelson, John Randolph Price, Sondra Ray, Ida Rolf, William Tiller und Marcel Vogel.

Ich möchte meiner eigenen Reiki-Lehrerin, Kate Nani aus San Diego danken und meinen Schülern im dritten Grad: Don Riches aus London, Glen Of Trees aus New York, Nari Mayo aus Phoenix, Trina MacTee aus Colorado Springs, Dwayne JaQuenex

[1] Die englische Sprache unterscheidet *spirit* und *mind* eindeutig. Im Deutschen werden beide Worte häufig mit „Geist“ übersetzt. In unserem Text wäre dies irreführend, denn hier will *spirit* auf spirituelle Dimensionen der Wirklichkeit hinweisen, während *mind* auf die Gesamtheit der psychischen Schichten des Menschen anspielt. Deswegen ist *spirit* durchgängig mit GEIST und *mind* je nach Zusammenhang mit Intellekt oder Psyche übersetzt.

aus Portland, Gudrun Óladóttir aus Reykjavik, Francine Timothy aus Paris und in Deutschland Karl Everding aus Frankfurt, Brigitte Ziegler und Helga Zepeck-Zimmermann aus München und Barbara Szepan aus Siegsdorf.

Dankbar bin ich Nari Mayo, dass ich ihre Gedichte verwenden durfte; meinem Vater Robert Horan, dass ich an einem ruhigen Ort ungestört schreiben konnte und er mir half, meine Arbeit in Europa auf eine gesunde Grundlage zu stellen; und Dwayne JaQuenex für sein Layout und Lektorat der Erstausgabe, das dem Buch erst seine wunderbar fließende Qualität geschenkt hat.

Darüber hinaus möchte ich mich auch bei meinen Schülerinnen und Schülern bedanken: Sie haben mich immer wieder darin bestärkt, dieses Buch zu schreiben.

Ihnen, liebe Leserin, lieber Leser, schließlich sei dafür gedankt, dass Sie, das Ziel vor Augen, den Weg der Transformation stetig beschreiten.

Vorwort

Das große Buch der Reiki Kraft klärt uns so tief und umfassend über Reiki auf wie kein anderes Buch[2], und das ist sicherlich ein Verdienst der Autorin. Laxmi Paula Horan ist Doktor der Psychologie. Sie kreist das Thema in einem weit schwingenden Bogen ein, nähert sich ihm von vielen Seiten: aus dem Blickwinkel ihres beruflichen Hintergrunds; aus dem Blickwinkel der holistischen Heilerin; aus dem Blickwinkel ihres eigenen geistigen und spirituellen Werdegangs und natürlich, alle diese Ansätze vereinend, aus dem Blickwinkel der Reiki-Lehrerin.

Diese Vielfalt lässt Laxmi über die Unterschiede zwischen den verschiedenen Reiki-Schulen hinauswachsen, die ewigen Gesetze des Reiki aufzeigen und würdigen. Sachlich und differenziert arbeitet sie die Wirkung der universalen Lebensenergie auf die physische, feinstoffliche und verursachende Ebene heraus. Wir folgen ihrer Darstellung und beginnen die Verbindung zwischen Reiki und allen anderen Heilweisen und spirituellen Wegen zu begreifen, die sie uns einfühlsam näher bringt. Aus meiner mannigfaltigen Erfahrung kann ich ihren Entdeckungen und Schlussfolgerungen nur beipflichten. Ich bin Arzt, Reiki-Lehrer, Leiter der *Tree of Life Seminare*, Co-Direktor der ersten Kundalini-Klinik in den Vereinigten Staaten und habe selbst ein Buch zu einem verwandten Thema geschrieben: *Spiritual Nutrition and the Rainbow Diet.*

Meine Arbeit, meine Studien und meine Beobachtungen führten mich zu ähnlichen Schlussfolgerungen wie Laxmi. Wir gehen beide davon aus, dass der Körper sich aus relativ undurchlässigen (der physische Körper) und relativ durchlässigen Energien (die feinstofflichen Ebenen) zusammensetzt. Letztere bezeichne ich als feinstofflich strukturierte Energiefelder. Die feinstofflich strukturierten Energiefelder bewegen sich gleichzeitig schneller *und* langsamer fort als das Licht und reflektieren insofern die Multidimensionalität des Menschen: Sie saugen die kosmische Energie (die schneller schwingt als das Licht) in den Körper (der langsamer schwingt als das Licht) und prägen überdies Struktur und Funktion der emotionalen, psychischen und physischen Ebenen.

Sind die feinstofflichen Energiefelder mit Lebenskraft gesättigt, fördern sie auf der physischen Ebene eine ausgewogene, harmonische Struktur. Wir können uns ihre Wirkung als eine fortwährende Anpassung an niedere Schwingungsebenen vorstellen: Von hoher energetischer Potenz auf die Ebene des physischen Körpers herunter transformiert, sind sie sozusagen der Stempel oder Prägestock, der das DNS/RNS-System gesund aufbaut. Dieses wiederum harmonisiert über seine Weitergabe genetischer Information Enzyme, Proteinsynthese und Zellteilung. Gesunde Zellen teilen sich gesund und arbeiten gesund. Sie garantieren eine gesunde Funktion von Drüsen, Organen und Geweben. Kurz: Sie sind der Garant für Gesundheit und Wohlbefinden.

2 Das Vorwort von Gabriel Cousens wurde zu einer Zeit verfasst als es noch kaum Literatur über Reiki gab. Inzwischen sind auch von anderen Autoren ausgezeichnete Beiträge zum Thema geliefert worden.

Häufig wirkt sich die Wechselbeziehung der an diesem Prozess beteiligten Daseinsebenen jedoch negativ aus: Störungen auf der emotionalen, psychischen und spirituellen Ebene oder ein ungesunder Lebensstil erzeugen Stress. Dieser Stress entzieht den feinstofflich strukturierten Energiefeldern in den meisten Fällen zunehmend Lebenskraft. So können sie die physischen Funktionen nur noch fehlerhaft steuern, und wir werden krank.

Wir können mit diesem Denkmodell den Alterungsprozess neu definieren als: 1. einen Verlust von Lebenskraft und 2. eine Reihe von Auflösungserscheinungen in den feinstofflich strukturierten Energiefeldern. Der zweite Hauptsatz der Thermodynamik bezeichnet dies als Entropie (definiert als: Zustandsgröße von Stoffen, die den Grad der Unumkehrbarkeit physikalischer Prozesse beschreibt, oder einfacher charakterisiert als: Tendenz zur Unordnung). Der Alterungsprozess kehrt sich um, wenn die Lebenskraft zunimmt und die feinstofflich strukturierten Energiefelder kräftigt. Wir werden nicht älter, sondern jünger und gesünder. Nach dem zweiten Hauptsatz der Thermodynamik eigentlich eine Unmöglichkeit, weil er ja gerade von der Unumkehrbarkeit der Entropie ausgeht.

Reiki führt die universale Lebenskraft unmittelbar den feinstofflich strukturierten Energiefeldern zu. Mit dieser Aufladung finden sie zu innerem Gleichgewicht, zu innerer Ordnung. Das heißt: Reiki überwindet die im zweiten Hauptsatz der Thermodynamik festgelegte Tendenz zu Auflösung und endgültigem Zusammenbruch jeder Ordnung und kehrt den Alterungsprozess um. Sie leistet dies sowohl unmittelbar als auch mittelbar über die Harmonisierung des feinstofflichen Körpers und der Chakren.

Disharmonien im feinstofflichen Körper und in den Chakren blockieren den Zufluss der universalen Lebenskraft, so dass sie die menschliche Verkörperung nicht durchdringen kann, weder auf der physischen noch auf der psychischen noch auf der spirituellen Ebene. Die Lebenskraft kann nur durch vollkommen aufeinander abgestimmte und harmonisierte Chakren ungehindert strömen. Dann nährt sie den ganzen Menschen und heilt die emotionale, psychische und spirituelle Ebene unseres Daseins. Nur dann macht sie uns ganz. Sie werden die Tiefe und universale Gültigkeit von Laxmis Buch klarer sehen und würdigen können, wenn Sie sich diesen einfachen Zusammenhang vergegenwärtigen.

Aber Laxmi vermittelt uns noch eine ganze Reihe anderer Einsichten, die zu begreifen wichtig ist. Zum Beispiel, dass Reiki kein monatelanges Studium, ja noch nicht einmal ein intellektuelles Verständnis seiner Wirkungsweise voraussetzt, auch wenn manchem von uns das intellektuelle Forschen und Erklären über alles geht. Reiki ist schön, weil es einfach ist. Reiki demokratisiert das Heilen. Das Buch und Laxmis Lehrtätigkeit in der Dritten Welt zielen darauf ab. Auf den einfachsten Nenner gebracht: Reiki ist wie göttliche Gnade für jeden da, der sich ihr öffnet.

Das große Buch der Reiki Kraft zeigt uns, dass Reiki jedem Wanderer auf dem unendlichen Kontinuum des geistigen Weges praktisch weiterhelfen kann. Beobachtungen an meinen eigenen Schülerinnen und Schülern bestätigen Laxmis Ausführungen. Nach den Einstimmungen erfährt die spirituelle Entwicklung einen qualitativen Sprung. Wie häufig habe ich bei dieser Gelegenheit schon Durchbrüche zu einem reiferen

Erleben der eigenen Gefühle und der Spiritualität gesehen! Die spontane Freude dieser Momente bleibt überdies erhalten, vor allem wenn Sie sich nach der Einweihung kontinuierlich mit der Reiki-Kraft behandeln. Mir gefällt an dem Buch außerdem, dass Laxmi die einundzwanzig Tage der Reinigung und Läuterung vielfach hervorhebt. Dies schärft den Blick. Der Reiki-Schüler kann seine Entwicklung in einem festen Rahmen beobachten und bewusster erleben.

In meinem Buch *Spiritual Nutrition and the Rainbow Diet* habe ich wissenschaftlich nachgewiesen, dass wir Menschen Kristalle sind, zusammengesetzt aus einer Vielzahl von Fest- und Flüssigkeitskristallen. Wir können Laxmis Aussagen zu den Vorgängen auf den einzelnen Schwingungsebenen damit leicht erklären: Disharmonische oder negative Gedanken und Emotionen setzen sich in unserer kristallinen Struktur in Form niederer Schwingungsfrequenzen fest. Reiki hingegen erhöht die Schwingungsfrequenz, dass sie sich auf ihre volle Intensität zu bewegt. Die Schwingungen werden immer kräftiger. Infolgedessen können sich die festsitzenden und undurchlässigen kristallisierten Gedanken nicht mehr halten und ihre Dissonanzen nicht durchsetzen. Sie werden aufgelöst und aus dem physischen und feinstofflichen Körper ausgeschieden.

Wir brauchen negative Gedanken und Emotionen nur zu beobachten. Anstatt uns auf sie einzulassen, sollten wir sie besser wahrnehmen, fühlen und dann loslassen. Wenn wir so vorgehen, verschwinden sie sehr schnell aus Körper und Seele. Und wenn dann die Dissonanzen endgültig aus dem Körper gewichen sind, schwingt seine kristalline Struktur mehr mit der universalen Lebenskraft mit und kann sich auch offener und freier bewegen. Je mehr Lebenskraft den Körper unbehindert durchpulst, desto leichter lässt sich in ihm die transformierende Kundalini-Kraft erwecken. Nach der Erweckung der Kundalini-Kraft aber lösen sich alle körperlichen und geistig-seelischen Sperren noch schneller.

Reiki demokratisiert nicht nur Heilung und Selbstheilung, es eröffnet überdies auch dem Nicht-Meditierenden den Zugang zu einer spirituellen Transformation, die gewöhnlich nur verwirklichen kann, wer auf einem geistigen Schulungsweg den Pfad der Meditation beschreitet. Laxmi schreibt sehr leidenschaftlich und mit sehr viel Liebe über das Thema. Wir spüren das ganze Buch hindurch ihre Freude, Begeisterung und Kreativität, so dass wir ihr leicht folgen und die Anwendungsmöglichkeiten der universalen Lebenskraft in vielen verschiedenen Heilmethoden und Lebensbereichen nachvollziehen können.

Vielleicht fragen Sie sich, wie Reiki beim Fasten die Giftstoffe im Körper lösen und ausscheiden kann. Oder Sie möchten gern wissen, ob sie bei Maschinenpannen wirkt. Ich kann es bestätigen, denn ich habe es selbst erlebt: Auf einer Workshop-Reise durch Europa sperrte sich meine Frau ungewollt in die Toilette des Museums von Genf ein, weil sich das Schloss plötzlich verklemmte. Jemand machte sich auf die Suche nach dem Hausmeister. Während wir auf ihn warteten, behandelte ich das Schloss mit Reiki. Nach ein paar Minuten ließ es sich wieder öffnen; meine Frau war frei.

Bei den Fastenretreats unter meiner Leitung üben wir eine Kombination von Gruppen-Reiki und Kristall-Heilung, welche die Toxine mobilisiert und mögliche Nebenwirkungen oder Begleitsymptome ihrer Ausscheidung abzuschwächen scheint. Wie ist dies möglich? Dr. Tilden, ein anerkannter Experte der Toxikämie, hat nachweisen können, dass die Fähigkeit zur Entgiftung und Entschlackung von der allgemeinen Vitalität des Körpers abhängt. Das heißt: Je offener die Kanäle der universalen Lebenskraft im Körper sind, desto leichter kann er sich entgiften.

Das Buch gewährt uns einen tiefen Einblick in die inneren Gesetzmäßigkeiten des Reiki. Es ist für viele Leser geeignet, den erfahrenen Reiki-Lehrer nicht weniger als den Neuling. Laxmis große Erfahrung auf dem Gebiet der holistischen Heilverfahren und ihr Verständnis des eigentlichen Heilungsprozesses schenken dem Buch Klarheit und Reichtum. So kann sie uns zeigen, was die Reiki-Kraft und was die Grundfaktoren der Heilung sind.

Reiki ist eine Gnade, das Buch eines ihrer kostbaren Geschenke.

Dr. med. Gabriel Cousens
Dezember 1988

Der Reiki-Weg – immer neu und immer verlässlich

Geleitwort zur überarbeiteten Neuauflage

Es ging in meinem Leben auf und ab wie auf einer Achterbahn, als ich 1989 *Das große Buch der Reiki Kraft* in seiner ursprünglichen Fassung unter dem Titel *Die Reiki Kraft* niederschrieb. Ich war damals auf der Suche nach einer geeigneten Ausdrucksform, die mir erlauben würde jene Wahrheiten angemessen zu vermitteln, die ich tief in mir spüren konnte – die aber vielleicht noch nicht vollkommen ausgereift waren. Das Manuskript kam in Abschnitten zusammen. Einen Teil konnte ich im Hause meines Vaters schreiben, der damals in der Nähe von Kaiserslautern wohnte. Die übrigen Kapitel entstanden in Hotelzimmern auf einer unendlich langen Tour allein im Auto kreuz und quer durch die USA von New York bis nach San Francisco, und im Haus einer guten Freundin in der Nähe von Los Angeles. Aber das rastlose Auf und Ab und Hin und Her ist dem Buch nicht anzumerken. Es hat sich gewissermaßen selbst geschrieben. Ein unglaubliches Gefühl der Dankbarkeit durchströmte mich, und der Prozess des Schreibens hatte eine gewisse Ähnlichkeit mit einem perfekten Wellenritt. Eine runde, harmonische Erfahrung, die mich mit vielen glücklichen Momenten beschenkte. Vielleicht beruht der bis heute anhaltende Erfolg des Buches auf den Gefühlen von Einheit, Gnade und Glück, die mich beim Schreiben begleiteten.

Als ich die *Reiki-Kraft* verfasste hatte ich eigentlich nur die Absicht, meinen Schüler einige nützliche Hinweise zur Arbeit mit Reiki mit auf den Weg zu geben. Außerdem wollte ich Reiki bekannt machen, es in der Welt verbreiten. Viele werden sich nicht einmal an die Situation erinnern, aber es gab damals tatsächlich nur ein einziges anderes Buch über Reiki, das bei einem kommerziellen Verlag verlegt worden war! Daneben ein paar im Eigenverlag vertriebene Praxisbücher wie ich eines zu schreiben gedachte, von Lehrern für ihre Schüler auf Schreibmaschine getippt und hektographiert. Wie anders sieht die Situation dagegen heute aus! Mit weit mehr als einhundert Buchtiteln weltweit auf dem Markt, braucht Reiki gewiss keine Werbung mehr. Wahrscheinlich gibt es inzwischen in jedem Land der Erde zumindest ein paar Leute, die Reiki praktizieren, und in einigen Ländern ist es so vollständig etabliert und integriert, dass sogar Krankenversicherungen die Kosten für eine Reiki-Behandlung erstatten.

Reiki hat zweifellos einen langen Weg und einen steilen Aufstieg hinter sich. Dasselbe trifft auf mein erstes Buch zu, obwohl es mittlerweile in Teilen veraltet ist. Weil das Buch dem heutigen Wissen nicht mehr voll entspricht, sich jedoch trotzdem noch einer gewissen Popularität erfreut, nahm ich auch die Anregung des Windpferd Teams sehr dankbar an, es für diese Neuauflage von Grund auf zu überarbeiten und zu erweitern. Das war ein bisschen kniffelig, denn die Unbefangenheit und vielleicht auch etwas blauäugige Naivität jener Anfangsjahre in der Reiki-Bewegung nötigt uns heute vielleicht nur noch ein müdes Lächeln ab. Wie ich meine zu Unrecht, denn wir brauchen die Begeisterung und die Frische, die aus ihnen sprechen, für unsere Arbeit mit Reiki, unabhängig von Zeit und Ort. Ehrlicher Idealismus und Einsatz für die heilende Energie des Reiki ist heute nicht weniger wichtig als zur Zeit der ersten Gehversuche des Usui-Systems hier bei uns im Westen. Nur auf die richtige Mischung von Enthusiasmus und Bodenhaftung kommt es an. Diese will ich mit der überarbeiteten Neuauflage in einer für unsere gegenwärtigen Bedürfnisse angemessenen Form neu formulieren.

Als Erstes wird der Leser bemerken, dass auf dem Cover ein neuer Vorname erscheint. Ich erhielt den Namen Laxmi (sprich: Lackschmieh), weil seine inneren Eigenschaften einige meiner prägenden aber eher im Hintergrund schlummernden Charakterzüge hervorheben und ihren Ausdruck in meinem Leben fördern. Alle Worte und vor allem Namen tragen eine spezifische Schwingungsfrequenz. In diesem Sinn entspricht der Name „Paula" einem leeren Gefäß, in dem sich die alten in der Kindheit geformten geistigen und emotionalen Muster sammeln, die es endgültig loszulassen gilt. Mit anderen Worten, jede Fortsetzung der „Paula"-Frequenz liefe auf eine Fortsetzung oder Wiederbelebung der alten Verhaltensweisen hinaus.

Mein Satguru[3] und Meister H.W.L. Poonja aus Lucknow in Indien gab mir 1993 den Namen Laxmi. Wir Schüler nannten ihn liebevoll *Papaji*. Aber Liebe und Güte war nur eine von Papajis vielen Seiten. Eine andere war der „Schlächter", der jedes Ego, das ihm in den Weg kam, stilvoll und elegant niederzumachen verstand. Als „der Schlächter" konnte er sehr unbequem sein. Deswegen war er uns natürlich in seiner Erscheinung als verständiger Großpapa sehr viel lieber, die er vor allen in den letzten Jahren seines Lebens vornehmlich ausstrahlte. Bei einem Satsang[4] am frühen Morgen gab er mir also den Namen Laxmi und wiederholte dabei mehrfach, dass mir dieser Name auf dem Weg der direkten Erkenntnis weiterhelfen würde. „Laxmi", sagte er, „kann auflösen, was ‚Paula' zurückhält und klein macht. Laxmi lässt dich erkennen, dass alle deine Wünsche in jedem Augenblick erfüllt sind, wenn du den Augenblick nur wahrnimmst – und vor allem den erkennst, der diesen Augenblick erkennt." Da die direkte Wahrnehmung in jedem Daseinsmoment inzwischen auch den Kern meiner Arbeit mit Reiki ausmacht, ist es nur angemessen, dass ich mich entschieden habe, von nun an den mir von Papaji gegebenen Namen auf das Cover meiner Bücher zu setzen. Er sagt auch etwas über mein gewachsenes Verständnis von Reiki aus und darüber, wie ich das Usui-System an andere weitergebe.

In Indien sieht man Laxmi vor allem als die Göttin der Fülle und des Reichtums. Die meisten beten zu ihr nur, weil sie sich den Wohlstand und vor allem das viele Geld ersehnen, die der äußerliche Ausdruck der viel tieferen und reicheren Energie Laxmis

[3] Der Meister, der durch sein eigenes Sein und Tun die Unteilbarkeit und die Befreiung allen Seins verkörpert. Ein Satguru ist der beste aller Lehrer, weil er bereits in sich verwirklicht hat, was er mit anderen teilt.

[4] Wörtlich bedeutet Satsang: Im Angesicht der Wahrheit zusammensitzen und sie miteinander teilen. Manchmal bezieht es sich auch auf die Gemeinschaft der Praktizierenden auf dem Weg der Nicht-Dualität.

sind. Wer hingegen die Energie Laxmis aus der Nähe erkannt und gefühlt hat, der weiß auch, dass sie uns in ihrem tieferen Aspekt lehren kann, in jedem Augenblick unseres Lebens zufrieden, erfüllt und im wahrsten Sinne des Wortes „ganz“ zu sein. Mit anderen Worten, Laxmi verhilft uns zur Erfahrung unerschöpflicher Fülle auf der Grundlage dessen, was wir sind – und nicht auf der Grundlage dessen, was wir haben. Sie zeigt uns, dass es auf unser eigenes Selbstwertgefühl ankommt, nicht auf den äußerlichen Besitz. Und ist nicht die untrennbare Verbundenheit mit der universalen Lebensenergie unser größter Besitz?

Aber nicht nur der Name auf dem Cover hat sich verändert, was sich noch sehr viel mehr verändert hat ist unser Wissen über den Hintergrund und die Geschichte des Reiki. Seit dem ersten Erscheinen des Buches 1989 sind wir in dieser Hinsicht an Einsicht gereift. Es darf inzwischen als erwiesen gelten, dass die ursprüngliche von Hawayo Takata verbreitete Geschichte, vor allem in Hinblick auf das Leben Usuis mehr eine Legende denn ein Geschichte war. Aus diesem Grund habe ich in der Neuauflage die im Laufe der letzten zehn Jahre gewonnenen neuen Kenntnisse berücksichtigt. Die wichtigsten Veränderungen im Buch betreffen jedoch meine eigenen inneren Wandlungen und auch meinen etwas anderen Lehrstil. Deswegen ist *Das große Buch der Reiki Kraft* in dieser überarbeiteten Version wieder ein getreuer Spiegel des Ansatzes, unter dem ich Reiki verstanden haben möchte – als einen Pfad zu innerer Zufriedenheit und allumfassender Gesundheit.

Ich bin dem Usui-System der natürlichen Heilung heute so verbunden wie eh und je, auch wenn ich darüber hinaus anderen Wegen folge – etwa dem meines Meisters Papaji und dem meiner tibetischen Lehrer. Auch lehre ich heute Reiki nicht mehr so häufig und regelmäßig wie früher. Seminare kommen nur noch auf Anfrage zustande. Wenn mir jemand schreibt und mich im Namen einer Gruppe von Freunden und Bekannten um die Einstimmungen und dazugehörigen Unterweisungen bittet, komme ich gern und lehre Reiki, wie es mir am Herzen liegt. Aber einen regelmäßigen Kurskalender, den stelle ich nicht mehr auf. Außerdem gab es eine Periode von zehn Jahren, in der ich keinen einzigen neuen Lehrer ausgebildet habe. Das lag wohl vor allem daran, dass ich nach 1994 mein Training für angehende Reiki-Lehrer radikal umstrukturierte, von einer kurzfristigen Begegnung hauptsächlich auf der Basis eines Austausches von Geld gegen Technik hin zu einer echten Lehrer Schüler Beziehung und einer auf zwei bis drei Jahre angesetzten individuellen Lehrzeit. Die Begeisterung dafür war anfangs nicht sehr groß, was mich aber nicht beirrte. Inzwischen hat sich dies geändert. Jetzt scheint es einige Interessenten zu geben, die gerade eine solche Beziehung suchen und deswegen offen sind für eine langfristige spirituelle Lehrzeit.

Mir kommt es vor allem darauf an, dass die Menschen einen langfristigen Nutzen aus einem Reiki-Seminar oder aus ihrer Ausbildung zum Lehrer oder zur Lehrerin gewinnen – eine Grundlage für viele Jahre der Praxis und der inneren Entwicklung. Die Kraft der universalen Lebensenergie lässt sich nur ehrlich und authentisch vermitteln, im Geiste des Heilens und Dienens zum Wohle aller Wesen und mit dem Wunsch nach echter Selbsterforschung verbunden – was den monetären Austausch zwar nicht ausschließt, aber auf der Skala der wichtigen Faktoren auf einen der hinteren Plätze verweist.

Zu altruistischer Motivation möchte ich selbstverständlich auch mit meinen Büchern inspirieren. Es geht nicht allein um eine Vermittlung der Techniken und Prinzipien, die der Anwendung und Heilung mit universaler Lebensenergie zu Grunde liegen. Im Idealfall sollte jeder Reiki-Praktizierende ein direktes und persönlich gewachsenes Gespür für den wahren GEIST[5] des Reiki bekommen, was ich in der Erstausgabe des Buches mit dem Begriff der EMANENZ[6] anzudeuten versucht habe. Dieser umschreibt ein sehr klares und eindeutiges Gefühl, das sich aber trotz aller Eindeutigkeit nicht absolut bestimmen und in einem einfachen Sinne definieren lässt. Etwa wie die Liebe für einen bestimmten Menschen. Natürlich kann ich begründen, warum ich einen Menschen liebe, aber selbst in ihrer Summe erklären alle diese Gründe es nicht. Wie die wahre LIEBE gleicht der GEIST des Reiki also einer Melodie, die unser Herz berührt und unsere Seele in Sehnsucht und Erfüllung singen lässt. Und darüber hinaus erweckt sie unsere Bereitschaft zu mehr Hingabe und, wenn nötig, auch zum Verzicht auf die sofortige Durchsetzung der kurzfristigen Interessen unseres Ich.

Um solche Feinheiten zumindest anzudeuten, sind in der Neuausgabe eine ganze Reihe von Textpassagen gegenüber der Erstausgabe mit dem Titel *Die Reiki Kraft* verändert. Nur wenige Abschnitte blieben bei der Redaktion unangetastet. In einigen Kapiteln wurde eine Menge Text hinzugefügt. Gedanken wurden ergänzt und weiter ausgeführt, die mit der Zeit und durch die Reiki-Praxis gereift sind. Die Grundgedanken des Buches sind hier also klarer und ausführlicher vermittelt und begründet. Mein Ziel bei der Bearbeitung war, hauptsächlich das zu verändern, was zur Vermittlung der Veränderung meiner aus Lern- und Lehrerfahrung gewachsenen Sicht entscheidend schien.

Reiki lässt sich unter ganz verschiedenen Vorzeichen und auf vielen verschiedenen Ebenen des Weltverständnisses praktizieren. Es erlaubt viele verschiedene Perspektiven und Weisen des Herangehens, ganz einfach weil es so unvorstellbar einfach ist. Keiner der möglichen Ansätze verdient Verunglimpfung oder gar Herabsetzung, vorausgesetzt es handelt sich um wirklich gut gemeinte Versuche, anderen zu helfen – und vorausgesetzt der Lehrer oder die Lehrerin, die ihr eigenes System vertreten, meinen auch tatsächlich, was sie sagen und handeln in Übereinstimmung mit ihren Worten. Ich finde es großartig, wenn jemand sich ehrlich darauf beschränkt, Reiki nur als ein System zum Wohlfühlen und zur natürlichen Gesundheit zu lehren, ohne alle spirituellen Hintergedanken. Wenn diese Ziele gewährleistet sind, ist schon viel erreicht. An Entspannung und physischem Wohlbefinden lässt sich nicht herummäkeln!

Deswegen können wir den spirituellen Aspekt des Reiki diskret andeuten und brauchen ihn nicht immer laut heraus zu posaunen. Das ist in vielen Fällen gar nicht angemessen. Es gibt genug Leute, denen das Wort „Spiritualität" ein gewisses Unbehagen verursacht. Was wohl vor allem daran liegt, dass der Begriff mit vielen irreführ-

[5] Einige Begriffe erscheinen im Text durchgängig in KAPITÄLCHEN, um anzudeuten, dass sie über den gewöhnlichen und uns bekannten Rahmen des Daseins hinausweisen. Vielmehr verweisen sie auf eine direkte transformative Erfahrung.

[6] Siehe Glossar

renden Vorstellungen behaftet ist. Viele verstehen unter „Spiritualität" die Loslösung aus allem Weltlichen, also ein gewisses Gefühl des „Abgehobenseins" und wohl auch des geistigen Hochmuts – als Weltflucht und schlichte Arroganz.

Das kommt nicht von ungefähr. Es gibt in unserer Mitte ja zahlreiche „spirituelle Menschenkinder", die sich alle Mühe geben, diesem Profil zu entsprechen und das durch ihr Verhalten auch noch zu beweisen. Der tibetische Meister Chögyam Trungpa beschrieb diesen fehlgeleiteten Ansatz als „spirituellen Materialismus" – als den Wunsch nach mehr Schein als Sein, was im Grunde neurotisch und keineswegs in gesundem Sinne spirituell ist. Wenn wir uns in unserer „spirituellen" Rolle gefallen und uns verkrampft darum bemühen, die Welt mit unserer „Spiritualität" zu beglücken, agieren wir wahrscheinlich bloß unsere eigene Neurose aus und beweisen durch unser Verhalten, wie unsäglich wir uns davor fürchten, ein ganz normaler Mensch mit ganz normalen Gefühlen zu sein. Echte Spiritualität bleibt immer natürlich, direkt und der Erde verbunden. Sie respektiert alle Aspekte unseres Daseins, also auch unsere Schattenseiten und Schwächen, unsere Ängste und Grenzen.

Im Grund bedeutet echte Spiritualität nichts anderes, als dass wir uns erlauben in jedem Augenblick präsent zu sein und tatsächlich zu fühlen, was vor sich geht – ohne dass wir uns unnötig in unsere Gefühle verstricken und ein Drama aus ihnen machen. Wenn wir alle Aspekte unserer Persönlichkeit annehmen und gelegentlich darüber auch noch herzlich lachen können, dann werden wir uns schließlich auch lieben und akzeptieren können. Die Liebe für alle anderen Wesen ergibt sich daraus wie von selbst. Echte Spiritualität ist gleichbedeutend mit Liebe und Mitgefühl für die ganze Schöpfung. Das heißt: Wir können Liebe und Mitgefühl so tief in uns spüren, dass sie in unserer Wahrnehmung und in unserem Handeln die Welt durchdringen und transformieren.

Ich verbinde mit der überarbeiteten Neuausgabe dieses Buches einen besonderen Wunsch: Möge das Buch seine Leser auch weiterhin dazu inspirieren, Unterweisung im Usui-System des natürlichen Heilens zu suchen, und möge es ihnen überdies helfen, dass sie ihre Praxis mit einem sicheren Gefühl für ihre Auswirkung auf alle Bereiche ihres Daseins vertiefen. Reiki lässt sich im Grunde nur erfahren, nicht beschreiben. Nur die ungreifbaren Melodien von Musik oder Dichtung können seine unfasslichen Feinheiten vielleicht andeuten. Wenn Sie Reiki verstehen möchten, bleibt Ihnen also keine andere Wahl als die, Reiki zu lernen und auszuprobieren. Trotzdem können Wegweiser gute Dienste leisten. *Das große Buch der Reiki Kraft* will nichts anderes sein als ein solcher Wegweiser. Wenn Sie Reiki noch nicht aus der eigenen Erfahrung kennen, mag das Buch Ihnen einen Vorgeschmack auf diese Erfahrung geben. Wenn Sie Reiki früher einmal gelernt, aber dann fallen gelassen haben, vermag es Sie durch seine neuen Anregungen vielleicht zur Praxis zurückzuführen. Und wenn Sie Reiki regelmäßig anwenden, wird es Sie vielleicht an die Tiefe seiner Möglichkeiten für Ihre innere und äußere Entwicklung erinnern.

Laxmi Paula Horan
Jnanasaga Dvipa, Karnataka, Südindien
3. Juni 2004

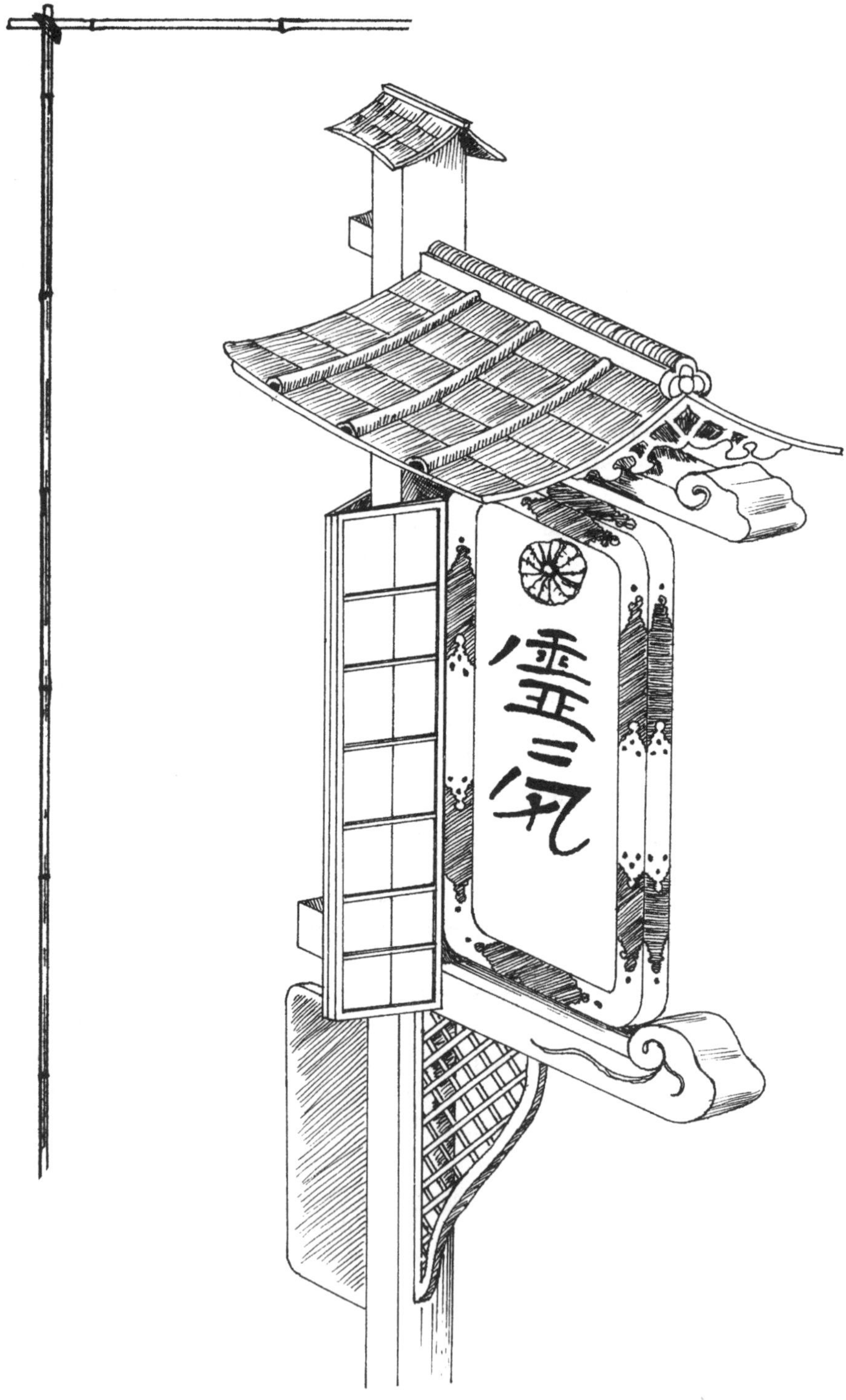

Einleitung

Überall auf der Welt sind die Menschen heute mit derselben Notwendigkeit konfrontiert: Wir wollen die Brüche und Widersprüche in uns heilen, die uns und unserem Planeten so viel Leid verursachen. Wir wollen eins und ganz werden, EMANENZ verwirklichen, Tag für Tag und in ihrem Sinn leben. Wir wollen endlich ganz einfach Mensch sein dürfen. Wir wollen wir selbst sein und aus der Fülle unseres Herzens leben – nicht länger von der Schöpfung abgespalten.

Vor zweitausend Jahren erfuhr die Menschheit eine andere Umstellung; sie stand vor der Einweihung durch das Wasser. Johannes der Täufer, der einsame Mahner in der Wildnis, war der erste, der sie uns vermittelte. Sinn der Einweihung durch das Wasser war, unseren physischen Körper, unsere Tiernatur zu reinigen und zu läutern, so dass wir bereit wären für Lehren, die uns höheren Schwingungsfrequenzen öffnen könnten. Diese Einweihung machte tiefen Eindruck auf die Menschheit. Das Motto von der „anderen Wange" des Neuen ersetzte das „Auge um Auge, Zahn um Zahn" des Alten Testaments. Und diese Entwicklung hat sich bis in unsere Tage fortgesetzt. Wir sehen es an Mahatma Gandhi. Wir sehen es an Martin Luther King oder an Nelson Mandela und vielen namenlosen Vorkämpfern für die Menschrechte. Aber die weiterhin gängige lebensfeindliche Macht- und Interessenpolitik zeigt uns auch, dass selbst diese Einweihung in mehr Menschlichkeit im Alltag noch sehr viel mehr eingeübt werden will. Vor allem die Machteliten der Erde setzen in dieser Hinsicht weltweit ein schlechtes Beispiel mit ihrer Arroganz und offensichtlichen Gier. Das heißt, alte Gewohnheiten wollen so schnell nicht sterben! Bei aller positiven Veränderung in den letzten zweitausend Jahren, verwüsten auch in der Gegenwart Kriege und wirtschaftliche Ausplünderung weite Gebiete unseres Planeten, sind die Güter ungerecht verteilt und die globale Zerstörung der Lebensgrundlagen ein Zeichen unserer Missachtung des ökologischen Gleichgewichts.

Die Erfahrung aus der Geschichte der letzten fünftausend Jahre lehrt uns also, dass wir aus der Geschichte nichts lernen. Weder Politik noch Religion können die uns seit langem bekannten Herausforderungen dauerhaft bewältigen. Nur ein Quantensprung des kollektiven Bewusstseins der Menschheit verheißt Rettung. Auch wenn die Einweihung durch das Wasser uns also neue Vorstellungen und das Leitbild der Menschlichkeit vermittelt haben mag, bleibt seine konkrete Verwirklichung immer noch unsere dringlichste Aufgabe. Zu diesem Zweck wollen wir unsere Verhaltensstrukturen läutern und wandeln. Um es etwas salopp vereinfachend in den Begriffen der modernen Hirnforschung auszudrücken: von der zerstörerischen, reaktiven und territorialen Emotionalität des limbischen Systems zur Aktivierung des Vorderhirns, die uns eine ganzheitliche Sicht und Seinsweise ermöglicht.

Zwanzig Jahrhunderte nach Johannes dem Täufer steht uns deswegen die Einweihung durch das Feuer und damit eine Form der „Feuer-Taufe" bevor, jenseits aller kriegerischen Implikationen. Vielmehr entzündet diese Feuertaufe die Flammen bewusster Liebe. Schön wäre es, wenn wissende Liebe uns aus unserem eigenen Bemühen zuflöße – wenn wir für die Liebe offen sein könnten und, geleitet von der Sehnsucht nach mehr Menschlichkeit und Mitgefühl, aus eigenem Antrieb auf sie zugingen. Aber es kann auch anders kommen, nämlich dass äußere Katastrophen uns zum Umdenken nötigen, vor allem wenn wir den notwendigen nächsten Schritt unserer kollektiven psychischen Entwicklung ignorieren. Im individuellen Leben zwingt der Druck unseres Leidens uns manchmal zur Einsicht, wenn wir uns gegen anstehende Entwicklungen und seelische Lernprozesse sperren. In der kollektiven Entwicklung ist es ebenso. Vielleicht gibt uns die Natur bereits jetzt eindeutig zu verstehen, dass wir ihre Gesetze übertreten, und zwar in Form großflächiger Waldbrände, Chemikalienbrände oder Nuklearkatastrophen. Erinnern Sie sich, wie viele verheerende Brandkatastrophen es in den letzten Jahren gegeben hat? Sie könnten ein Zeichen sein.

Die Einweihung durch das Feuer bereitet uns auf den nächsten Entwicklungsschritt vor: nämlich die gerade angesprochene Einweihung der „Feuer-Taufe" durch den GEIST Die hermetische Wissenschaft lehrt, dass der Mensch GEIST nicht verwirklichen kann, wenn Wasser nicht zuerst seinen Körper und Feuer seine Psyche gereinigt hat. Mit anderen Worten: Nur der Mensch wird frei, nur der Mensch vergegenwärtigt unmittelbare universale Bewusstheit, der mit universaler Lebenskraft den Körper durchdringt und transformiert und seine Seele mit Wahrheit und Liebe läutert und belebt.

Viele Wege der Läuterung führen zur EMANENZ. Es sind wohl so viele, wie es Menschen gibt. Mir haben schwere physische Krankheiten den Anstoß gegeben: Epilepsie und Tumore in der Brust. Sie haben sich letztlich als Segen erwiesen, denn sie haben mich auf den Weg der Gesundheit und Ganzheit geführt und bewogen, viele verschiedene Methoden des Heilens zu erlernen. Ich habe erkennen und erfahren dürfen, dass GEIST und Seele regieren und die Materie bloß reagiert, und ich habe die Bedeutung einer gesunden Ernährung schätzen gelernt. Meine Studien haben mich über mehrere Arten von Körpertherapien zu Geistheilern bis nach Mexiko und Brasilien geführt.

Dann lernte ich Reiki kennen. Wo auch immer ich vorher gesucht und geforscht haben mochte, eine einfachere und tiefgreifendere Methode, den Menschen in die Ganzheit und das Gleichgewicht von Körper, Psyche und GEIST zu erheben und mit dem Erlebnis der EMANENZ zu beglücken, ist mir vorher nie begegnet. Nirgendwo.

So steht Reiki natürlich im Mittelpunkt des Buches, das den Laien und erfahrenen Reiki-Übenden gleichermaßen ansprechen möchte. Eine Fülle von Informationen sind eingeflochten, gewissermaßen eine Nachlese und Aufbereitung meiner vieljährigen Forschungen. Auch meine Herkunft aus der Psychologie ist leicht erkennbar, denn ich habe ganz bewusst Erkenntnisse zur Psychologie des Körpers in den Text aufgenommen, um dem Leser die verursachende Ebene der Krankheit zu erklären, die, psychisch bedingt, sich in Form von Energieblockaden im Körper manifestiert. Am Ende empfehle ich Ihnen einige Bücher, die Ihnen auf dem Weg zu Heilung und Selbstheilung weiterhelfen mögen.

Ich möchte das Buch meinen Reiki-Schülerinnen und Schülern widmen, die über die ganze Welt verstreut sind. Für mich war es stets ein Geschenk, dass ich ihnen helfen durfte, sich auf tiefere und umfassendere EMANENZ einzustimmen. Dankbar bin ich umso mehr, weil ich bei den Einstimmungen ihr wahres und immer gegenwärtiges Wesen kennen lernen durfte. Das ist ein großes Privileg. Sie alle haben mich in der Wahrheit unseres untrennbaren Einsseins im universalen GEIST bestärkt.

Das Buch wird hoffentlich auch Sie darin bestärken. Ich habe es geschrieben, weil ich Sie ermutigen möchte. Bitte arbeiten Sie an sich. Leben Sie bewusst. Vielleicht erinnere ich Sie mit meinen Ausführungen ja auch vor allem an Dinge, die Sie bereits in sich tragen und bisher nur zeitweilig vergessen hatten.

Ich wünsche Ihnen Liebe und Licht fortwährend sich weitende EMANENZ.

Laxmi Paula Horan

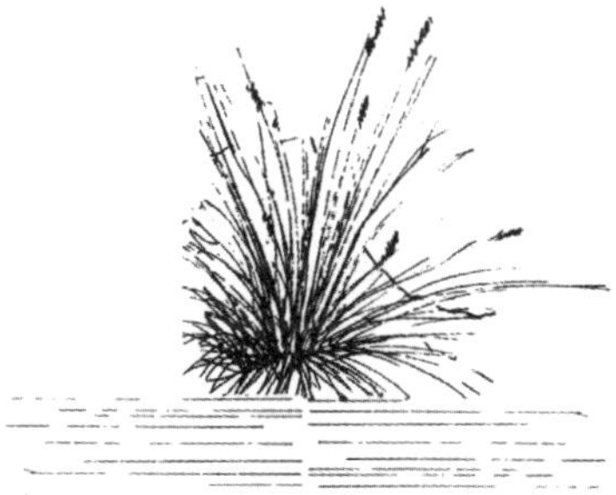

Lautlos ist die Wahrheit meiner Seele,
bedeutsam nur für mich,
denn meine Wahrheiten sind nicht unbedingt auch deine Wahrheiten.
Still also bleibt es, bis unsere Wahrheiten
in Stille sich begegnen. Wie lachen wir dann, wenn wir erkennen,
dass jede sich in der anderen spiegelt.

Nari

KAPITEL 1

Die Reiki-Kraft – eine kurze Übersicht

Reiki ist das japanische Wort für die allumfassende und alles durchdringende Lebenskraft. Es setzt sich in der Kanji-Schrift des japanischen Alphabets aus zwei Schriftzeichen zusammen *(Rei* und *Ki),* die es definieren als: „universaler transzendenter Geist", „geheimnisvolle Kraft", „Wesensgrund". Für sich genommen bedeutet *Ki* so viel wie „Lebenskraft". Damit ist es dem *Chi* verwandt, das wir aus dem *Tai Chi* und der chinesischen Akupunktur kennen, dem „Licht der Gnosis" der christlichen Mystiker, der Bioplasma-Energie der russischen Forscher oder den Biophotonen, der immanenten Leuchtkraft alles Lebendigen.

Wir alle verfügen über Reiki, die universale Lebensenergie, denn sie ist uns von Geburt an mitgegeben. Trotzdem unterscheidet sich Reiki von anderen Heilmethoden, vor allem durch die so genannten Einstimmungen oder Einweihungen, welche die Schülerin und den Schüler in die verschiedenen und fortschreitend sich vertiefenden Stufen der Reiki-Erfahrung einführen. Jeder Mensch verfügt über heilende Kräfte und kann damit heilen. Dazu braucht er nur seine Hände aufzulegen und dem anderen magnetische Energie zu übertragen. Mit den Reiki-Einstimmungen jedoch geht dies noch wesentlich besser, denn in ihnen bekommen wir in wortloser Stille altüberlieferte Bewusstseinstechniken vermittelt, die den physischen und den Äther-Körper auf eine höhere Schwingungsebene heben. Überdies öffnen sie einige Energiezentren (Chakren), was uns befähigt, die universale Lebenskraft intensiver durch unser eigenes Dasein fließen und schwingen zu lassen, eine Entwicklung, die wir häufig mit dem englischen Wort *channeln* bezeichnen.

Allerdings wird Reiki niemals „gesendet", sondern durch die entsprechenden Kanäle „eingezogen", man könnte auch sagen „angesaugt". Ein Beispiel: Nehmen wir an, ich behandle Sie mit Reiki. Was geschieht dabei? Nun, es ist im Prinzip sehr einfach: Sie ziehen die Energiemenge ein, die Sie brauchen, und diese verteilt sich in Ihrem Körper, wo immer sie benötigt wird. Der Vorgang laugt aber auch mich nicht aus und erschöpft meine Energien keineswegs, weil ich nämlich eine Behandlung bekomme, während ich Ihnen eine Behandlung gebe. Während ich Sie behandle, fließt die Reiki-Kraft durch mein Scheitel-Chakra in mich hinein und strömt durch die oberen Energiezentren zum Herzen und Solarplexus, bis ein Rest durch meine Arme und Hände in Sie übergeht. Und so kommt es, dass die Weitergabe der universalen Lebensenergie des Reiki mich niemals erschöpft, denn jede Behandlung speichert auch in meinem Körper zusätzliche Energie. Da Reiki überdies durch die grundsätzlich sauberen Bahnen durch mich strömt, die die Einstimmungen in mir geöffnet haben, werden Sie bei der Behandlung keine meiner persönlichen Probleme oder Schwierigkeiten von mir gewissermaßen übertragen bekommen. Sie bleiben von meinen negativen Energien und Energieblockaden ganz unbehelligt, was für den Heilvorgang sehr wichtig ist.

Die Eigenbehandlung ist ein weiterer Vorzug des Reiki-Systems der natürlichen Heilung. Sind Sie einmal „eingestimmt", genügt der innerlich bewusst formulierte Wunsch, genügt allein die Absicht, und schon können Sie sich selbst oder einen anderen Menschen behandeln. Allein der Gedanke lässt die Energie durch die sauberen Bahnen strömen.

Eigenbehandlungen wirken unmittelbar. Sie entspannen und bauen Stress ab. Sie verdichten und beschleunigen die Lebenskraft und fördern damit das Gleichgewicht des physischen und des feinstofflichen Energiekörpers. Darüber hinaus steigert die Eigenbehandlung mit Reiki Ihr Wohlbefinden, indem sie Energieblockaden löst und die Emotionen freisetzt, die Sie unbewusst in sich halten.

Reiki ist keine Religion, ist weder an einen Glauben noch an irgendein Dogma gebunden. Am besten beschreiben wir es als eine altehrwürdige Wissenschaft, über Jahrtausende verborgen, bis Dr. Usui sie für unsere Zeit entdeckte. Forscher an der Universität Stanford in Kalifornien sind der Reiki-Kraft mit sehr feinen Messgeräten nachgegangen und haben dabei festgestellt, dass sie am Scheitelchakra in die Energiezentren des Heilers eintritt und durch seine Hände ausströmt. Auf der nördlichen Erdhalbkugel kommt die Energie von Norden; auf der südlichen von Süden. Einmal erweckt, scheint sie sich gegen den Uhrzeigersinn spiralförmig fortzusetzen; damit ähnelt sie der Doppel-Helix des DNS.

In diesem Zusammenhang ist die moderne Forschung auf dem Gebiet der Biophotonen noch sehr viel aufschlussreicher. Sie hat nämlich nachweisen können, dass unsere Zellen tatsächlich leuchten. Es ist Licht in ihnen. Das heißt, jede lebende Substanz, jede organische Zelle von Pflanzen, Tieren und Menschen strahlt ein äußerst schwaches Licht ab, die sogenannten Biophotonen. Diese sind Lichtquanten oder Partikel, die zu jedem lebenden Organismus gehören. Man bezeichnet sie auch als mitogenetische Strahlung, weil sie vermehrt auftreten, wenn Zellen sich teilen. Das dann von der lebenden Zelle ausgesandte Licht ist 10^{18} (oder eine Milliarde Milliarden) mal schwächer als normales Tageslicht. Es kann aber mit Hilfe eines Verstärkers sichtbar gemacht werden. Dieses den lebenden Organismen eigene Licht hat noch eine weitere erstaunliche Eigenschaft. Es ist sehr kohärent und frei von den Fluktuationen gewöhnlicher Lichtquellen. Biophotonen strahlen ein geordnetes laserartiges Licht ab. Wie Laserstrahlen eignet es sich deswegen auch hervorragend zur Übertragung von Botschaften und Signalen, und es hat sich gezeigt, das es alle Prozesse er zellularen und interzellulare Kommunikation steuert.

Das lässt sich sehr schön an einem praktischen Beispiel veranschaulichen: Im menschlichen Körper sterben in jeder Sekunde etwa 10 Millionen Zellen. Alle anderen Zellen müssen augenblicklich darüber in Kenntnis gesetzt werden, damit die verlorenen Zellen ebenso schnell wieder ersetzt werden können. Chemische Reaktionen erreichen nicht die nötige Schnelligkeit. Nur mit Lichtgeschwindigkeit können diese wichtigen Informationen die Entfernung von durchschnittlich einem Meter in einer zehn Millionstel Sekunde zurücklegen. Das heißt, wir dürfen davon ausgehen das mitogenetische Strahlung der eigentlich primäre Informationsträger der zellularen Kommunikation ist – und alle anderen Übermittlungsformen, etwa die bestimmter chemischer Reaktionen, nur sekundäre Bedeutung haben.

Die Existenz der Biophotonen-Strahlung ist mittlerweile international anerkannt und wird an vielen Hochschulen erforscht. Es gibt über vierzig voneinander unabhängige Arbeitsgruppen weltweit, und man findet immer mehr konkrete Anwendungsbereiche für die Arbeit mit den Biophotonen, etwa in der Ganzkörperanalyse, bei der Qualitätsbestimmung von Lebensmitteln, in der Medizin zum Beispiel beim Nachweis der Vitalität eines lebenden Gewebes und auch zunehmend in der Umwelttechnik. Vor allem in Japan und China wird kräftig in diese Forschung und ihre Anwendungsmöglichkeiten investiert, und zwar im Bereich von weit über einhundert Millionen Euro pro Jahr. Entsprechend nimmt die wissenschaftliche Literatur auf diesem Gebiet exponentiell zu, und es gibt auch einige eher populärwissenschaftlich geschriebene Arbeiten, die einen sehr guten Überblick verschaffen.[7]

Es muss also etwas dran sein an diesem geheimnisvollen Leuchten in den Zellen. Für den Wissenschaftsjournalisten Matthias Bröcker zum Beispiel „könnte die Biophotonen-Analyse im 21. Jahrhundert für die medizinische Diagnostik einen ebenso großen Fortschritt bedeuten wie für das 20. Jahrhundert die Entdeckung der Röntgenstrahlen." Natürlich legen die Biophotonen eine der Energie des Lichts innewohnende Heilkraft an, der sich auch jeder Reiki-Praktizierende bedient. So hat Professor Fritz Albert Popp im Laufe seiner Forschung entdeckt, dass Lichteigenschaften für die Tumorentstehung verantwortlich sein können. Er berichtet: *„Zum Beispiel gibt es im Organismus einen so genannten „Fotorepair", Fotoreparatur nennt man das. Das funktioniert so: Sie bestrahlen Zellen der Zellverbände mit ultraviolettem Licht, um 380 Nanometer oder höher, und zerfetzen die DNS zu einem solchen Anteil, dass vielleicht nur noch zwei bis drei Prozent ungeschädigt bleiben. Wenn Sie dann dieses Molekülgewirr anschließend mit dem gleichen Licht um 380 Nanometer, allerdings mit sehr schwacher Intensität, wieder bestrahlen, dann werden diese Schäden innerhalb eines Tages wieder behoben. Man nennt das Fotoreparatur. Damals wusste man es noch nicht so genau, aber heute weiß man, dass diese Fotoreparatur von der einzelnen Zelle bis zum Menschen in allen Organismen funktioniert."* [8] Findet durch Reiki vielleicht etwa eine Art der „sanften Fotoreparatur" der Zellen und Gewebe des Körpers wie auch der feinstofflichen Energiefelder statt? Auch wenn es keine absolut sichere Antwort auf diese Frage gibt,

7 Zu den besten Einführungswerken in die Thematik der Biophotonen zählen: Marco Bischof, *Biophotonen – Das Licht in unseren Zellen*, Frankfurt, 1994, Verlag Zweitausendeins; Franz Peter Dürr, Fritz Albert Popp und Wolfram Schlommers, *What Is Life? – Scientific Approaches and Philosophical Positions*, 2002, World Scientific Publishers; Lev Beloussov und Fritz Albert Popp, *Integrative Biophysics – Biophotonics*, Dordrecht, 2003, Kluwer AcademicPublishers.

8 Fritz Albert Popp in einem Gespräch mit Matthias Bröcker, „Der Weg eines Physikers zum Licht". Siehe: Fritz Albert Popp, *Die Botschaft der Nahrung*, Frankfurt, 1999, Verlag Zweitausendeins.

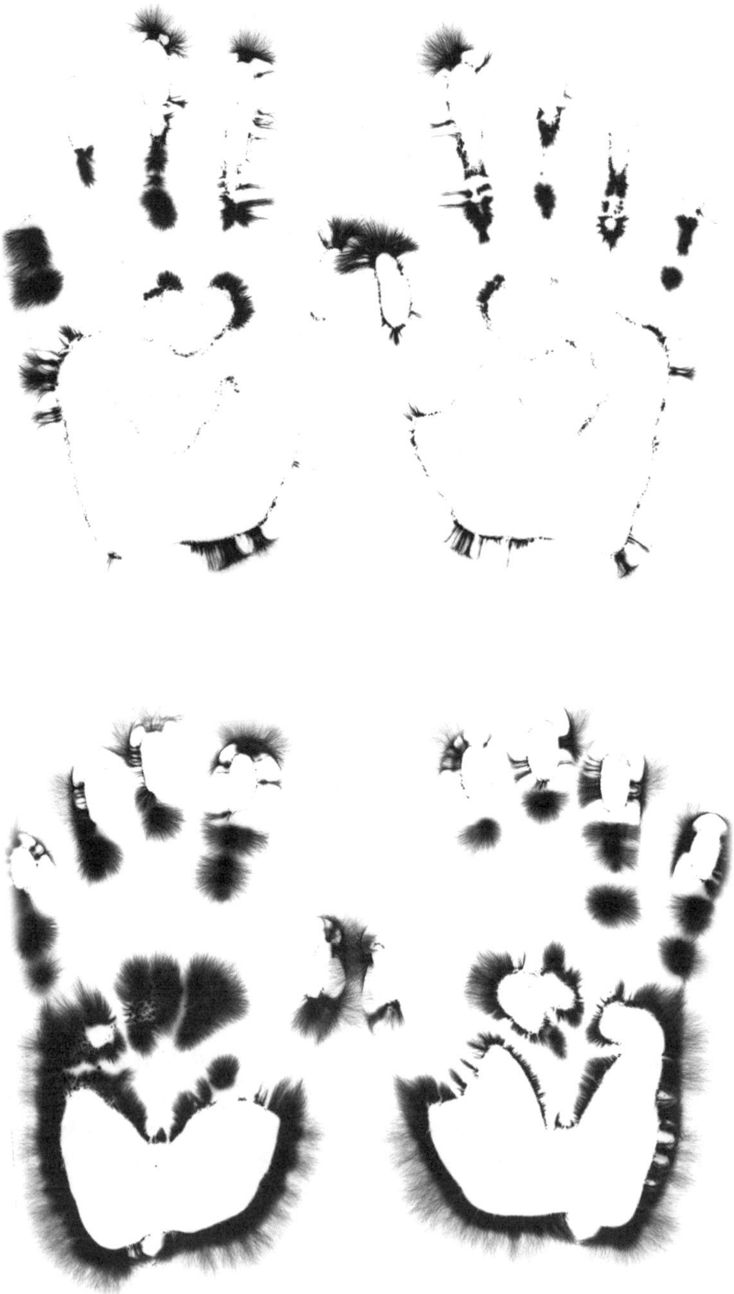

Aura-Photographie vor und während einer Reiki-Fernbehandlung

stehen früher belächelte Phänomene wie die vitalistische Vorstellung einer *Prana* oder *Chi* genannten Lebensenergie nun in einem ganz neuen Licht da. Mit Hilfe der durch die Biophotonenforschung möglich gemachten konkreten Anwendungen lassen sich diese Phänomene jetzt nämlich objektiv messen. Sie sind keine Hirngespinste mehr, sondern messbare Größen.

Während die Reiki-Energie bei der Behandlung aus den Händen ausströmt, gewinnt sie zusätzliche Kraft; sie wird immer intensiver. Dr. Bara Fischer aus Santa Fé in New Mexico konnte dies mit einer von ihr entwickelten Technik nachweisen, welche die Lebenskraft durch die Aura-Photographie nach der Methode von Kirlian sichtbar macht. Dr. Fischer nahm meine Hände vor und während einer Fernbehandlung nach dieser Methode auf. Anhand der Abbildungen auf der vorhergehenden Seite können Sie selbst erkennen, dass das vor der Behandlung aufgenommene Bild (oben) einen deutlich kleineren Strahlenkranz um die Hände zeigt als das Bild, das während der Behandlung (unten) aufgenommen wurde.

Wir wissen auf Grund der vorliegenden Daten überdies, dass sich lösende Energieblockaden an einem plasmatischen Strömen erkennbar sind. Das heißt: Die Energie durchpulst den Körper nun unbehindert. Da der Klient selbst ihre Tiefe und ihren Erfolg bestimmt, führt jede Behandlung mit Reiki zu einem anderen Ergebnis. Wir stellten bereits fest: Bei der Reiki-Behandlung nimmt jeder Mensch so viel Lebenskraft in sich auf, wie er gerade benötigt, um die in seinem physischen oder feinstofflichen Körper gestaute Energie freizusetzen, zu beleben oder zu transformieren. Aber Reiki verwandelt mit der Regeneration der Organe und der Kräftigung von Gewebe und Knochenstruktur nicht nur die chemische Zusammensetzung des Körpers; es schenkt darüber hinaus geistig-seelisches Gleichgewicht.

Da Reiki an keine Weltanschauung und kein Glaubenssystem gebunden ist, braucht es auch keine umfangreiche geistige Vorbereitung oder Unterweisung. Jeder kann sich jederzeit mit der universalen Lebensenergie des Reiki behandeln lassen oder andere selbst damit behandeln und braucht dazu nur eine Voraussetzung zu erfüllen: Er muss von dem Wunsch beseelt sein, universale Lebensenergie in sich aufzunehmen, ganz offen, ganz frei. Und das Gleiche gilt auch für die Heilerin oder den Heiler: Der Wunsch zu heilen beseelt sozusagen die Heilung und setzt deswegen die Behandlung in Gang, vorausgesetzt sie geschieht im Geist und mit den Methoden, welche die verschiedenen Einstimmungen oder Einweihungen dem Übenden erschließen.

Reiki ist das vollkommene Werkzeug, denn seine Anwendung schenkt uns mit der Entfaltung alles durchdringender Bewusstheit den Schlüssel zur Erleuchtung. Allerdings reicht es nicht aus, über Reiki zu reden. Wie die meisten wertvollen Dinge und Ereignisse in Ihrem Leben werden Sie auch Reiki nur in ganzer Tiefe wahrnehmen und würdigen können, wenn Sie sich von seiner Energie berühren lassen, sie unmittelbar erfahren und erleben. In diesem Sinn wünsche ich Ihnen viel Spaß auf Ihrer Forschungsreise durch den grenzenlosen Kosmos der universalen Lebensenergie.

KAPITEL 2

Die Reiki-Geschichte

Die Reiki-Geschichte gehört in jede Reiki-Gruppe und gleichwohl ist sie für den Leser wichtig, der sich über Reiki informieren möchte. Der Anlass ist leicht zu erfassen. Die Teilnehmer wollen etwas über den Hintergrund der Praxis hören, die sie im Begriff sind zu erlernen und auszuprobieren. Sie wollen Näheres über die Quellen erfahren. Der beste (und auch ein sehr traditioneller) Ansatz zu diesem Zweck ist das Geschichtenerzählen, vor allem wenn die Geschichte anreget. Die Reiki-Geschichte mag auf Grund der Forschungen der letzten zehn Jahre an Komplexität gewonnen haben. Dennoch durchzieht sie immer noch ein Faden, der eine Verbindung knüpft zwischen den Ursprüngen des Systems, dem gegenwärtigen Lehrer und dem Kursteilnehmer, der um Einweihung und Unterweisung nachsucht. Es ist wichtig, diese Verbindung auch tatsächlich und übersichtlich herzustellen. Sie wird unsere Beziehung zur Praxis der universalen Lebenskraft tragfähig und dauerhaft machen. Wenn wir nämlich wissen wollen, wohin uns Reiki führen kann, müssen wir zuerst erkennen, woher es kommt. Aus diesem Grund erzähle ich jetzt in allen meinen Gruppen die Reiki-Geschichte in ungefähr der Form, in der sie im Folgenden zusammengefasst ist.

Die Reiki-Geschichte beginnt mit einem Mann namens Mikao Usui, der 1865 in Japan geboren wurde. Er stammte aus einem kleinen Dorf. Seine Eltern, der Vater mit Namen Uzemon und die Mutter Kawai, waren Tendai Buddhisten, gehörten also einer der beiden Hauptschulen der esoterischen Richtung des japanischen Buddhismus an. Zum Zeitpunkt seiner Geburt hätte niemand Mikaos spätere Aufgabe in der Welt voraussagen können, und noch weniger die weltweite Wirkung seiner Lehren für zukünftige Generationen. Es heißt, Usuis Vater habe seinen Sohn als jungen Erwachsenen dazu angeleitet, sein Glück als Geschäftsmann zu versuchen. Wir wissen außerdem, dass er heiratete und selbst Vater eines Sohnes wurde, der später in seine Fußstapfen treten sollte und in Usuis Heimatpräfektur Gifu Reiki lehrte. Aber im Grunde sind unsere Kennstnisse über Usuis Jugend spärlich, auch über seine Jahre als junger Erwachsener, ja selbst über seine mittleren Jahre wissen wir so gut wie nichts. Es gibt den Bericht eines Zeitzeugen, nach dem Usui in seiner Jugend systematisch *Kiku*, also die japanische Variante des *Chi Kung* oder *Qi Gong* studiert und praktiziert haben soll und darüber hinaus andere spirituelle Schulungswege aus verschiedenen anderen Traditionen; das geht aus dem Wortlaut auf seinem Gedenkstein hervor. Außerdem ist er im Laufe seines Lebens angeblich sehr viel (und auch sehr weit) gereist. Die

spärlichen Einzelheiten seiner Biographie lassen ferner eine Leidenschaft fürs Lesen vermuten, die ihn zu einem Universalgelehrten machte – in vielen Wissensgebieten und spirituellen Disziplinen zuhause. Wenn wir die außergewöhnliche Leistung aus seinen letzten Lebensjahren in Betracht ziehen, die in der Entdeckung der Reiki-Kraft kulminierte, dürfen wir rückschließen, dass er einige dieser Disziplinen regelmäßig über lange Zeiträume, beharrlich und mit Hingabe geübt haben muss – sonst wäre diese Leistung gar nicht erst zustande gekommen. Trotzdem ließ der entscheidende Durchbruch viele Jahre auf sich warten.

Schriftliche Zeugnisse zu den Jahren der stillen inneren Arbeit und Schulung gibt es keine. Wir können jedoch davon ausgehen, dass Usuis Studien und Meditationen ihn auf die Aufgaben eines Heilers vorbereitet haben, denn sie führten ihn endlich Schritt für Schritt zu der Entdeckung eines Weges der direkten Aufnahme und Weitergabe von universaler Lebensenergie. Am Ende stand dann ein in sich geschlossenes System der Vermittlung dieses unmittelbaren Zugangs über den Weg der Initiation, das wir als Reiki oder die Usui-Methode der natürlichen Heilung kennen.

Eine Tatsache und ein Datum stechen in Usuis Leben besonders hervor, nämlich das Jahr 1922. Im März jenes Jahres begab sich Usui zum Berg Kurama in der Umgebung von Kioto, wo er sich einer besonderen 21-tägigen Fastenmediation unterziehen wollte. Es war keineswegs Usuis erste Visite auf dem heiligen Berg und auch nicht die erste in dem besonderen Tempel an seinem Hang, der für viele hundert Jahre von Mönchen aus Usuis eigener Tendai-Schule geleitet und betrieben wurde. Angeblich war dies sogar der Ort, an dem er in seiner Jugend *Kiku* studiert haben soll. Natürlich sind uns über den Inhalt der Fastenmeditation keinerlei Einzelheiten bekannt. Im japanischen Buddhismus gibt es viele Geheimlehren, vor allem in der spirituellen Schulung im Rahmen der beiden esoterischen und tantrischen Richtungen von *Tendai* und *Shingon*[9], mit denen Usui über die traditionelle Bindung über die Familie hinaus etwas zu tun gehabt haben soll. So gehören zu den Bewusstseinstechniken des Tendai zum Beispiel besondere Visualisierungsübungen und Lehren, wie *Ki* oder Lebensenergie in verschiedenen Stufen der Verfeinerung durch die Energiebahnen des Körpers zu leiten ist. Es heißt, dass man bei erfolgreicher Praxis dieser Lehren in einem einzigen Leben hier und jetzt die Seinsweise der vollen Erleuchtung vergegenwärtigen kann. Außerdem sollen einige dieser Übungen dem Praktizierenden die Kraft zum spirituellen Heilen gewähren.

[9] Der tantrische Schulungsweg im Rahmen des esoterischen japanischen Buddhismus ist sehr schön und mit vielen Einzelheiten beschrieben in: Yamasaki Takeo, *Shingon – der esoterische Buddhismus Japans*, Berlin, 1990, Theseus Verlag. Das Buch befasst sich zwar ausschließlich mit den Übungen des Shingon Buddhismus, aber es lässt damit Rückschlüsse auf die Tendai Schulung zu. Tendai und Shingon sind einander sehr ähnlich. Die beiden Mönche, die diese Lehren im 9. Jahrhundert nach Japan brachten, waren mit derselben Kaiserlichen Gesandtschaft auf demselben Schiff nach China übergefahren. Sie kannten einander und waren sogar befreundet, auch wenn später jeder seine eigenen Wege ging. Da Usui aus einer Tendai Familie stammt dürfen wir (vor allem unter Berücksichtigung seiner spirituellen Interessen) davon ausgehen, dass er den Kanon der Tendai Schriften ausführlich studiert haben muss.

Anderseits müssen wir Usuis ausgesprochene Abneigung gegen alles Sektiererische berücksichtigen und dürfen deswegen annehmen, dass er nicht rigide und stur den Lehren einer einzigen Richtung oder esoterischen Tradition gefolgt sein dürfte. Wahrscheinlich ist er seinen eigenen Weg gegangen, der sich aus den vielen verschiedenen prägenden spirituellen Einflüssen auf sein Leben ergab. Deswegen beharrte er später entschieden auf seinem Standpunkt, dass *„das Usui-System ein eigener Weg ist und sich nicht mit anderen spirituellen Disziplinen vergleichen lässt.“* Das entscheidende Moment an den 21 Tagen des Fastens und der Meditation auf dem heiligen Berg ist die daraus resultierende Erfahrung vollendeter Transformation, die Usui dort machte. Sie ist die Grundlage und Quelle jeder echten Variante des Usui-Reiki-Systems, die gegenwärtig auf der Welt gelehrt werden. Alle Formen des Reiki, wenn sie sich denn auf Dr. Usui als ihren Ursprung berufen, gehen damit gleichzeitig auf Usuis Vision auf dem Berg Kurama zurück, die auch sein eigenes Leben erschütterte und in vollkommen neue Bahnen lenkte.

Wir kennen sehr viel mehr Einzelheiten aus Usuis letzten vier Lebensjahren nach dem Erleuchtungserlebnis auf dem Berg Kurama. Das liegt wohl vor allem daran, dass er zu einer Figur öffentlichen Interesses wurde, während er vorher ein sehr privates und abgeschirmtes Leben geführt hatte. Er wurde ausgesprochen aktiv und gründete eine Klinik, die aber sehr bald dem Ansturm der Heilung-Suchenden nicht mehr gewachsen war. Deswegen folgte in kurzer Frist der Umzug in eine größere Klinik. Außerdem begann Dr. Usui, Reiki zu lehren, nicht nur in Tokio sondern überall in ganz Japan. Es heißt, er habe 16 seiner über 2000 Schüler zu Lehrern ausgebildet, die das System eigenständig weitergeben durften. Übrigens war der Begriff „Reiki-Meister“ damals nicht üblich, was vielen Missverständnissen und falschen Vorstellungen vorbeugte, die wir mit dem Wort „Meister“ im Kontext spiritueller Belange vielleicht verknüpfen. Wir kennen sieben der von Usui befugten Lehrer namentlich, unter ihnen auch, aber nicht an erster Stelle Chujiro Hayashi.

Dr. Usui verband mit Reiki nicht nur die Hoffnung auf die körperliche und geistig-seelische Heilung seiner Klienten. Sie war für ihn eine Gewissheit, die sich auf seine unmittelbare Erfahrung stützte. Darüber hinaus war er überzeugt, dass Reiki sehr viel mehr leisten konnte als die Heilung von Einzelpersonen. Wie wir aus den Aussagen seiner Zeitgenossen wissen, stand für Dr. Usui einwandfrei fest: Reiki würde in der Zukunft zum Weltfrieden und zum harmonischen Zusammenleben von Individuen, sozialen Schichten, verschiedenen Gesellschaftsformen und sogar von Nationen beitragen. Rückblickend können wir diese Voraussage bestätigen, wenn auch nicht im ganz großen weltgeschichtlichen Rahmen. Aber es gibt genügend Berichte, welche die harmonisierende und Frieden stiftende Wirkung der Reiki-Kraft in konkreten Fällen bestätigen.

Gerade weil Dr. Usui den Wert der Reiki-Energie zu schätzen und richtig einzuschätzen wusste, trieb er sich zu immer größeren Anstrengungen an, sein System möglichst vielen Menschen nahe zu bringen. Zeitzeugnisse berichten übereinstimmend, dass seine Hilfe altruistisch motiviert war und unabhängig von der Zahlungsfähigkeit eines Hilfesuchenden geleistet wurde. Besondere Anerkennung erhielt er für seinen aufopferungsvollen und selbstlosen Dienst in den herausfordernden Tagen direkt nach dem großen Erdbeben 1923 in der Provinz Kwanto. Hunderttausende von Japanern kamen darin um. In Tokio selbst waren für die hohe Zahl der Opfer vor allem die vielen Brände verantwortlich, die sich in Windeseile aus offenen Kochfeuern in der Stadt verbreiteten. Tokio war damals noch eine mittelalterliche japanische Metropole und unterschied sich kaum vom Edo der Tokugawa Epoche und seinem Holzhaus-Charme, wie Hokusai ihn in seinen Holzschnitten dargestellt hat. Viele Menschen zogen sich schlimme Verbrennungen zu, und zusammen mit seinen Schülern kümmerte sich Dr. Usui um sie so gut er nur konnte.

Die bisherigen Ausführungen machen Dr. Usuis Pioniergeist Zeit seines Lebens deutlich. Aber wir wissen auch, dass er nicht immer erfolgreich gewesen ist und über allen Dingen gestanden hat. Zum Beispiel musste er mit seinem in der Jugend gegründeten Geschäft Konkurs anmelden und sich infolgedessen nach einer Reihe von bescheiden erfolgreichen Jahren ganz aus dem Geschäftsleben zurückziehen. Vielleicht musste das geschehen, damit er sich auf seine spirituelle Praxis und damit seine eigentliche Aufgabe in der Welt konzentrieren konnte. Aber das ist natürlich nur eine im Nachhinein geäußerte Vermutung. Wir wissen nicht, wie Dr. Usui die Niederlage und den Gesichtsverlust persönlich verwunden und verarbeitet hat. Eines jedoch brauchen wir nicht zu bezweifeln: Usuis Lebensgeschichte liefert kein geeignetes Bespiel für den früher weit verbreiteten New Age Glauben, dass das Leben um so angenehmer, bequemer und materiell gesegneter wird, je mehr wir uns auf die innere Suche nach der spirituellen Wahrheit begeben. Dass die Welt uns dann gewissermaßen zu Füßen läge und unser materieller Erfolg uns zuflöge wie die sprichwörtlichen gebratenen Tauben – bis in den Mund. Dies ist eine wirklichkeitsfremde Vorstellung. Mit dem Leben des Begründers des Reiki-Systems hat sie jedenfalls nichts zu tun.[10] Wenn wir als Praktizierende auf dem Weg des Reiki uns also einbilden, dass die Kraft der universalen Lebensenergie uns grundsätzlich materielle Sicherheit und einen exponentiellen materiellen Zugewinn bei allen unseren Unternehmungen garantieren kann, dann können wir diese Vorstellung unmöglich aus unserer Praxis und unserer Erfahrung mit dem Usui-System gewonnen haben. Reiki wird uns zweifellos immer bereichern aber auf welchem Gebiet, das hängt von uns, unserer Motivation und unserem Einsatz ab – und darüber hinaus von einer Reihe anderer Faktoren.

Die Biographie Usuis lehrt uns andere Arten von Lektionen, die sich sehr gut als Ansporn für unsere eigene Praxis eignen. Die erste ist Beharrlichkeit oder Ausdauer, die zweite eine spirituelle Grundeinstellung, und die dritte ein offener Geist, denn – wie es der chinesische Weise Lao-tse kurz und bündig auf den Punkt bringt: *„Mit offenem Geist haben wir auch ein offenes Herz."*

[10] Wenn Sie mehr und vor allem mehr Einzelheiten über das Leben Dr. Usuis und die Biographien von Dr. Hayashi und Hawayo Takata erfahren möchten, empfehle ich auf meinen Seminaren grundsätzlich die Bücher von Frank Arjava Petter und von Frans und Stiene Bronwen. Sie sind ausgezeichnet recherchiert und im Anhang mit Titel und Erscheinungsdatum aufgelistet.

Ausdauer ist für jede wirklich wertvolle Aufgabe zur Verwirklichung des eigenen Wohls wie des Allgemeinwohls wichtig. Das *I Ging* oder chinesische *Buch der Wandlungen*[11], das Usui systematisch studierte, hat dafür den Ausdruck *„Ausdauer im Rechten und Wahren“* oder *„Ausdauer auf dem rechten Weg“* geprägt (in der Übersetzung Richard Wilhelms, *„fördernd ist Beharrlichkeit“*). Das dieser Wendung zu Grunde liegende chinesische Piktogramm *Chên* will zum Ausdruck bringen, dass die Entschlossenheit, mit der wir unsere Pläne verfolgen, aller Rückschläge, Schwierigkeiten und Hindernisse ungeachtet, uns zum Erfolg führen wird – vorausgesetzt dass unser Unternehmen und unsere Handlungsweise mit den kosmischen Grundsätzen der Harmonie und Achtung allen Lebens übereinstimmen. Für unsere Reiki-Praxis bedeutet „Ausdauer auf dem rechten Weg“, dass wir uns bemühen hinzuzulernen, auch wenn Reiki an sich vollkommen mühelos geschieht. Die Reiki-Behandlung selbst mag uns keinerlei Anstrengung kosten, aber unsere bewusste Aufmerksamkeit schon. Wenn wir eine Behandlung geben oder eine Eigenbehandlung vornehmen, wollen wir wirklich spüren, was geschieht. Wir wollen bewusst und offen bleiben und unsere Fähigkeit zu bewusster subtiler Wahrnehmung erhöhen. Weil sich der Erfolg einer Behandlung nicht immer für das physische Auge sichtbar zeigt, werden wir für unser Tun nur allmählich ein intuitives Gespür entwickeln, nachdem wir viele verschiedene Körper behandelt und ihre Reaktionen mit unseren feinen Sinnen ertastet haben. Für Erfahrungsreichtum gibt es keinen Ersatz. Es wird also einige Zeit brauchen, bis wir die vielen nicht sofort spürbaren Segnungen des Usui-Systems der natürlichen Heilung wirklich absorbiert und in unsere Praxis integriert haben, auch wenn wir die offensichtlichen gleich bei den Einstimmungen und den ersten Behandlungen gemerkt haben. Dies geschieht nicht über Nacht, und wahrscheinlich werden wir außerdem auch noch mit einer Reihe von Ablenkungen zu kämpfen haben. Es wird Momente geben, da werden wir unsere eigene Erfahrung anzweifeln. Es wird Zeiten geben, da werden andere unser Vorgehen kritisieren, unsere Bemühungen belächeln und unsere Arbeit herabsetzen. Deswegen brauchen wir „Ausdauer auf dem rechten Weg“, wenn wir solche und ähnliche Hindernisse und Herausforderungen überwinden und mit unserer Reiki-Praxis wirklich die Stufe der Reife erreichen wollen. Genau diese Art von Ausdauer hat uns Usui mit seinem eigenen Werdegang vorgelebt.

Die zweite Lektion, die wir von Usui lernen können, betrifft die spirituelle Grundeinstellung. Aus den neuen Quellen können wir entnehmen, dass Usui selbst Reiki als ein in sich geschlossenes System der spirituellen Heilung betrachtete, mit der Betonung

[11] Das Buch der Wandlungen ist eines der zeitlosesten und nützlichsten Klassiker der spirituellen Weltliteratur. Es macht uns nicht nur das Auf und Ab gewöhnlicher zeitlicher Abläufe und die Gesetze der Wandlung für unsere Unternehmen und Herausforderungen bewusst, sondern vermittelt eine tiefe Einsicht in die Grundwerte des Daseins, die in seinen Erscheinungen und in unserem Leben zum Ausdruck kommen. Es gibt inzwischen zahllose Übersetzungen in westliche Sprachen. Ich selbst benutze die folgenden: Ni Hua-Ching: *I Ching – The Book of Changes and the Unchanging Truth*, Santa Monica, 1992, Shrine of the Eternal Breath of Tao; Blofeld John: *I Ging – Das große Weisheits- und Orakelbuch der alten Chinesen*, Bern München Wien, 1983, O. W. Barth; Cleary Thomas: *The Taoist I Ching*, Boston & London, 1986, Shambhala

auf dem spirituellen Aspekt. Wie jeder echte Lehrer belastete er seine Patienten und Schüler nicht mit Schauspielerei. Er hatte es nicht nötig, in die Guru-Rolle zu schlüpfen und mehr scheinen zu wollen als er tatsächlich war. Wie für jeden Japaner oder Asiaten seiner Zeit gehörte für ihn Spiritualität einfach zum Leben. Es war ein Aspekt unter vielen – wie die Notwendigkeit der Sorge um die materiellen Lebensgrundlagen, wie der angeborene Respekt für Familienbande und Verpflichtungen, wie der Dienst für den Kaiser oder im weitesten Sinne des für Japan so prägenden *Mahayana* Buddhismus: der Dienst zum Wohle aller fühlenden Wesen. Auch heute findet der spirituelle Weg nicht im luftleeren Raum außerhalb der Grenzen des gewöhnlichen Lebens statt. Er ist im Grunde nichts Besonderes. Spiritualität ist nichts anderes als das gewöhnliche Leben – bewusst gelebt. Gesellschaften mit intakter spiritueller Tradition wie etwa die tibetischen Gemeinschaften in Indien und Nepal oder einige noch intakte Stammesgemeinschaften zeigen es uns. Für sie geschieht das Spirituelle eingebettet in die natürliche Entwicklung des menschlichen Daseins, mit so vielen Varianten, wie es Menschen gibt, die diesem Weg folgen. Mit anderen Worten: Der spirituelle Weg ist kein hochheiliger Sonderweg durch eine Art nicht-weltliches Dasein, sondern der ungebrochene Faden, der das gewöhnliche Leben durchzieht und mit Bewusstheit und dem Gefühl innerer Freiheit von äußeren Zwängen erfüllt – auch wenn die äußeren Zwänge sich deswegen noch lange nicht in Luft auflösen.

Für Usui waren die fünf Lebensgrundsätze des Meiji-Kaisers (von Takata später als die „Fünf Reiki-Lebensregeln" präsentiert) der ideale Weg zum Verständnis der spirituellen Grundlagen der Usui-Methode der natürlichen Heilung. Eine Interpretation dieser Grundsätze aus dem Blickwinkel christlicher Gebote führt jedoch nur zu Missverständnissen. Sie sind keine von außen auferlegte Maßregelung unseres Verhaltens. Wir betrachten sie besser als eine Art spirituelle Gelübde, die wir auf uns nehmen, damit sie uns vor Fehlern und Unglück bewahren. Usui selbst betrachtete die Lebensregeln als *„geheime Methoden, die uns glücklich machen, und spirituelle Medizin für viele Leiden."* Ihnen folgend, schwächen wir jede Tendenz zu ungesunder Verstrickung in zerstörerische Emotionen und Verhaltensweisen. Wir erschließen uns größeres Gleichgewicht und allgemeines Wohlgefühl und finden zu einem stressfreien natürlichen Leben.

Aus der Sicht der alten taoistischen Weisen wie auch aus der Reiki-Perspektive ist natürlich leben gleich bedeutend mit spirituell leben. Echte Spiritualität ist immer sehr einfach und naturnah. Usui lag ein naturnaher und natürlicher Zugang zu spirituellen Belangen sehr am Herzen. Deswegen hielt er es mit der Einfachheit. Reiki gemäß Usuis eigenem Verständnis basiert folglich auf drei Pfeilern: auf den Einweihungen und Handpositionen, auf den fünf Lebensregeln und auf einigen zusätzlichen Meditationen und Techniken, welche den spirituellen Kern des Reiki-Weges betonen. Darüber hinaus verankern sie den Heiler in seiner eigenen direkten Erfahrungen und schärfen die Intuition. Dies sind für jeden Heilberuf wichtige Qualitäten und deswegen wollen wir sie in unserem Rahmen so weit entwickeln wie Usui es uns beispielhaft vorgelebt hat. Eine in eigener Erfahrung begründete Spiritualität liefert uns den dazu notwendigen Schlüssel.

Sensei war seinem Wesen nach milde, sanft und bescheiden. Von hohem, kräftigem Wuchs trug er doch stets ein Lächeln auf den Lippen. Was auch immer geschah, er arbeitete fest entschlossen und geduldig auf eine Lösung hin. Er war vielseitig begabt. Er las leidenschaftlich gern und war außerordentlich bewandert in Geschichte und in den Biographien (der Vergangenheit). Darüber hinaus kannte er sich gut in medizinischen und buddhistischen Schriften aus. Er besaß Kenntnisse in Psychologie und hatte sich mit Jinsen No Jitsu beschäftigt, den Lehren und göttlichen Techniken (schamanischer) Einsiedler. Neben Geomantie und der Kampfkunst des Jiu Jitsu studierte er auch verschiedene Formen spirituellen Heilens mit Hilfe von heiligen Lauten, beherrschte eine Reihe von Wahrsagetechniken und die (taoistische) Kunst, aus dem Gesicht eines Menschen seinen Charakter und sein Schicksal zu lesen. Nicht zuletzt war er mit dem I Ging, dem (chinesischen) Buch der Wandlungen vertraut. Ich bin fest davon überzeugt, dass die Schulung in diesen Disziplinen und die damit einhergehende auf Kenntnis und Erfahrung beruhende Geisteshaltung für Sensei der Schlüssel für seine direkte Erkenntnis des Reiho (abgekürzt für Reiki Ryoho) war. Alle (die ihn kannten) würden dem zustimmen.“

– **Masayuki Okada**, Doktor der Literatur –

(Auszug aus der Inschrift auf Usuis Gedenkstein)

Usuis dritte Lektion lautet: Reiki ist ein offenes System und an keine andere als an seine eigene Tradition gebunden. Wie wir gerade ausgeführt haben, dürfen wir es im Sinne seines Begründers als einen Weg der spirituellen Schulung und eine Form des spirituellen Heilens betrachten. Andere Sichtweisen stehen uns ebenfalls frei. Mit anderen Worten, der spirituelle Hintergrund des Usui-Systems und die von Usui bevorzugte Form seiner Weitergabe erheben keinen Anspruch auf Ausschließlichkeit. Wir dürfen Reiki deswegen durchaus als eine Form des natürlichen Heilens mit universaler Lebenskraft praktizieren, ohne jeden sichtbaren spirituellen Bezug. Unsere eigene Einstellung wird uns vorgeben, welchem Ansatz wir als unserem Leitstern folgen – ob wir allein dem Heilen oder dem Heilen im Rahmen einer spirituellen Disziplin den Vorzug geben. Im Übrigen schließt die dritte der Lektionen aus Usuis Leben die zweite nicht aus. Natürliche Spiritualität kann so natürlich sein, dass wir sie nicht einmal als „Spiritualität“ erkennen. Nach den Lehren vieler Weisen ist dies sogar die „höchste“ Form und „Vollendung“ des spirituellen Pfades, wenn alles wieder vollkommen natürlich ist, ohne jegliches Konzept von „Spirituellem“ oder „Nicht-Spirituellem“.

So scheint zum Beispiel Dr. Chujiro Hayashi mehr am Heilaspekt als an den spirituellen Seiten des Reiki interessiert gewesen zu sein. Er nahm eine Reihe von grundsätzlichen Veränderungen am System vor und setzte sich damit von den übrigen japanischen Nachfolgern Usuis seiner Zeit und ihrem weiterhin traditionell spirituellen Ansatz ab. Hayashi ist für Entwicklung der Reiki-Tradition außerhalb Japans sehr wichtig, denn er war es, der Hawayo Takata in Reiki einführte und ihr schließlich auch die Lehrerlaubnis erteilte. Damit ist Hayashi die gemeinsame Wurzel aller modernen westlichen Reiki-Schulen, die fast alle auf Takata zurückgehen, mit Ausnahme der „gechannelten“ oder frei erfundenen.

Hayashi ist einer von sieben namentlich bekannten Schülern, die Usui noch zu Lebzeiten zu Lehrern des Systems machte. Kurz nach Usuis Ableben trennte er sich jedoch von der Vereinigung der Praktizierenden des Usui-System (dem *Usui Reiki Ryoho Gakkai*) und gründete seine eigene Organisation. Aus einigen spärlichen Zeugnissen dürfen wir vorsichtig schließen, dass Hayashi für seine Behandlungen auch mehr Geld nahm als Usui und die restliche Gruppe von Usuis direkten Nachfolgern. Hayashi tat gemäß Usuis eigenen Aussagen damit nichts Falsches. Solche Entwicklungen waren vorauszusehen und Usui hatte ausdrücklich gesagt, dass *„Reiki nicht der ausschließliche Besitzstand einer einzigen Gruppe oder in irgendeiner Form kontrolliert oder begrenzt sein dürfe.“* [12] Ganz im Gegenteil sagte Usui bei vielen Gelegenheiten, dass er es vorziehe, wenn Reiki allen Menschen zugänglich gemacht würde. Er verband mit dem Usui-System des natürlichen Heilens den Wunsch, dass es sich um den gesamten Erdball verbreiten sollte. Dies würde jedoch nur durch verschiedene gleichberechtigte Ansätze geschehen und einer Vielzahl von Reiki-Heilern geschehen können, die Reiki zu einem festen Begriff machen würden. Wie wir wissen ist Usuis Wunsch inzwischen in jeder Hinsicht in Erfüllung gegangen.

Dr. Hayashi zeichnete sich sehr schnell als begabter Heiler und Lehrer aus und hatte neben Hawayo Takata eine ganze Reihe von Schülern, darunter auch seine Frau Chie Hayashi. Seine Klinik florierte. Viele Menschen fanden dort die ersehnte Hilfe und wurden von einfachen Beschwerden aber auch von lebensbedrohlichen Krankheiten geheilt. Ein ausführlicher Artikel in der Zeitschrift *Mainichi am Sonntag* aus dem Jahr 1928, verfasst von Hayashis Schülerin Shuouh Matsui, wirft ein wenig Licht auf Hayashis eigenen Stil und auf die Arbeitsweise seiner Klinik. Dieser Artikel ist eines der wenigen schriftlichen Zeugnisse für die Reiki-Arbeit aus der Frühzeit des Systems. Dort heißt es zum Beispiel, dass Hayashi sich für seine Patienten jeden Morgen verfügbar machte und dass er jeden Monat fünf Tage für regelmäßige Einführungen in die Reiki-Kraft frei hielt. Auch wenn einiges auf Hayashis Offenheit für Neuerungen und für die Anforderungen der modernen Zeit hindeutet, bevorzugte auch er Mundpropaganda vor der öffentlichen Werbung. Als Matsui also in einer viel gelesenen Zeitschrift darüber schrieb, erntete sie nach eigenen Worten eine Menge Kritik dafür, dass sie sich an eine breite Öffentlichkeit gewandt hatte. Trotzdem war Reiki zu keinem Zeitpunkt ausschließlich ein System der „mündlichen Unterweisung“ seiner Form und Essenz gewesen, wie Takata es später hinzustellen versuchte. Wir wissen inzwischen, dass sowohl Usui als auch Hayashi ihre Beobachtungen und einige Behandlungsprotokolle schriftlich aufzeichneten und ihren Schülern dasselbe Vorgehen gestatteten.

Matsui stellt Hayashi in ihrem Artikel als Reserveoffizier der Kaiserlichen japanischen Marine vor und charakterisierte ihn *„als einen ernsthaften und warmherzigen*

12 Siehe auch: Lübeck Walter, Petter Frank Arjava und Rand William, *Das Reiki Kompendium – Ein umfassendes Handbuch über das Reiki System*, Aitrang, 2000, Windpferd Verlag

Mann, der von Geburt an wie für die Reiki-Arbeit prädestiniert schien." Der wichtigste Beitrag Hayashis für die Ausbreitung des Usui-Systems über die Grenzen der japanischen Inseln hinaus ist natürlich seine Ausbildung Hawayo Takatas zur Reiki-Heilerin und Lehrerin. Hawayo Takata wurde im Jahre 1900 als Tochter japanischer Eltern auf einer Zuckerrohr-Plantage auf der Insel Kaui in Hawaii geboren. 1935 kam sie schwer krank in Hayashis Klinik. Die erfolgreiche Behandlung ihrer Krankheit mit Reiki beeindruckte sie so sehr, dass sie länger als beabsichtigt blieb und sich schließlich entschied von Hayashi Reiki zu erlernen. Sie assistierte ihm als Heilerin und erhielt eine Reihe der damals üblichen traditionellen Reiki-Grade. Sie kehrte schließlich 1937 nach Hawaii zurück, wo Hayashi sie 1938 besuchte. Nach Aussagen einiger Quellen erhielt sie ihre Einstimmung als Lehrerin des Systems am 21. Februar 1938. Der Begriff des Meisters oder der Meisterin war damals noch nicht gebräuchlich. Takata selbst führte ihn erst sehr viel später ein, als sie die Grade des japanischen Reiki-Systems für ihren eigenen Gebrauch in die jetzt übliche Abstufung von erstem, zweitem und drittem Grad einteilte.

Das Jahr 1938 markiert also ein weiteres Kerndatum in der Geschichte der Reiki-Überlieferung, denn nach ihrer Einweihung zur Reiki-Lehrerin nahm Takata eine Reihe einschneidender Veränderungen am Usui-System vor, die noch weit über die von Hayashi vorgenommenen Modifikationen hinaus reichten. Sie vereinfachte das System der Grade und sie passte Usuis Lebensgeschichte allmählich den Erfordernissen des amerikanischen Zeitgeschmacks nach dem Zweiten Weltkrieg an.

Nach meinem Empfinden dürfen wir sie für ihr Tun nicht verurteilen, auch wenn sie Usuis Biographie milde ausgedrückt auf Halbwahrheiten reduziert hat, gespickt mit einer Reihe von Fehlinformationen. Vielmehr verdient sie unsere würdigende Anerkennung dafür, dass sie uns Reiki zugänglich gemacht hat. Zweifellos haben wohldurchdachte Überlegungen und Beweggründe ihr Handeln veranlasst. Wir dürfen nicht vergessen, dass sie die heilende Botschaft der Reiki-Kraft zu einer Zeit verbreitete, als es für jede Frau schwer war sich durchzusetzen – besonders wenn diese Frau in den USA lebte, japanischer Herkunft war und über nicht mehr als eine Volksschulbildung verfügte. Und eine solche Frau hat es tatsächlich geschafft, ein vollkommenes und in sich geschlossenes System spiritueller Heilung in einem nicht gerade wohlmeinenden materialistischen Umfeld so zu etablieren, dass es sich schließlich sogar weltweit durchsetzen konnte! Das ist eine Leistung, die unseren Respekt verdient, ungeachtet aller Abstriche, die man daran vielleicht machen will.

Ein Detail sticht aus ihrem eigenen Umgang mit Reiki besonders hervor, nämlich die lange Wartezeit bevor sie einige ihrer Schülerinnen und Schüler zu Reiki-Lehrerinnen und -Lehrern ausbildete. Wie wir oben festgestellt haben empfing sie von Hayashi bereits im Februar 1938, was sie selbst später als ihre „Meister-Einweihung" bezeichnete. Das heißt, sie praktizierte das Usui-System für mehr als dreißig Jahre, bevor sie sich entschied, andere zu Lehrern des Systems zu machen. Natürlich konnte sie im Laufe dieser vielen Jahre einen großen Erfahrungsschatz ansammeln, sowohl als Heilerin als auch als Lehrerin des ersten und zweiten Reiki-Grades. Auf dieser soliden Grundlage ließ sie andere schließlich in ihre Fußstapfen treten. Man darf sie für die gezeigte Reife loben. Reiki ist Erfahrungswissen. Erfahrungswissen können wir jedoch nur wirklich dann an andere vermitteln, nachdem wir selbst viel Erfahrung gesammelt haben. Erst dann können wir eine Quelle der Inspiration für andere sein, dass sie den Wunsch in sich fühlen, dieselbe Tiefe und denselben Reichtum durch eigene Erfahrung zu erschließen.

Wie wir der Silbe „Rei" entnehmen können, wird der Reiki Ryoho im Allgemeinen als spirituelle Technik betrachtet. Auf Grund meiner Heilungserfahrung mit mehr als einhundert Menschen neige ich hingegen eher dazu, ihn als physische Technik anzusehen. Einige Leute vertreten die Ansicht, Reiki entspreche den Wunderheilungen von Christus, aber ich bin kein so großartiger Mensch wie Jesus; ja ich habe nicht einmal einen besonders guten Charakter. Es gibt Menschen, die schauen vor allem auf den spirituellen Aspekt und interpretieren jedes zwischenmenschliche Geschehen in eine spirituelle Begegnung um; andere hingegen sehen zwischenmenschliche Belange rein praktisch und gegenständlich. Ich gehöre unbedingt zu dieser letzteren Gruppe. Ich bin ein ganz gewöhnlicher und normaler Mensch und brauche keine spirituellen Ambitionen für meinen Wunsch, anderen physische Heilung zu bringen. Die von mir gegenwärtig benutzte Heiltechnik ist alles andere, nur nicht übernatürlich. Ich betrachte Reiki als eine gewöhnliche und auf der physiologischen Ebene wirksame Form der Behandlung.

– Shuouh Matsui in Manichi am Sonntag, 4. März 1928 –

Für mich und alle die von mir Reiki gelernt haben sind die Lehrer in unserer Linie die Eckpfeiler der Übertragung des Usui-Systems, nämlich Mikao Usui, Chujiro Hayashi, Hawayo Takata, Barbara Ray, Maureen O'Toole und meine eigene Lehrerin, Kate Nani. Ohne sie hätte ich nicht empfangen können, was ich nun für viele Jahre mit anderen geteilt habe. Ich liebe und ehre sie alle, unabhängig von allen Meinungsverschiedenheiten oder den Dingen, die man dem einen oder anderen von ihnen nachgesagt hat oder in Zukunft nachsagen wird. Am Ende zählt nur das Wesentliche, nicht oberflächlicher Schein und schon gar nicht die Tagesmeinung als die kurzlebigste aller Illusionen. Meinungen kommen und gehen. Man schaue sich nur einmal eine zwanzig Jahre alte Nachrichtensendung im Fernsehen an und man sieht, wie kurzlebig, unwichtig und vor allem falsch und irreführend alle menschlichen Meinungen wirklich sind. Wie jede echte Form des Heilens wird die Reiki-Kraft jedoch immer gefragt sein. Konkrete Ergebnisse zählen mehr als historische Details oder persönliche Unterschiede in der Vermittlung der Techniken des Usui-Systems.

Wir können von allen Gründern unserer westlichen Form des Reiki wichtige Lektionen lernen. Von Usui können wir Beharrung im Angesicht von Herausforderungen lernen, und wie wir von verschiedenen spirituellen Quellen profitieren und zu warmherzigen, hingebungsvollen Heilern heranreifen. Von Hayashi können wir lernen, dass neue Zeiten neue Methoden erfordern, und wie wir bei aller Veränderung den wesentlichen Kern und die Essenz erhalten. Von Takata können wir lernen, dass es vielleicht besser ist geduldig abzuwarten und Reiki zu praktizieren, bevor wir vorschnell Hunderte von unreifen neuen Reiki-Lehrern kreieren. Außerdem hat sie uns gezeigt, wie sich Reiki in das Wertesystem einer völlig anders strukturierten Gesellschaft eingliedern lässt, mit anderen Prioritäten und anderer Mentalität. Von meiner eigenen Lehrerin habe ich meine Leidenschaft für die Tätigkeit des Heilens übernommen. Wir können also wirklich von jedem Menschen lernen, ja von jedem Wesen, dem wir auf unserem Lebensweg begegnen.

Ich selbst lehre und teile Reiki mit anderen als ein System der spirituellen Heilung und betone die Bedeutung unmittelbarer Selbsterkenntnis, die sich aus der allmählichen Beruhigung des Geistes durch regelmäßige Reiki-Praxis einstellt. Der Ansatz ist in meiner persönlichen Geschichte begründet und hat außerdem Wurzeln in den anderen Disziplinen und geistigen Lehrern, denen ich außerhalb meines Reiki-Weges begegnen durfte. Jeder Reiki-Lehrer teilt selbstverständlich alle Energien, die sich im Laufe des Lebens im Kontinuum von Körper und Geist angesammelt haben, unabhängig von ihrer Herkunft. Deswegen fließt ganz natürlich alles in meine Art der Vermittlung der Reiki-Kraft ein, was ich vielleicht von anderen Lehrern außerhalb der eigentlichen Reiki-Praxis gelernt habe. Ich bin sicher, Usui ist es nicht anders ergangen. Zum Beispiel erkenne ich großen Nutzen im Einsatz von Reiki in der direkten Selbsterforschung im Sinne des nicht-dualen Wissens, welches das Herz jeder direkten Selbst- und Welterkenntnis ist. Dieses Wissen repräsentiert die Quelle einer absoluten und radikalen Form der Heilung, die wirklich alle Wurzeln des Leidens abschneiden kann – nämlich unser eigenes fehlgeleitetes normales Selbstverständnis und unser Bild von der Welt als einer von uns getrennten und antagonistischen Wesenheit.

Ich praktiziere seit Mitte der 80er-Jahre Reiki und lehre es seit 1987. In der Zwischenzeit habe ich viele bemerkenswerte Männer und Frauen getroffen, unter ihnen einen vollkommen Verwirklichten in der Übertragungslinie von Ramana Maharshi aus Tiruvanamalai, einen der größten Heiligen Indiens des späten 19. und mittleren 20. Jahrhunderts. Ich habe meinen indischen Meister H. W. L. Poonja (eher bekannt als *Papaji*) sehr geliebt und liebe ihn noch, auch wenn er 1997 seinen Körper verlassen hat. Ich bin mir gewiss, dass ich ihn nur auf Grund meiner Reiki-Praxis als den erkennen konnte, der er wirklich war. Reiki hat meine Sinne verfeinert und mein Herz geöffnet, so dass ich wirklich mit dem Herzen sehen, und wenn notwendig, die Überlegungen und Wertungen des Gehirns abstellen kann. Deswegen ist es durchaus möglich, dass ich ohne vorherige Reiki-Praxis seine direkte Vermittlung und Begegnung schlicht und einfach verschlafen hätte. Ich hätte ihn dann nur mit meinen physischen Augen wahrgenommen, nicht mit den Augen der Weisheit des Herzens. Papaji gehörte zu der Gruppe jener Meister, denen man selten begegnet. Er lehrte kein Bücherwissen und predigte auch nicht eine Art der Erleuchtung, die nur auf Hörensagen beruht. Er verkörperte jedes Wort, das über seine Lippen kam. Jedes Wort beruhte auf direkter Erkenntnis und direkter Erfahrung im Jetzt. Viele haben ihn deswegen bewundert und verehrt. Aber wichtiger als alle Devotion und Liebe ist die Tatsache, dass er uns immer wieder darauf hinwies, dass wir dieselbe Freiheit sind wie er, wenn wir wachsam bleiben und jeden Augenblick in seiner eigenen Offenheit und seinem eigenen Licht wahrnehmen – nicht verschieden vom Licht der Bewusstheit, die wir im Grunde unseres Wesens sind. Die vielen direkten Einsichten und Erfahrungen aus meinen Jahren mit ihm geben meinem Reiki-Unterricht einen besonderen Geschmack – den des Jetzt, des Gegegenwärtigseins, der unteilbaren und unvoreingenommenen Liebe und Bewusstheit.

Man muss keinen erleuchteten Meister getroffen haben, um Reiki zu praktizieren und zu lehren. Aber wenn es geschieht, ist es eine große Hilfe und vertieft den Zugang zur unmittelbaren Präsenz der unfasslichen Weite der universalen Lebensenergie. Wie Usui feststellte, ist Reiki ein eigenständiger Weg und erfordert nicht die Auseinandersetzungen mit anderen Wegen der geistigen Schulung. Gleichzeitig bleibt unbestreitbar, dass wir anderen umso mehr helfen können, je weiter wir auf unserem eigenen Weg fortgeschritten sind. Je mehr Seiten unseres eigenen wahren Wesens wir uns durch verschiedene Formen der spirituellen Disziplin erschlossen haben, desto sicherer können wir anderen beistehen, dass sie sich selbst und ihrem wahren Wesen begegnen können.

Durch sein eigenes Beispiel und seine vielen Jahre der Meditation und Praxis hat uns Usui vorgelebt, dass dies ein guter Weg zur unserer Vervollkommnung als Heiler ist. Wir alle praktizieren Reiki in seiner Nachfolge und sind deswegen aufgefordert, uns nicht mit Mittelmäßigkeit und Halbherzigkeit zufrieden zu geben. Dies ist die wertvollste Lektion, die wir der Reiki-Geschichte entnehmen können. Wir wollen in Wort und Tat übereinstimmen. Wir wollen uns unserer Aufgabe mit Hingabe widmen und unsere Menschlichkeit verfeinern wie jene, die uns den Weg gezeigt haben. Das können wir nur auf unsere eigene Weise tun. Die Wege des Reiki sind so zahlreich und vielfältig wie es Menschen gibt, die ihnen folgen. Wenn unser Weg ein Weg des Herzen ist und wir ihm nicht zum Zwecke des Ruhmes oder materiellen Reichtums folgen, wird dieser Weg zum Verdienst aller fühlenden Wesen beitragen und segensreich für alle sein.

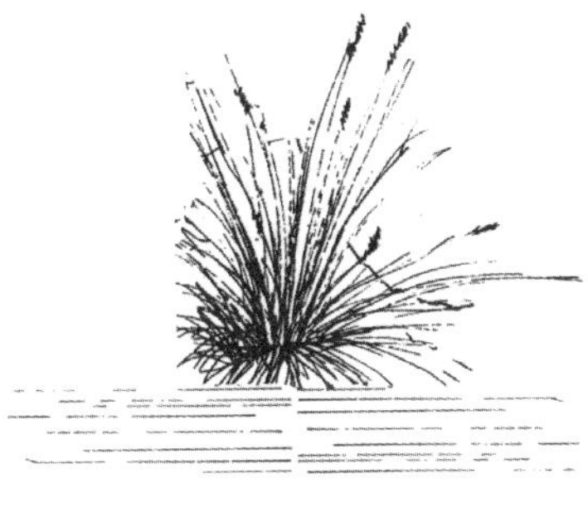

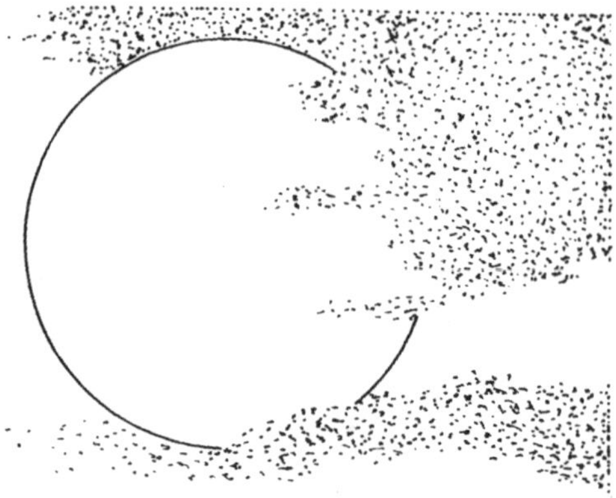

Alle Wahrheiten warten in allen Dingen.
Sie haben keine Eile, wollen nicht schnell entdeckt werden,
widersetzen sich aber keineswegs.
Eine Geburtszange brauchen sie nicht.
Sei die Wahrheit auch nur unbedeutend, mir ist sie groß
wie jede andere.
Was ist weniger und was mehr
als eine Berührung?

Logik und Predigten überzeugen nie,
der Dunst der Nacht aber senkt sich tiefer hinab
in meine Seele.

Wahr ist einzig, was sich bewahrheitet
in jedem Mann und jeder Frau.
Einzig, was keiner leugnet, ist wahr –
ist tatsächlich, was es ist.

Walt Whitman

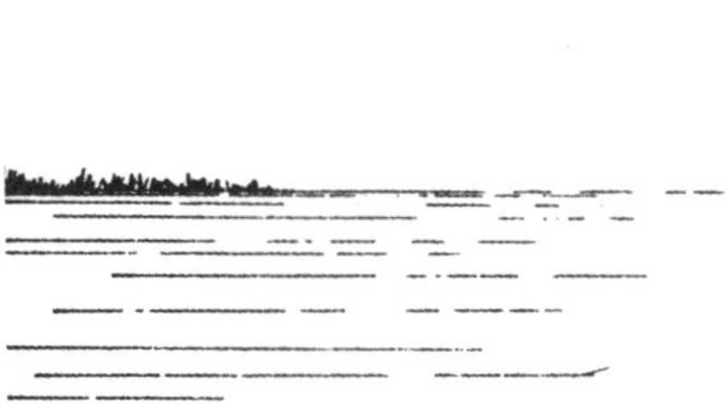

KAPITEL 3

Von der Usui-Geschichte zum Usui-Mythos

Wie wir im vergangenen Kapitel gesehen haben, kann Reiki inzwischen auf eine über 100-jährige bewegte Geschichte zurückblicken, wenn wir Dr. Usuis lange und vielseitige Schulung einbeziehen, welche der eigentlichen Entdeckung der Reiki-Kraft vorausging. Aber was ist das eigentlich Faszinierende daran? Die vielen historischen Einzelheiten, die vor kurzem ans Licht gekommen sind? Oder die Tatsache, dass ein rational nicht erklärbares Phänomen wie die Vorstellung einer unfasslichen „universalen Lebensenergie“ sich einen beachtlichen Platz im modernen Massenbewusstsein erobern konnte?

Für diesen Effekt gibt es eine Reihe von Gründen. Seit seinen Anfängen in Japan in den zwanziger Jahren des letzten Jahrhunderts sprechen die zahllosen dokumentierten Erfolge des Usui-Systems der natürlichen Heilung für sich selbst. Nichts ist erfolgreicher als der Erfolg. Zum anderen befriedigt der Mythos von Dr. Usui und den an ein Wunder grenzenden Anfängen seines Systems eine tiefe Sehnsucht der Seele in einer an positiven menschlichen Legenden so armen Zeit wie der des endenden 20. und beginnenden 21. Jahrhunderts. Bewusst oder unbewusst sehnen wir uns alle nach Ganzheit, menschlicher Würde und innerer Kraft. Wenige Vorbilder haben diese Werte so vollkommen verkörpert wie der mysteriöse Heiler aus Japan, namens Usui. Deswegen ist die Integrität Usuis eines der Fundamente dafür, dass Reiki sich durchsetzen konnte und sich auch weiterhin behaupten wird. Mit anderen Worten, neben den Heilerfolgen mit Reiki hat die Aura des Mythos wesentlich zum Aufschwung des Usui-Systems beigetragen.

Als Reiki in den Westen kam und noch bis vor kurzem war seine Geschichte schnell erzählt, weil es nur eine Version gab. Sie erinnerte ein wenig an eine Märchenstunde. Auch wenn diese Version für den unterscheidenden Verstand niemals völlig überzeugend und glaubhaft klang, haben alle Lehrer sie akzeptiert und für viele Jahre in derselben Form weitergegeben, wie sie sie von ihrem eigenen Lehrer oder ihrer eigenen Lehrerin gehört hatte. Auch ich habe das in vielen Seminaren zwischen 1987 und 1998 getan. Für einen Reiki-Lehrer hat das Erzählen der Geschichte eine andere Funktion als für den Historiker. Der Historiker ist ausschließlich an den Fakten interessiert. Für den Lehrer aber sind diese nur sekundär wichtig. Der Lehrer will vor allem zur Praxis motivieren. Er möchte eine Geschichte erzählen, die dem neuen Schüler ein Beispiel gibt und ihm die Wurzeln zeigen, aus denen Reiki seine Kraft bezieht.

Deswegen war etwas Vertrautes und Legendenhaftes an Takatas Reiki-Geschichte, und das wirkte zugleich beruhigend und zudem wohl ein wenig rührend. Wir mögen noch so erwachsen sein und sehnen uns doch manchmal zur Einfachheit und Geborgenheit unserer Kindheit zurück, als jede Geschichte eine Moral und auch ein gutes Ende hatte. Genau das leistete die ursprüngliche Version der Reiki-Geschichte. Zwar hat sie unseren Verstand vielleicht niemals befriedigen können, aber sie hat uns das Herz erwärmt. Und ob wir dies bewusst wahrgenommen haben oder nicht, sie hat uns auch eine gute Grundhaltung vorgegeben, wie wir mit universaler Lebensenergie umgehen sollten. Sie hat uns am Beispiel der Idealgestalten Usui, Hayashi und Takata gezeigt, wie wir Reiki tatsächlich im Geist der grenzenlosen Liebe universaler Lebensenergie praktizieren können. Im Übrigen gilt für Reiki, was für alle anderen Lehrgeschichten auch gilt, nämlich dass es auf ihre Resonanz im Leser oder Zuhörer ankommt, darauf ob sie mitschwingen und Positives auslösen können. Wie Stephan Schuhmacher es in seiner kompakten Einführung in die Geschichte des Zen auf den Punkt bringt: „*Worauf es … bei Zen-Geschichten ankommt, ist, dass sie eine geradezu archetypische Wirklichkeit gewinnen, die ihre Wirksamkeit in unserem Bewusstsein entfalten kann, wenn wir uns darauf einlassen und uns die Pointen dieser Geschichte aufgehen*[13].“ Genau dies hat auch Frau Takata mit ihrer Geschichte erreicht, wenn auch auf anderem Weg und mit anderer Intention als die alten Meister von Chan und Zen aus China und Japan.

Frau Takata hatte die Reiki-Geschichte stark vereinfacht und auf das gesellschaftliche Klima sowie auf die gängigen Vorurteile gegen alles Japanische in den Vereinigten Staaten und Kanada während und kurz nach dem Zweiten Weltkrieg zugeschnitten, als sie zu lehren und Reiki zu verbreiten begann. Wahrscheinlich um keinen Anstoß zu erregen und Reiki nahtlos in das Amerika der 40er, 50er und 60er Jahre einzubinden, machte sie aus dem Tendai Buddhisten Usui kurzum einen christlichen Missionar und vertuschte jeden Hinweis auf eine vielleicht noch lebendige Reiki-Tradition im modernen Japan. Vorausgesetzt ihr Lehrer Dr. Hayashi hatte diese spezifisch japanischen Formen der Praxis tatsächlich an sie weitergegeben, dürfen wir annehmen, dass sie Reiki bewusst und gezielt verwestlicht und deswegen auch eine Reihe spezifisch japanischer Elemente aus seiner Praxis getilgt hat. Da Frau Takata in ihren Tagebüchern einige traditionelle japanische Methoden des Reiki erwähnt, bestätigt sie indirekt den bewussten Bruch mit der japanischen Tradition mit ihren eigenen Worten. In der auf Takatas Übertragung beruhenden westlichen Form des Reiki fehlen deswegen gängige japanische Formen der Reiki-Meditation und Praxis. Stattdessen hat sie das universell Menschliche im Reiki hervorgehoben und auf diese Weise seiner weltweiten Popularisierung den Boden bereitet. Außerdem hat sie die spirituelle Übertragungslinie von

[13] Siehe auch Stephan Schuhmacher, *Zen*, Kreuzlingen und München, 2001, Diederichs Verlag. Das Buch wird an dieser Stelle aus zwei Gründen empfohlen: Erstens ist es eine kompakte und mit flotter Feder geschriebene Einführung in eine spirituelle Tradition, welche das Wesentlich des spirituellen Lebensverständnisses an sich erklärt. Zweitens zeigt es Funktion und Wichtigkeit von Lehrgeschichten für das Verständnis einer spirituellen Tradition, unabhängig von der nachvollziehbaren historischen Genauigkeit der Geschichte.

Usuis Schülern und Nachfolgern nach ihren eigenen Bedürfnissen zurechtgestutzt und infolgedessen drastisch gekürzt.

Trotzdem mag ihr Vorgehen aus ihrer eigenen Sicht schlüssig gewesen sein. Sie wollte auf der Grundlage ihrer eigenen Beobachtung und Erfahrung im Westen Reiki in einer nach ihrer Meinung eingängigen Form lehren. Dafür wurde alles weggeschnitten oder weggelassen, das dem Zweck nicht direkt diente. Das ist ein in allen esoterischen Traditionen übliches Verfahren, auch in Japan. Zwar wird jeder Zen-Mönch wissen, dass es neben seiner eigenen noch viele andere verwandte Übertragungslinien des Zen gibt. Für seine Praxis ist diese Tatsache jedoch kaum von Belang. Wenn er im Rahmen einer der zahlreichen Zeremonien im Tempel alle Namen seiner Übertragungslinie rezitiert, wird er nur jene Namen aufzählen, die seinem eigenen Meister vorangegangen sind. Alles Beiwerk würde ablenken. Für den Zen-Mönch unseres Beispiels sind aus praktischen Gründen nur sein eigener Lehrer und jene Lehrer erwähnenswert, von denen er in einer langen Kette von Meistern seine Übertragung erhielt. Das ist die gängige Praxis, und Takata hat sich ihrer auch für Reiki bedient.

Auf diese Weise entstanden aus Takatas Lehrtätigkeit im Westen ein Mythos und eine Legende, in deren Zentrum die Lichtgestalt Usuis strahlte. Wir mögen diesen Ansatz der übermäßigen Simplifizierung heute belächeln oder Takata sogar unlautere Motive für ihr Vorgehen unterstellen und sie deswegen verurteilen. Aber warum? Es gibt in Tibet ein schönes Sprichwort, das lautet: „*Jedes Tal hat seinen eigenen Dialekt und jeder Meister seinen eigenen Stil.*" Dem kann ich aus Erfahrung beipflichten. Ich habe inzwischen selbst mit einigen tibetischen Meistern zu tun gehabt, und wenn man sie einmal ein wenig näher kennen lernt und mit ihnen arbeitet, wird man feststellen, dass wirklich jeder seinen ganz eigenen Stil hat, auch wenn die übermittelten Lehren fast identisch sind. Die Essenz ist überall die gleiche, die Form der Vermittlung jeweils eine andere.

Darüber hinaus besteht noch aus einem anderen Grund kein Anlass, Takatas Leistung zu schmälern. Sie hat durch ihre Vereinfachung von Usuis und Hayashis Lebensgeschichten vielen eine Quelle tiefer Inspiration erschlossen, gerade weil sie sie von allen kulturspezifischen Eigenheiten entkleidet hat. Ihre Darstellung Usuis und Hayashis konnte deswegen sehr viele Menschen ansprechen, ganz gleich auf welchem Kontinent sie leben oder welche Hautfarbe oder Religion sie haben. Das liegt in der Natur des Mythos, der sich auf Grund seines einfachen Grundmusters vielen Vorstellungen anpassen kann – und trotzdem wirksam und inspirierend bleibt.

Nehmen wir zum Beispiel das sagenumwobene Leben des Buddha. Es ist in nahezu unzähligen Schriften aus so verschiedenen Kulturen wie etwa die indische, tibetische und japanische und aus ganz verschiedenen Blickwinkeln dargestellt, mit einer jeweils leicht verschobenen Setzung des Schwerpunktes. Manche dieser Geschichten stellen den Buddha als einen unüberwindlichen Helden dar, der mühelos ein Wunder nach dem anderen vollbringt. Andere betonen eher die menschlichen Züge. Manche sagen ihm besonders strenge Weltfeindlichkeit nach, andere sehen ihn liberaler und auch mitfühlender, von vielen männlichen und weiblichen Helfern umgeben. Und wenn man gar die tantrischen Versionen der Lebensgeschichte des Buddha liest, kommt man aus dem Staunen überhaupt nicht mehr heraus. Sie stellen nämlich die Grundelemente der allgemein akzeptierten Version völlig auf den Kopf. Dort verlässt der Buddha nach verwöhnter Kindheit und Jugend nicht der Welt überdrüssig Frau und Kind und den Palast seines Vaters, um in der Einsamkeit Erleuchtung zu erlangen. Stattdessen steht in einer dieser Schriften klipp und klar, dass Buddha die Erleuchtung bereits gemeinsam mit seiner Gefährtin Yashodhara verwirklichte, aber dann der Welt zum Schein entsagte, *„um Menschen minderer Begabung einen für sie gangbaren Weg zu vermitteln“*[14].

So verschieden sich diese Lebensgeschichten des Buddha anhören mögen, sie haben trotzdem eines gemein: Sie zeigen dem Leser einen Weg, der seinen gegenwärtigen Wissens- und Erfahrungshorizont überschreitet. Darüber hinaus inspirieren sie ihn, diesem Beispiel zu folgen und es dem Buddha gleich zu tun. Das ist ihr Sinn. Die allgemein akzeptierten Versionen veranschaulichen, dass man sich vom Haften an äußere Erscheinungen lösen muss, wenn man denn frei sein will wie ein Buddha. Die tantrische Version erklärt, dass Freiheit unser eigentliches Wesen ausmacht, dass wir in allen Lebensumständen wieder entdecken können. Uns zu inspirieren, das ist auch das wesentliche Element an der Biographie Dr. Usuis: nämlich dass er mit seiner Leistung die allgemein akzeptierten Grenzen unseres Verständnisses der Wirklichkeit überschritten hat. Er hat für uns nachvollziehbar demonstriert, dass Lebensenergie oder Lebenskraft keine blumenhaften Vorstellungen aus der Vergangenheit sind, sondern ein konkreter Aspekt der Wirklichkeit, dessen man sich zu konkreten Zwecken sehr konkret bedienen kann. Zum Beispiel kann man damit körperliche und seelische Beschwerden lindern oder sogar heilen. Das ist das eigentliche Wunder an der Lebensgeschichte Usuis. Die weiteren Einzelheiten können interessant und für einige Aspekte des Reiki auch relevant sein, aber entscheidend sind sie nicht.

Die Rolle jeden Mythos' ist, die Segel unseres Lebensschiffes mit frischem Wind zu füllen und die harten und hemmenden Verkrustungen des kühl kalkulierenden Verstandes und reinen Faktenwissens aufzuweichen. Faktenwissen kann sich nur an den so genannten Tatsachen orientieren. Diese sind unverrückbar und aus der Vergangenheit vorgegeben. In gewisser Hinsicht verewigen sie die Vergangenheit, weil das Faktenwissen sich immer wieder auf sie rückbesinnt. Legenden und Mythen hingegen sind zeitlos. Für sie gibt es nur die Gegenwart, das ewige Hier und Jetzt. Die korrekte Wiedergabe von Sachverhalten ist nicht ihre Aufgabe. Ihre Aufgabe ist es, uns zu beflügeln, dass wir jedes für unsere weitere Entwicklung unangemessenes Verhalten oder die uns selbst auferlegten Grenzen endgültig überschreiten. Mythen verewigen nicht die Vergangenheit, sondern erheben alles in die Gegenwart. Mythen und Legenden sind auch Lehrgeschichten. Sie zeigen uns, was vergehen muss, was wir hinter uns lassen müssen, um zu neuen Ufern und neuen Ausdrucksformen des

[14] Siehe auch: George, Christopher: *The Chandramaharoshana Tantra – A Critical Edition and English Language Translation*, New Haven, 1974, American Oriental Society (Vol. 56, American Oriental Series). Einen erleuchtenden Einblick in die so andere Weltsicht des buddhistischen Tantra und eine alternative Lebensgeschichte des Buddha gewährt: Shaw, Miranda: *Erleuchtung durch Ekstase*, Frankfurt, 1997, Krüger Verlag

Daseins zu gelangen. Sie haben von jeher in allen Gesellschaften und Kulturen der Menschheit die wichtige Rolle des Katalysators gespielt. Ihr Ziel ist, einen Beitrag zur Reifung des Einzelnen zu leisten, damit er die zeitlose Wahrheit des Daseins hier und jetzt an sich selbst erfahren kann.

Die Legende von dem Mann namens Usui wie Takata sie weitergab, hat ihre durchschlagende Wirkung durch den Siegeszug der Reiki-Kraft in der Welt bewiesen. Nach Takata waren Usui und Hayashi gewissermaßen Übermenschen, und wie jeder Mythos, enthält auch der ihre wahrscheinlich einen Kern der Wahrheit. Andernfalls könnte er weltweit nicht so nachhaltig gewirkt haben. Der gegenwärtige Stand der Reiki-Forschung bestätigt diese Annahme. So konnten die Ausführungen im vorangegangenen Kapitel zeigen, wie der Text der Inschrift auf seinem Grabstein und die Zeugnisse von Zeitgenossen den Schluss nahe legen, dass Usui tatsächlich ein außergewöhnlicher Mensch mit seltenen Talenten gewesen sein muss. Er hat in seinem Leben die typischen Entwicklungsstadien durchlaufen, die zu einem Heldendasein gehören.

Aber was macht einen Helden oder Heros eigentlich aus? Und was ist ein Heldenleben? Wir werden dies leichter verstehen, wenn wir uns ein wenig mit den Werken des Mythologen Joseph Campbell vertraut machen. Dieser hat die Wirkung von Mythen und Heldgestalten auf die individuelle und kollektive Psyche sehr eingehend untersucht. Nach Reduzierung der besonderen Einzelheiten in der Biographie zahlreicher Kulturheroen aus allen fünf Kontinenten definierte Campbell die eigentliche Aufgabe des Helden folgendermaßen: „*Der Heros verlässt die Welt des gemeinen Tages und sucht einen Bereich übernatürlicher Wunder auf, besteht dort gegen fabelartige Mächte und erringt einen entscheidenden Sieg. Dann kehrt er mit der Kraft, seine Mitmenschen mit Segnungen zu versehen, von seiner von Geheimnissen erfüllten Fahrt zurück.*“[15] Keine anderen Worte könnten vor allem Usui und sein Wirken treffender charakterisieren.

Tatsächlich enthält Usuis Biographie alle wesentlichen Entwicklungsschritte eines heroischen Daseins. Dies gilt sowohl für die tatsächliche Lebensgeschichte, aber in konzentrierter Form sogar mehr noch für die von Takata lancierte Version. Am Anfang der Laufbahn eines jeden Helden stehen Rätsel, Widerspruch oder Konflikt. Es folgt in den meisten Beispielen als zweiter Schritt die langwierige und mit Hindernissen gespickte Suche nach der Lösung des Rätsels. Der dritte Schritt sind Einweihung oder Initiation. Der Kreis schließt sich im vierten Schritt mit der Rückkehr in die Welt, die es dem Heros ermöglicht, das gewonnene neue Erfahrungswissen an andere weiterzugeben. Diese Entwicklungsschritte sind in Takatas Version von Usuis Lebensgeschichte derartig packend vereinfacht, dass sich jeder Sucher mühelos damit identifizieren und sein eigenes inneres Streben durch Usuis Leben und Wirken bestätigt finden kann.

Nach Takatas Erzählung begann Usuis Suche nach der Reiki-Kraft mit einer simplen Frage von einigen Studenten in einem christlichen Seminar, das er angeblich geleitet haben soll. Die Frage lautete: „*Wenn es in der Bibel heißt, ‚ihr werdet noch*

[15] Siehe auch: Joseph Campbell, *Der Heros in tausend Gestalten*, Frankfurt, 1978, Suhrkamp Verlag. Nach fast zwei Jahrzehnten umfangreicher Recherchen ist es Joseph Campbell mit diesem 1949 erstmals erschienen Buch gelungen, eine Art Typologie des schöpferischen Genius der Menschheit vorzulegen. Er zeigt, warum wir Helden und Vorbilder brauchen und wie sie auf uns wirken.

größere Dinge tun als ich', warum gibt es dann heute auf der Welt nicht mehr Heiler, die es Christus gleichtun? Und wie sollen wir seinen Auftrag an die Apostel verstehen, die Kranken zu heilen und die Toten zum Leben zu erwecken?" In dieser Frage liegt der Konflikt beschlossen, den der zukünftige Heros erkennt und deswegen auflösen will. Nach japanischem Verständnis war Usuis Ehre gefordert. Er musste die Frage seiner Studenten einfach beantworten können. Wie durfte er sich „Lehrer" nennen, wenn er eine derartig simple und direkte Frage unbeantwortet lassen musste? Also zog er die Konsequenzen und legte laut Takata noch am selben Tag sein Amt nieder, entschlossen, das Rätsel zu lösen.

Wir wissen heute, dass diese Anekdote frei erfunden ist. Sie stimmt historisch keineswegs. Trotzdem hat sie wie viele andere Erfindungen zum Mythos Usui beigetragen. Sie offenbart eine weitere wichtige Eigenschaft des Heros, nämlich die Heilung oder Überbrückung der Kluft zwischen Anspruch und Wirklichkeit. Gewöhnlich nehmen wir Menschen diese Kluft nicht einmal wahr, geschweige denn, dass wir uns um ihre Aufhebung bemühen. Mit anderen Worten, wir akzeptieren in unserem Dasein halb bewusst und halb unbewusst viel Widersprüchliches. Die Routine und der Halbschlaf unseres alltäglichen Daseins verleiten uns dazu, dass wir manches schleifen lassen, auch wenn es sich wenig stimmig anfühlt. Wir wursteln uns durch, weil wir keine andere Wahl zu haben glauben. Wir nehmen das Rätsel und die Widersprüche in unserem Dasein nicht wirklich zur Kenntnis. Aber im Grunde unseres Herzens sind wir damit weder glücklich noch zufrieden. Deswegen bewundern wir es, wenn sich jemand findet, der zumindest einen der Widersprüche in seinem Leben tatsächlich aufdeckt und überwinden will. Wem dies gelingt, der ist für uns ein Held, wie wir selbst auch gern einer sein wollen.

Auf die Bewusstwerdung des Widerspruchs folgte eine Zeit der Suche, die Usui laut Takata angeblich bis in die Vereinigten Staaten und auch nach China, Indien und Tibet führte. Er soll an der theologischen Fakultät von Chicago nachgeforscht und heilige buddhistische Texte in mehreren Sprachen studiert haben. Auch diese Behauptung ist inzwischen widerlegt, auch wenn aus dem vorhandenen Material eindeutig hervorgeht, dass Usui tatsächlich viel gereist und bis nach Europa und in die USA gekommen ist. Aber er ist dort nicht einem formalen Studium nachgegangen. Das heißt, Takata hat ihre Geschichte in dieser Hinsicht nur umfrisiert. Aus den Reisen wurde ein Studium. Das ist so recht nach dem Geschmack des Landes, denn um in Amerika Erfolg zu haben, muss man seine Sache unbedingt amerikanisieren. Jedes Hollywood-Remake eines ausländischen Originalfilms ist dafür der beste Beweis.

Für die psychologische Wirkung der Legende bleiben derartige Tatsachen wie zum Beispiel ein Reiseziel ohnehin belanglos. Für sie ist nur wichtig ist, dass es in Usuis Leben tatsächlich eine Zeit der Suche und Prüfung gegeben hat. Der Test geht der Initiation zwar voraus, ist aber gleichzeitig ein Teil von ihr. Man könnte sagen, die Zeit der Suche, Prüfung und Herausforderung ist für den Prozess seelischer Reifung und Initiation, was für den Sportler das zähe Training vor dem Wettkampf ist. Hartes Training ermöglicht den Erfolg im Kampf um den Titel, ausgiebige Prüfung den Erfolg der Initiation, und zwar in dem Sinn, dass sie dann wirklich Frucht tragen kann. Der Erfolg einer Initiation ohne vorausgegangene Lehrzeit ist im Allgemeinen schon allein deswegen zweifelhaft, weil ihr dann das Fundament einer natürlichen und schrittweisen Entwicklung fehlt. Initiationen greifen nicht, wenn sie auf Luft aufbauen. Sie brauchen festen Boden.

Ziel jeder Initiation ist eine teilweise oder völlige Neuordnung unserer Sicht und Erfahrung der Welt. Bevor wir jedoch das Neue tatsächlich erfahren können, müssen wir das Alte und Gewohnte in Frage stellen. Wir können nicht vermeiden, uns einer vielleicht schmerzlichen Neubewertung unserer Prioritäten und grundlegenden Auffassungen zu stellen. Widersprüche sind zu bemerken und auszugleichen. Lieb gewonnene Vorurteile sind abzustreifen, neue und vielleicht noch völlig unklare und unausgegorene Einsichten zu integrieren. Das geht nicht von heute auf morgen. Und weil das Alte sich zwangsläufig am noch nicht geborenen aber ins Dasein drängenden Neuen reiben wird, geht der Prozess der Neuorientierung und Reifung auch nicht kampf- und konfliktlos vorüber. Für Usui bedeutete er wahrscheinlich eine langwierige und intensive Praxis der Lehren und Techniken, die zur Heilung mit universaler Lebenskraft tatsächlich hinführen konnten und diese für andere nachvollziehbar gemacht haben.

Und so hat es in Usuis Leben tatsächlich eine solche Phase der Suche und Neuorientierung gegeben, eine Zeit des Sammelns und der Praxis, des Studiums und der Meditation. So wissen wir zum Beispiel, dass Usui viele Jahre *Kiku* studierte und praktizierte. Das ist die japanische Variante des chinesischen *Chi Kung* (heute zumeist *Qi Gong* geschrieben). Ein erfahrener *Chi Kung* Meister kann die aus regelmäßiger Praxis über die Jahre gewonnene Energie tatsächlich zum Zwecke der Heilung einsetzen. Aber er wird sich dabei mit der Zeit erschöpfen. Wenn der Konflikt laut Takatas Geschichte also im Widerspruch zwischen den Wunderheilungen Christi und der Unfähigkeit seiner Nachfolger gelegen haben soll, es ihrem Vorbild gleichzutun, ist der Konflikt in Usuis tatsächlichem Leben mit Sicherheit weniger dramatisch, aber nicht weniger folgenreich gewesen. Es ist leicht vorstellbar, dass die energetischen Erfahrungen nach der *Kiku*-Praxis Usui auf andere Formen der Heilung mit der Lebensenergie des *Ki* oder *Chi* neugierig gemacht haben. Er ist dieser Spur viele Jahre gefolgt, und zwar weniger im Sinne einer Suche nach neuen Theorien und esoterischen Schriften. Vielmehr hat er wahrscheinlich vor allem sehr viel und sehr regelmäßig mit dem ihm zugänglichen Material geübt und meditiert.

Ein großes mitleidendes Herz,
Das sich sehnt, alle zu beschützen;
Ein großes liebendes Herz,
Das sich sehnt allen Gutes zu tun;
Ein verstehendes Herz,
Das Zuneigung und Duldsamkeit weckt;
Ein freies Herz, das sich sehnt,
Hindernisse von anderen fern zu halten;
Ein Herz, welches das All erfüllt;
Ein Herz, unendlich und gewaltig wie der Raum;
Ein reines Herz, das auf Weisheit hört
Und auf die Verdienste von Vergangenheit, Gegenwart und Zukunft.

– Avatamsaka Sutra –

Aus der chinesischen Literatur kennen wir eine Reihe von historisch belegten Beispielen über die Wirksamkeit der inneren Yoga-Praxis taoistischer und buddhistischer Prägung, inspirierende Geschichten von „Unsterblichen" und großen Meistern. Weitere Beispiele gibt es aus der tibetischen Literatur, die wir durchaus wörtlich nehmen dürfen. In der Biographie einer tantrischen Meisterin aus Tibet ist sogar die Wiederbelebung eines jungen Mannes beschrieben, der an seinen Schwertwunden gestorben war und bereits für einige Stunden tot im Elternhaus gelegen hatte. Trotzdem fand er mit Hilfe der Meisterin zum Leben zurück. Wie durch ein Wunder wurde er an Körper und Geist vollkommen unversehrt wiederhergestellt, als wäre nichts geschehen. Das Geheimnisvolle an „Wundern" dieser Art ist nicht die Anleitung oder der Text, der die Anleitung enthält. Das „Wunder" ist, dass sich tatsächlich jemand gefunden hat, der über viele Jahre keine Mühe scheute diese Anleitungen tatsächlich zu befolgen und in die Praxis umzusetzen. Usuis Zeit der Prüfung hat sich deswegen, wie gesagt, wohl kaum als Herumrennen auf der Suche nach verlorenen Schriften abgespielt, sondern wohl eher als beharrliche Anwendung bereits bekannter Übungen. Welche genau das waren, wissen wir nicht. Wahrscheinlich wissen, wenn überhaupt, nur wenige ausgewählte Mitglieder des japanischen *Usui Reiki Ryoho Gakkei* davon, und es ist nicht zu erwarten, dass sie sich in der Öffentlichkeit dazu äußern werden.

Nach Erkennung des Konflikts und der Suche nach den Mitteln zur Aufhebung des darin beschlossenen Widerspruchs folgt der dritte Schritt im Dasein des Helden: Initiation oder Einweihung. Auch sie ist in Takatas Version der Reiki-Geschichte besonders prägnant, ja geradezu archetypisch plakativ beschrieben. Von einer einmaligen 21-tägigen Fastenmeditation auf dem Berg Kurama in der Nähe von Kioto ist da die Rede, die den endgültigen Durchbruch zur Entdeckung und direkten Erfahrung der Reiki-Kraft freigelegt haben soll. Um die packende Dramatik dieser Schilderung in Erinnerung zu rufen, hier noch einmal die Version von Usuis Selbst-Einweihung, wie sie auf der Grundlage der Schilderung meiner eigenen Lehrerin in der ursprünglichen Version des Buches wiedergegeben wurde:

„Wenig später pilgerte Dr. Usui auf den Berg. Auf der Ostseite fand er einen speziellen Ort der Kraft, sammelte einundzwanzig Kiesel, mit denen er die Tage zählen würde, und begann zu meditieren. Zwanzig Fastentage waren bereits vergangen, die Morgendämmerung des einundzwanzigsten Tages stand kurz bevor. Es war eine Neumondnacht, also stockdunkel, und er tastete mit der Hand nach dem letzten Kiesel. Bisher hatte sich nichts Außergewöhnliches ereignet. So betete Dr. Usui, um endlich Antwort zu bekommen. Im Himmelsraum erschien ein Lichtfunke, der rasch auf ihn zuflog und mit zunehmender Nähe immer größer wurde. Dr. Usui bekam Angst. Am liebsten wäre er aufgestanden und weggerannt. Aber vielleicht war dieser Lichtfunke ja ein Zeichen. Viele Jahre hatte er beharrlich an seiner Suche festgehalten; er konnte nicht einfach aufgeben. Er war auf alles vorbereitet, was auch immer geschehen sollte.

In diesem Augenblick schlug das Licht mitten auf seiner Stirn ein. Dr. Usui glaubte sich gestorben. Vor seinen Augen tanzten Millionen von Lichtblasen in allen Regenbogenfarben, verwandelten sich allmählich in weiße Lichtkugeln, die alle je einen goldenen dreidimensionalen Buchstaben des Sanskritalphabets in sich trugen. Langsam flogen sie nacheinander vor ihm vorbei, so dass er die Buchstaben in deren Mitte klar erkennen konnte.

Schließlich fühlte er, dass die Erscheinung abgeschlossen war. Tiefe Dankbarkeit wallte in ihm auf. Nach der vollkommenen Trance überraschte ihn der helle Tag.“

Geschildert ist eine Einweihung wie aus dem buntesten esoterischen Bilderbuch entnommen. Was nicht heißt, dass wir nur deswegen ihren Gehalt bezweifeln müssten, weil sie zu schön ist, um wahr sein zu können. Im Gegenteil. Unsere eigene Reiki-Erfahrung kann hoffentlich genügen, einen Hinweis auf die Echtheit der beschriebenen Ereignisse zu erbringen. Wir brauchen uns nämlich nur zu fragen, woher sich die Kraft unseres eigenen Reiki denn speisen könnte, wenn nicht zumindest teilweise auch aus Usuis direkter Erfahrung, deren Essenz über die Einstimmungen über die Generationen von Lehrer auf Schüler übertragen wurde? Schließlich hat diese ununterbrochene Kette der Übertragungslinie auch uns erreicht, als wir unsere Einstimmungen in die Reiki-Kraft erhielten. Ganz gleich, ob die obige Geschichte also genau der Wahrheit entspricht, sie muss im Wesentlichen wahr sein, denn schließlich ist sie eine der Quellen unseres eigenen Reiki-Weges. Wir konnten diesen Weg nur gehen, weil Usui nach seiner Initiationserfahrung zu einem bestimmten Zeitpunkt beschloss, seine Erfahrung über die Einstimmungen in die universale Lebensenergie des Reiki mit der Welt zu teilen.

Womit wir bereits beim vierten Schritt auf dem Weg des Heros angelangt sind, der Rückkehr in die Welt mit dem Ziel, sie lehrend zu verwandeln. Usui hat dies zweifellos erreicht, und zwar in viel größerem Umfang und Ausmaß als er es sich vielleicht selbst vorstellen konnte. Jedenfalls hat die äußere Entwicklung und Verbreitung von Reiki während der letzen zwei Jahrzehnte meine bescheidenen Erwartungen weit übertroffen, die ich zu Beginn meines Weges vielleicht gehegt habe.

Das Schöne an Hawayo Takatas vereinfachter Reiki-Geschichte ist also, dass sie uns einen Helden und einen Mythos gegeben hat, dessen Vorbild man gern verehrt. Das Nützliche daran ist, dass wir ihm als Praktizierende auf dem Weg des Reiki nacheifern können. Wenn wir die Geschichte korrekt interpretieren, wird sie zum Maßstab für unsere eigene Praxis. Das heißt, die Geschichte Usuis wird unsere eigene Geschichte.

Zur Bespielhaftigkeit des Heros im Mythos stellt Joseph Campbell generalisierend fest: *„So weit die bewohnte Welt reicht, zu allen Zeiten und unter den verschiedensten Umständen haben die Mythen der Menschheit geblüht und mit ihrem Leben inspiriert … Ohne Übertreibung lässt sich sagen, dass der Mythos der geheime Zufluss ist, durch den die unerschöpflichen Energien des Kosmos in die Erscheinungen der menschlichen Kultur einströmen. Religionen, Philosophien Künste, … die Urentdeckungen der Wissenschaft und Technik, … all das gärt empor aus dem magischen Grundklang des Mythos.“*

Das bedeutet aber, dass wir als Praktizierende es Usui im Idealfall gleichtun wollen. Wie er wollen wir uns nicht mit Schein zufrieden geben, sondern uns das Wesen der universalen Lebenskraft erschließen. Dazu brauchen wir kein neues System zu erfinden wie er. Aber wir wollen uns immerhin soweit selbst in Frage stellen, dass wir den Reiki-Praktizierenden oder -Lehrer nicht bloß spielen und uns selbst wie den anderen gewissermaßen etwas vorschwindeln. Wir wollen durch unser Verhalten und unser Tun die Kluft zwischen Anspruch und Wirklichkeit verkleinern, wenn wir sie durch tiefe innere Erfahrung nicht sogar ganz aufheben können. Das heißt, wir wollen zu unserem eigenen und zum Wohle aller Wesen den Mythos weiterleben, der in unserem besonderen Fall des Reiki-Weges in Usui seinen Anfang nahm. Wir können zu seinem Fortbestand und einer Weiterentwicklung beitragen, wenn wir ihn um unser eigenes Erfahrungswissen bereichert und damit frisch und lebendig erhalten.

KAPITEL 4

Wie sich Reiki von anderen Heilmethoden unterscheidet

Einfachheit ist der Schlüssel zum Reiki. Während man für andere Therapieformen bis zur Praxisreife Monate oder gar Jahre der Ausbildung braucht, lässt sich Reiki an einem einzigen Wochenende erklären und weitergeben. Das schockiert. Das ist nicht zu fassen, besonders wenn man sich immer noch nicht von der Vorstellung lösen kann, dass die Straße des Lernens über den Verstand und seine Zeit raubenden Windungen führt.

Aber der Weg zur Praxis mit universaler Lebensenergie führt nicht über den Verstand, sondern über die Einstimmungen, einen Pfad der Einweihung also, der uns Reiki den energetisch wirksamen Therapien zuordnen lässt. Da liegt auch die Besonderheit. Reiki basiert auf einem Prozess der Kraftübertragung, und derartige Vorgänge sind der westlichen Kultur seit dem Zeitalter der Aufklärung ja kaum mehr vertraut. Trotzdem ist dieser Prozess erfahrbar, sehr konkret sogar. Viele Menschen haben seine Wirksamkeit bezeugt.

Schwestern, Krankenpfleger, Ärzte und Massage-Therapeuten etwa berichten fast einmütig, dass sie nach den Einstimmungen bei der Behandlung ihrer Klienten mehr Wärme aus ihren Händen ausströmen fühlen. Wer mit dem Körper zu arbeiten gewohnt ist, kann also die Folgen der Einstimmungen sofort bei der Arbeit erkennen, von den persönlichen Erlebnissen und Empfindungen bei den Einstimmungen selbst einmal ganz zu schweigen. Wer hingegen für die Botschaften des Körpers weniger sensibilisiert ist und weniger Erfahrung mitbringt, wird womöglich etwas länger brauchen, vielleicht auch eine ganze Reihe von Reiki-Behandlungen und Eigenbehandlungen vornehmen müssen, bis sich Veränderungen zeigen. Im Allgemeinen jedoch spüren die Menschen sofort „etwas", in welcher Form auch immer. Wer „nichts" spürt, schleppt wahrscheinlich zu viele vorgefasste Ideen mit sich herum. Dann gibt es nur eines: in den Körper hineinlauschen, zuhören lernen. Eine erfolgreiche Behandlung wird andernfalls kaum wahrgenommen.

Deshalb lasse ich meinen Schülerinnen und Schülern ausgiebig Zeit. Sie sollen in aller Ruhe Reiki-Behandlungen üben und Erfahrungen sammeln können, damit ihr eigenes Gespür und das Feedback der anderen ihnen zeigt, dass ein Reiki-Heiler tatsächlich die verschiedensten Empfindungen, Schwingungen und intuitiven Einsichten mitbekommen kann, auch wenn der Anfänger sie nicht sogleich wahrnehmen mag. Überdies lehre ich eine Reihe von Übungen, die den Körper besser und klarer erfühlen lassen.

THERAPIEN FÜR KÖRPER UND PSYCHE
Energie-Arbeit
REIKI
Bioenergetik
Akupressur
Biomagnetischer Yoga
Meditation und andere Methoden der Bewusstheits-Schulung
Zen
Entspannungstechniken
Silva Mind Control
Yoga
Vipassana
Bildorientierte Therapien
Traumanalyse
aktive Visualisierung
Biofeedback
Kathartische Therapien
Rebirthing
Urschrei
Reinkarnationstherapien
Gates Methode
Körper-Arbeit
„Schwedische Massage“
Trager
Rolfing
Touch for Health
Therapeutische Massagen
Craniosacral Balancing
Freie Bewegungstherapien
Improvisation
nach Mary Whitehouse
nach Isadora Duncan
Ausdruckstanz
Handlungsorientlerte Therapien
Schamanistische Rituale
Psychodrama
Gestalt-Therapie
Feuerlaufen
Formgebundene Bewegungstherapien
NadiPrana
Kampfsportarten
Sport
Yoga
Eurhythmie

Übrigens hatte ich auch selbst eine Reihe von ähnlichen Erfahrungen. Es ist einige Jahre her, da war ich als Massage-Therapeutin auf einem Kreuzfahrtschiff angestellt. Der Neugierde halber ließ ich Reiki in meine regulären Massagen einfließen. Mit einem verblüffendem Ergebnis: In fünf Minuten hatte sich in meinen Händen mehr Hitze entwickelt als sonst nach zehn ganzen Behandlungen! Ich war einigermaßen überrascht, denn trotz meiner Vertrautheit mit recht vielen Arten der Körper-Therapie hatte ich mich bis dahin doch hauptsächlich für die Manipulation tiefer Gewebeschichten interessiert. Das war so eine Art fixe Idee. Ich glaubte eben fest daran, dass nur eine tief einwirkende Manipulation die körperlichen und geistig-seelischen Verhärtungen tiefgreifend auflockern könnte. Wie verdutzt war ich dann, als einige meiner Klienten mich über diese „interessante neue Energie-Form" zu befragen begannen, die ich ihren regulären Behandlungen wohl hinzugefügt hätte. Und noch mehr staunte ich über die unerwarteten Berichte von lebhaften und bedeutungsvollen Träumen, nachlassenden chronischen Schmerzen und fruchtbaren Durchbrüchen in der kreativen Arbeit. Man musste also offensichtlich doch nicht so fest zudrücken! Der sanfte Weg des Reiki hatte den gleichen, wenn nicht sogar einen größeren Erfolg.

Aber diese faszinierende neue energetische Methode offenbarte noch andere Besonderheiten. Jede Masseurin und jeder Masseur muss unbedingt auf seine Haltung achten, vor allem bei der Manipulation tiefer Gewebeschichten. Sie sollten die Knie leicht anwinkeln, ungefähr wie in der Ausgangsstellung der *Tai Chi*-Bewegungen. Da Masseurin oder Masseur die Energieströme des Klienten gewissermaßen „erdet", schadet jede andere Haltung ihrer körperlichen und geistigseelischen Harmonie. Lassen Sie mich dies an einem Beispiel erklären: Nehmen wir an, ich helfe Ihnen eine Muskelverhärtung, vielleicht sogar einen richtigen „Knoten" an Hals oder Schulter zu lösen. Dazu leite ich Sie an, in einem bestimmten Rhythmus zu atmen, so dass Sie die in der Verhärtung gebundene Milchsäure abfließen lassen können. Während meine Hände auf der Verhärtung ruhen, strömt die sich lösende negative Energie über die Handflächen in meine Arme und von dort über den Rumpf herab bis in die Füße und schließlich in die Erde. Drücke ich jedoch meine Knie durch, wird der Abfluss der negativen Energie eben dort unterbrochen. Stattdessen kehrt die negative Energie abrupt um und schnellt in meinem Körper an genau die Stelle, an der ich sie in Ihrem Körper gelöst habe. Zugegeben, wenn Sie bisher noch nichts über die Energieströme im Körper wissen, mag dies ein wenig geheimnisvoll, eben verdächtig nach Esoterik klingen. Aber probieren Sie es nur selbst einmal aus. Wenn Sie beim Massieren nur einen Augenblick nicht auf Ihre Haltung achten, werden Sie sehr schnell bemerken, wie ungeheuer real diese Energieströme sind.

All dies vorausgesetzt, verblüffte mich die Erfahrung, dass die eigene Körperhaltung für die Reiki-Behandlung offenbar völlig belanglos ist. Im ersten Kapitel habe ich bereits angedeutet, warum: Zieht nämlich der Klient die universale Lebensenergie des Reiki spontan in sich ein, kann diese nicht plötzlich umkippen und in die entgegengesetzte Richtung zurückfließen. Die Energie strömt demnach stets vom Therapeuten ab, ausgenommen jener Rest, der im Solarplexus gespeichert wird und dem Therapeuten zusätzlich nutzt. Aber auch der Klient ist gegen den Zustrom negativer Energie durch den Therapeuten gefeit, weil Reiki, wie Sie sich erinnern werden, immer durch die von den Einstimmungen geöffneten sauberen, emotional nicht kontaminierten Bahnen fließt.

Normalerweise zeigen sich drei Reaktionen auf eine Reiki-Sitzung, und zwar sowohl beim Behandelten als auch beim Behandelnden: Man ist entspannt, physisch vitaler und fühlt sich auch seelisch erfrischt. Doch kann es in Ausnahmefällen auch vorkommen, dass Sie müde und erschöpft sind, nachdem Sie sich selbst oder einen anderen mit Reiki behandelt haben. Dafür gibt es eigentlich nur zwei Gründe: Entweder Sie waren schon vor der Behandlung überarbeitet und nicht ganz auf der Höhe Ihrer Kräfte oder im Laufe der Behandlung wurden alte unterdrückte Gefühle an die Oberfläche des Bewusstseins gespült, die Sie nun fühlen und verarbeiten. Dabei spielt es keine Rolle, ob diese unterdrückten Gefühle Ihre eigenen oder die Ihres Klienten sind. In einigen Büchern ist davon die Rede, dass Sie im Lauf der Behandlung vom Behandelten „negative Energie“ aufnehmen könnten. Aber das ist nur ein verbreiteter Aberglaube und beruht auf Projektion. Vielmehr ist dies eher eine Frage der Resonanz.

Reiki erhöht ganz natürlich meine Fähigkeit, mich selbst und andere wirklich bewusst wahrzunehmen. Das heißt, ich gewinne mit jeder Behandlung an Feinfühligkeit. Infolgedessen werde ich unterschwellige Strömungen und Stimmungen leichter spüren. Nehmen wir einmal an, ich behandle einen Menschen, der seine Trauer über den Verlust eines geliebten Menschen noch nicht wirklich gefühlt hat und deswegen auch nicht durch sie hindurch gegangen ist. Dann kann es leicht sein, dass meine Reiki-Behandlung, die unterdrückte Trauer zum Vorschein bringt. Als Behandelnder werde ich diese Trauer spüren. Sollte es darüber hinaus in meinem eigenen Leben Momente gegeben haben, an denen ich meine eigene Trauer unterdrückt habe, wird die Trauer des Klienten meine eigene unterdrückte Traurigkeit hervorrufen, so dass ich sie unwillkürlich fühlen kann.

Wie gesagt, das ist alles eine Frage der Resonanz und der Empathie. Wir Menschen spüren nun einmal, was in anderen vor sich geht, und manchmal weckt das Erinnerungen an unsere eigenen Gefühle. Reiki verstärkt diese Fähigkeit zusätzlich. Es macht uns emphatischer – in der Mitfreude wie im Mitleid. Mit einem Angriff „negativer Energien“ oder der „Aufnahme negativer Gefühle vom Klienten“ hat das nichts zu tun. Wenn ich das denke, beweise ich damit nur, dass ich meine eigene mir angeborene Empathie negativ bewerte. Das heißt, ich habe Angst vor meinen eigenen Gefühlen wie auch vor meiner Fähigkeit zu fühlen. Und von Reiki erwarte ich wahrscheinlich, dass es mich „unverletzlich“ macht. Das ist jedoch unmöglich, weil Reiki genau das Gegenteil bewirkt. Es hilft uns zu fühlen und den Gefühlen ihren freien Lauf zu lassen. Wenn dies geschieht, lassen wir unsere Gefühle irgendwann auch ohne Anstrengung und ganz natürlich los. Das heißt: Sobald wir unsere Gefühle ganz einfach spüren und in ihrem Entstehen und Vergehen wahrnehmen, können sie uns nicht länger kontrollieren. Nur was uns unbewusst bleibt kontrolliert uns. Nur was wir nicht fühlen, kann Macht über uns haben.

Ich habe Ihnen die physisch spürbaren Besonderheiten geschildert, die Reiki zu einer einzigartigen Heilkunst machen. Nun möchte ich noch einige Erfahrungen aus meinen psychologischen Forschungen und meiner psychotherapeutischen Praxis mit Ihnen teilen. Andere energetische Methoden, etwa das gewöhnliche Geistheilen, erfordern vom Therapeuten ständige Konzentration. Er muss die Energie bewusst aussenden, ihre Intensität aufrechterhalten und darf sich deswegen nie vom Klienten ablenken lassen. Reiki verlangt keine vergleichbar rigorose Anstrengung. Es ist viel einfacher: Therapeut und Klient erwecken in sich die Intention zur Heilung, der Therapeut legt die Hände auf, worauf der Klient Reiki „einzieht", und zwar ganz spontan, ohne Steuerung durch den Willen. Mehr gehört nicht dazu. Und deswegen kann der Klient sich Ihnen mitteilen, ohne Sie zu stören. Wenn er das Bedürfnis hat, mag er Erinnerungen oder alte Emotionen mit Ihnen aufarbeiten. Sie können sich ohne weiteres mit ihm unterhalten und die Behandlung trotzdem fortsetzen. Allerdings empfehle ich meinen Schülerinnen und Schülern, niemals von sich aus eine Unterhaltung anzufangen, denn jedes Gespräch ist hinderlich, wenn die Aufarbeitung auf einer Ebene jenseits der Worte stattfindet, wie es zumeist geschieht.

Dies ist im Übrigen für jede Therapieform ein wichtiger Gesichtspunkt. Wie häufig habe ich erlebt, dass Patienten mit immer neuen Spielarten desselben Problems zu mir kamen. Manchmal wollte mir scheinen, dass sie sich durch die verbale Formulierung nur umso tiefer in den alten Geleisen festfuhren. Je mehr sie darüber sprachen, desto tiefer grub sich „das Problem" in ihr Gehirn ein. Also löst dieser Ansatz die Schwierigkeiten nicht, er verschlimmert sie sogar. Natürlich ist ein guter Psychologe darauf geschult, auch im Gespräch negative in positive Vorstellungen zu transformieren, so dass die schädlichen Verhaltensstrukturen abgelegt werden können. Das geschieht im Wesentlichen durch die Verstärkung der Bereitschaft des Klienten, seine eigenen Beobachtungen, Gefühle und Emotionen tatsächlich wahrzunehmen.

Reiki wirkt hingegen noch wesentlich direkter. Es macht die verbale Lösung entbehrlich. Man kann dies während und nach der Behandlung beobachten, am besten jedoch während der einundzwanzig Tage der Reinigung und Läuterung, die sich an die Einweihung in jeden der drei Reiki-Grade anschließen. Dann nämlich werden gestaute Emotionen an die Oberfläche gespült. Dabei entstehen möglicherweise lebhafte und sehr konkrete Erinnerungsbilder. Aber oft verschwindet die Emotion auch, ohne sich zu einer „Geschichte" zu kristallisieren, an die sich der Verstand dann klammern und die Emotion nur abermals verfestigen würde, oder die, gravierender noch, Körper, Geist und Seele so weit blockiert, dass ein Loslassen unmöglich wird.

Meinen Schülerinnen und Schülern gebe ich immer den Rat: Akzeptiert die Emotionen, nehmt sie bereitwillig hin, wenn sie unerwartet auftauchen. Dann bedankt euch bei ihnen für ihre Offenbarung und lasst sie los. Unterdrückt ihr eure Emotionen nicht länger, sondern erkennt ihre Existenz an, werden sie recht schnell wieder verschwinden. Vor allem, wenn ihr sie nicht durch unnötigen inneren Widerstand noch zusätzlich verstärkt.

Aber noch etwas anderes ist zu bedenken: Nachdem Sie sich gestattet haben, verschüttete Gefühle tatsächlich zu fühlen, wollen Sie diese unbedingt loslassen, wenn Sie auch den nächsten Schritt tun und in größere Freiheit hineinwachsen wollen. Sehr häufig habe ich an Klienten und Patienten den Übergang aus langer Depression in heftige Wutausbrüche beobachtet. Wut schwingt schneller als Depression, hat eine höhere Schwingungsfrequenz. Man mag also, gerade dem Sumpf der Depression entkommen, diese Wutausbrüche genießen, darin schwelgen, anstatt die Energien auf einer höheren Seinsebene zum Ausdruck zu bringen. Wut ist verführerisch; ihre Dramatik stimuliert das Ich, versetzt es sozusagen in Hochstimmung.

Darüber hinaus ist Wut ein Zeichen, dass wir keine Kontrolle haben, dass uns die Fäden entgleiten. Sie offenbart uns, dass wir es bisher versäumt haben, für alle Geschehnisse in unserem Leben die Verantwortung zu übernehmen. Wenn wir einen anderen wütend anbrüllen, sehen wir ihn oder sie als Verursacher dessen, was uns ärgert oder vielleicht sogar großen Schmerz bereitet. Hier soll keineswegs bezweifelt werden, dass es sich tatsächlich so verhalten kann. Sehr oft spielen andere ihre Rolle und tragen zu meiner Verärgerung oder meinem Leid bei. Es kann mir durchaus helfen, dies in ganz wörtlichem Sinne zu verstehen. Wenn ich nämlich begreife, dass andere „nur ihre Rolle" in meinem Leid spielen, sehe ich folgerichtig die Hauptverantwortung bei mir selbst. Die anderen leisten dann nur ihren Beitrag und helfen mir bei der Schöpfung meines Lebensdramas, das ich selbst mehr unbewusst als bewusst inszeniere. Solange ich die Schuld beim anderen sehe, bleibe ich an mein Drama gefesselt und erleide es. Wenn ich aber dann die Situation umkehre und mich als den unbewussten Schöpfer der Situation begreife – bin ich von ihr frei. Freiheit und Verantwortung, das eine gibt es ohne das andere nicht. Die Wut nach einer Zeit der Depression ist also nur ein notwendiger Zwischenschritt. Wir sollten uns gestatten, sie voll und ganz zu fühlen. Dann sprengt sie die Fesseln der bisher unterdrückten Gefühle. Endgültig sich auflösen lassen können wir diese Fesseln aber nur, wenn wir die volle Verantwortung für alle Vorkommnisse in unserem Leben übernehmen. Dann erkennen wir das Karma des mit unserem Körpergeist verbundenen unendlichen Bewusstseinsstroms (und nicht unser kleines Ego) als den eigentlichen Regisseur unseres Lebens an. Verstehen Sie bitte, dass Sie nur einstecken müssen, was Sie selbst irgendwann einmal ausgeteilt haben, dass Sie nur bekommen, was Sie selbst einmal gegeben haben. Verstehen Sie also das göttliche Gesetz von Ursache und Wirkung.

Das Leben hält Ihnen den Spiegel vor. Was auch auf Sie zukommen mag, seien Sie dankbar dafür und lassen Sie es los; es muss sich ja nicht unendlich fortsetzen. Sie sind die Schöpferin, Sie sind der Schöpfer. Diese Einsicht ist ein weiterer Schlüssel zur Reiki-Kraft, und sie lautet: Ich gestalte mein Leben, und also bin auch ich verantwortlich für die Gestalten, die mir darin begegnen. Reiki hört mit der Einführung in den ersten Grad noch längst nicht auf, denn dieser nimmt Sie ja nur in die Verantwortung, sich fortwährend selbst mit Reiki zu behandeln. Sie sind Ihre eigene Meisterin, Ihr eigener Meister. Allein das Maß Ihrer Hingabe an die Praxis bestimmt das Tempo Ihres Fortschritts. Das Gefühl heiterer Gelassenheit nach Vollendung jeder Lektion macht alles sehr lohnend.

Von höherer Warte erkennen wir die Besonderheiten der Reiki-Kraft ganz klar: Reiki will dem Menschen zu körperlichem, geistigseelischem und spirituellem Gleichgewicht verhelfen. Mit der Reiki-Kraft machen Sie sich ein großes Geschenk. Wenn Sie sie kennen lernen, erkennen Sie auf irgend einer Ebene Ihres Seins an: „Ich bin bereit, mir selbst Kraft zu übertragen. Ja, Sie haben von Geburt an das Recht und die Kraft, die Schöpfung aktiv mitzugestalten. Mit dieser Kraft geht das Privileg der größeren Verantwortung einher und das Gefühl größeren Einsseins mit der einen Erd-Familie.

Das Leben ist ein Hochseilakt:
Schnell stürzt ab, wer dies
nur einen Augenblick vergisst.

Nari

Weise der Mensch, der in sich den göttlichen Funken der Intuition weckt und bildet. Er wird ein sechszackiger Stern sein, ein Stern der Weisheit. Und er bringt den Morgen eines neuen Tages, der ein Tag des Friedens sein wird, der Harmonie und der Kraft.

Eugene Fersen

KAPITEL 5

Die Wirkungen der Reiki-Behandlung

Reiki wirkt auf jeden Menschen anders. Die Bedürfnisse des Klienten bestimmen das Ergebnis seiner Behandlung, auch wenn sie verdeckt und weitgehend unbewusst sein mögen. Aber natürlich gibt es daneben Wirkungen, die sich generell beobachten und verallgemeinern lassen; sie sind in der Abbildung auf Seite 64 übersichtlich aufgefächert.

Auch geht jeder Therapeut bei der Behandlung ein wenig anders vor, jedoch wird er sich zuerst den Schmerz und „Problem"-Stellen am Körper sowie dem System der endokrinen Drüsen widmen (vgl. hierzu Abbildung Seite 67 am Ende dieses Kapitels). Frau Takata hat ein gültiges Behandlungsschema für dieses wichtige Drüsensystem überliefert, das den Hormonhaushalt des Körpers reguliert. Nach Anschauung der Schulmedizin steuern so genannte Neurotransmitter (Übertragungsstoffe in den Nervenbahnen) die Funktion der endokrinen Drüsen. Das Gehirn ist die Schaltzentrale zwischen Körper und Nervensystem; über die Neurotransmitter reguliert es die Hormonausschüttung und damit das Gleichgewicht des Stoffwechsels (Homöostase). Auf der feinstofflichen Ebene entsprechen die sieben Hauptchakren den endokrinen Drüsen (vgl. hierzu die Lage der endokrinen Drüsen im Körper auf der Abbildung am Kapitelende auf Seite 67 mit der Lage der Chakren in der Abbildung auf Seite 123). Das endokrine System funktioniert also wie eine Relaisstation: Einerseits führt es den feinstofflichen Energiezentren Kraft zu, andererseits führt es die feinstofflichen Energien der Chakren in den Körper zurück. Auf gewisse Weise sind am Ende alle Strukturen aller Ebenen vernetzt.

Zur Erklärung dieser Wechselwirkung bietet uns Dr. William A. Tiller, Professor an der Stanford Universität in Kalifornien, und seit langen Jahren in der ökologischen Grundlagenforschung tätig, ein neues Denkmodell an. Medizin, Biologie und Agronomie haben sich die Wechselwirkungen der Strukturebenen in lebenden Organismen bisher mit der folgenden Reaktionskette zu erklären versucht:

Ebene der Funktion⟷Ebene der Struktur⟷Ebene des chemischen Aufbaus⟷Ebene der elektromagnetischen Energie.

Nach diesem Denkmodell können nur die jeweils benachbarten Strukturebenen einander beeinflussen. Das heißt, man erklärt sich Funktionsstörungen als strukturale Defekte, die aus einem Ungleichgewicht in der chemischen Zusammensetzung

Die REIKI-Behandlung

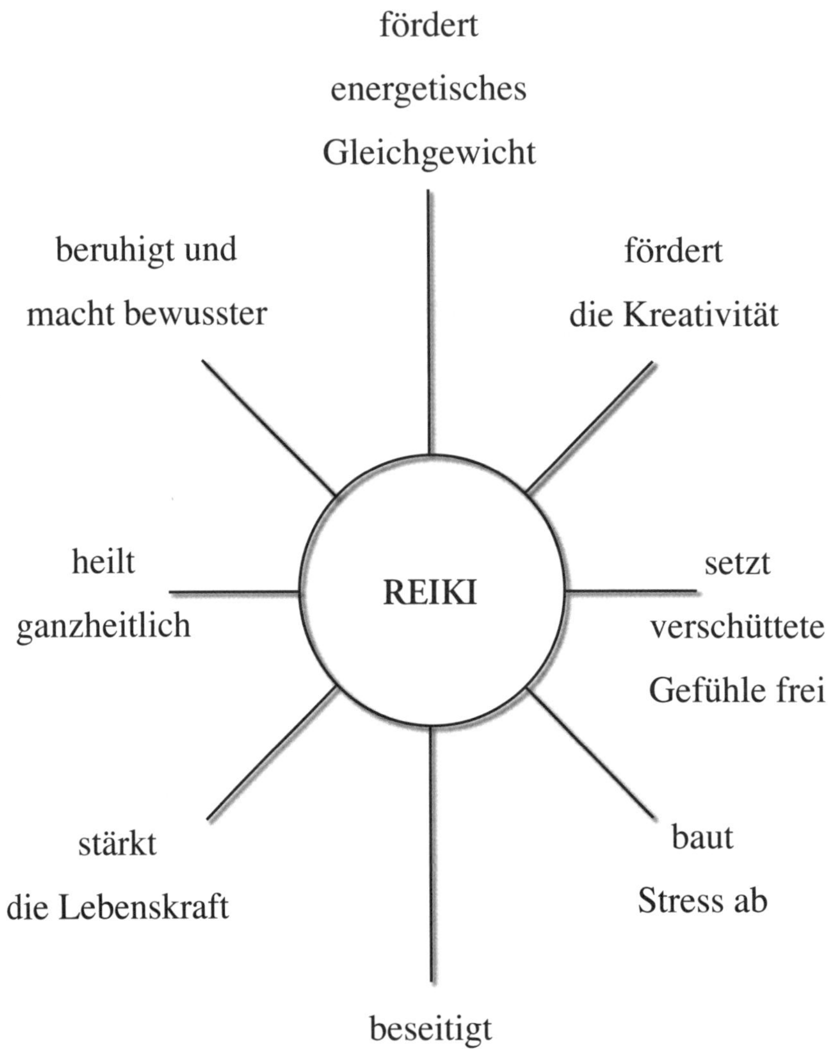

erwachsen sein mögen. Deswegen begünstigt dieses Denkmodell vor allem die Behandlung über die Ebene des chemischen Aufbaus: Man ändert einfach die chemische Zusammensetzung (beim Menschen mit Medikamenten, in der Landwirtschaft mit Kunstdüngern oder Pestiziden), um die Struktur so zu verändern, dass eine reibungslosere oder ertragreichere Funktion garantiert ist.

Dieser Ansatz ist nur bis zu einem gewissen Grad erfolgreich. Dann zerstört er sich selbst, denn Mensch und Pflanze gewöhnen sich an den chemischen Fremdling, so dass er immer weniger Wirkung zeigt. An diesem Punkt erhöht man gewöhnlich die Dosierung. Wohin das führt, kann sich jeder leicht vorstellen: Der Organismus nimmt immer mehr chemische Fremdstoffe auf, die sich nicht mehr darauf beschränken, die gestörte Funktion zu entstören, sondern nun ihrerseits beginnen, andere Funktionen zu beeinträchtigen, oft mit vernichtenden Folgen. „Iatrogene Krankheiten" sind uns inzwischen durchaus ein Begriff und sie beschränken sich keineswegs auf „ärztliche Kunstfehler". Glücklicherweise sehen auch viele Ärzte die Gefahr und beschäftigen sich zunehmend mit präventiven Methoden. Übrigens erweisen sich Eingriffe in die Reaktionskette nicht nur auf der Ebene des chemischen Aufbaus als zerstörerisch. Wir können auch großen Schaden anrichten, wenn wir auf der Ebene der elektromagnetischen Energie ansetzen, wie die Nebenwirkungen der Röntgenstrahlen zeigen.

Diese ganze Reaktionskette stellt Dr. Tiller nun in Frage und erweitert sie; er hält es für möglich, Funktionsstörungen über energetische Prozesse zu beheben, die physischer oder nichtphysischer Natur sein mögen. Das gibt es ja auch schon, zum Beispiel in der Osteopathie, die Funktionsstörungen über physische Manipulationen (einen „energetischen Prozess physischer Natur") wirksam behandelt. Die großen Erfolge osteopathischer Behandlung haben im Laufe der letzten Jahre zu einer wichtigen Weiterentwicklung geführt, nämlich der integrativen Körperarbeit von Upledgers *Cranioscral Balancing.* Viele Therapeuten weltweit arbeiten heute mit diesem System mit noch verblüffenderen positiven Ergebnissen. Dr. Tiller bezieht darüber hinaus eine Reihe wenig bekannter Daten aus den letzten zwei Jahrhunderten über „nichtphysische energetische Prozesse" in seine Betrachtung ein, welche die Beschränktheit der Reaktionskette noch verdeutlichen. Er schlägt daher vor, das alte Denkmodell zu überarbeiten und einem multidimensionalen Verständnis der Wirklichkeit anzupassen, dem seine Reaktionskette Rechnung trägt:

Ebene der Funktion ⟷ Ebene der Struktur ⟷ Ebene des chemischen Aufbaus ⟷ Ebene positiv geladener Raum/Zeit-Energien ⟷ Ebene negativ geladener Raum/Zeit-Energien ⟷ Ebene geistigseelischer Dynamiken (Psyche) ⟷ Ebene des spirituellen Seins (GEIST) ⟷ Ebene des göttlichen SEINS.

Er definiert den physischen Körper als positiv geladene Raum/Zeit-Energien und den feinstofflichen Energiekörper als negativ geladene Raum/Zeit-Energien, um ihre Verwandtschaft und Wechselwirkung schon in der Begriffsbildung hervorzuheben; ihr Vorzeichen beschreibt dabei ihren Zustand: Masse und Energie.

In dieser erweiterten Reaktionskette ist die Interaktion nicht auf die jeweils benachbarten Ebenen beschränkt, sondern es können die höheren Ebenen unmittelbar auf die Ebene der Struktur und der Funktion Einfluss nehmen. Wie wir an anderer Stelle gesehen haben, ist diese Theorie inzwischen durch die Ergebnisse in der Forschung auf dem Gebiet der Biophotonen inzwischen durch sehr konkrete Messergebnisse bestätigt. Darüber hinaus gibt Dr. Tiller (dem die Biophotonen-Forschung unbekannt war, ganz einfach weil ihre Ergebnisse damals erst in deutscher Sprache publiziert worden waren) einige Beispiele: bei der Hypnose wirkt die Psyche unmittelbar auf die Ebene der Struktur ein; in der Psychiatrie macht man sich die Wechselwirkung zwischen Psyche und chemischem Aufbau zunutze, und zwar in beiden Richtungen; in der praktischen Übung wirken Zen, Yoga und Aikido von der Ebene der geistig-seelischen Dynamiken unmittelbar auf Struktur und Funktion. Dr. Tiller fasst zusammen:

> „*Unsere Gedanken führen ganz natürlich zu einem neuen Heilbegriff. Die neue Sichtweise verdeutlicht, dass der pathologische Verfall auf einer Reihe von Wirklichkeitsebenen eintreten kann und dass deswegen eine Heilung aller dieser Ebenen notwenig ist, wenn das Gesamtsystem harmonisiert werden soll. Der pathologische Verfall setzt in der Psyche ein und schlägt dann auf die negativ und positiv geladenen Raum/Zeit-Ebenen durch.*"

Daraus ergibt sich nur ein folgerichtiger Schluss: dass man dem Menschen am besten hilft, wenn der pathologische Verfall durch eine „Anleitung zum richtigen Denken", oder sollten wir sagen zum widerstandslosen Fühlen und Intuieren aller für unser Dasein wichtigen Faktoren auf der kausalen Ebene aufgehoben wird. Der nächstbeste Zugang zur Heilung erfolgt über die Ebene der negativ geladenen Raum/Zeit-Energien (den feinstofflichen Energiekörper) zum Beispiel durch eine Reiki- oder Akupunktur-Behandlung, während die Heilung des physischen Körpers (die positiv geladenen Raum/Zeit-Energien) durch Beeinflussung und Veränderung auf der Ebene der Moleküle nur die drittbeste Möglichkeit darstellt, auch wenn die heutige Medizin sich zumeist gerade darauf beschränkt.

Da Reiki über die Wechselwirkung zwischen Chakren und endokrinen Drüsen operiert, bedient es sich der Verbindung zwischen feinstofflichem und physischem Körper. Darüber hinaus lernen wir im zweiten Reiki-Grad mit den geistig-seelischen Komponenten der Krankheit umzugehen, so dass wir gleich auf der Ebene der Verursachung gegensteuern können.

Ich würde das Denkmodell von Dr. Tiller allerdings noch einen Schritt weiterführen und sagen, dass sich auf der Ebene der geistig-seelischen Dynamiken nur deshalb die Wurzeln der Krankheit festsetzen können, weil Geist und Seele nicht mehr harmonisch mit den Ebenen des spirituellen und göttlichen Seins übereinstimmen. Reiki jedoch bezieht die physische, feinstoffliche und psychische Ebene in die Heilung ein.

In Verbindung mit den Eigenbehandlungen empfehle ich meinen Schülerinnen und Schülern die Affirmationen aus Louise Hayes Buch *Heile Deinen Körper*[16], die spezifisch auf viele Formen von Krankheit und seelischem Unbehagen eingehen. Da uns diese Affirmationen umkonditionieren, helfen sie uns auch, uns von den seelischen Krankheitsursachen zu lösen. Mit der Lösung der in den Energieblockaden eingefrorenen Energien zielt Reiki ebenfalls auf die Ebene der Krankheitsursachen.

Die endokrinen Drüsen

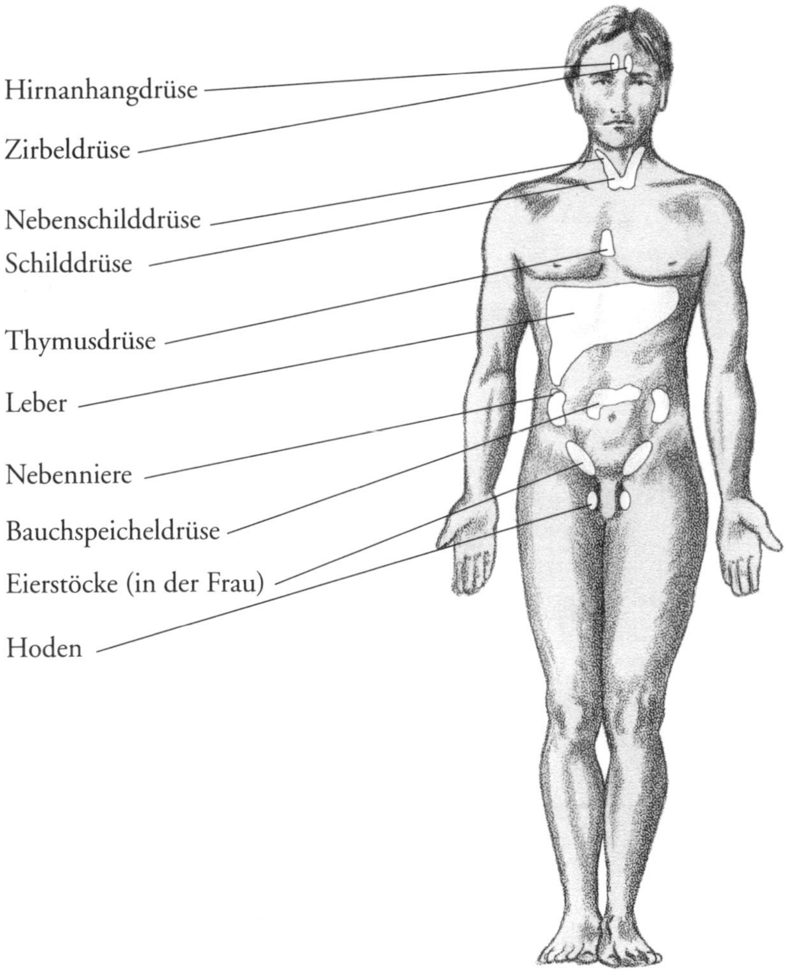

[16] Siehe Literaturhinweise. Darüber hinaus sind seit dem Erscheinen der ursprünglichen Version des Buches sehr viele andere Titel auf Deutsch erschienen, die sich mit der Behandlung physischer Gebrechen und Krankheiten über das Bewusstsein befassen. Sie alle aufzuführen würde zu weit gehen.

KAPITEL 6

Die Reiki-Lebensregeln

Wie wir inzwischen durch Frank Petters Recherchen[17] wissen übernahm Usui die fünf Grundsätze des Meiji-Kaisers und machte sie zu den fünf Reiki-Lebensregeln. Das geschah, dürfen wir spekulieren, wohl aus mehreren Gründen. Zum einen aus Achtung für den Monarchen, der Japan aus der 250-jährigen Isolation der Herrschaft des Shogunats der Tokugawa heraus und in die moderne Welt hinein führte, und zwar auf der Basis und in Fortsetzung etablierter japanischer Werte und Vorstellungen. Wir wissen in diesem Zusammenhang, dass Usui den Meiji-Kaiser wegen seiner Fähigkeit zur harmonischen Verbindung von Tradition und Fortschritt besonders schätzte. Zum anderen ist es auch für uns auf den ersten Blick offensichtlich, dass diese fünf Grundsätze eben sehr kurz und prägnant zusammenfassen, auf welche Weise wir in natürlicher Spiritualität als reife Menschen eigenverantwortlich leben können – zu unserem eigenen Wohl und zum Wohl anderer.

Die Reiki-Ethik beruht also im Wesentlichen auf der praktischen Umsetzung der fünf Lebensregeln im Alltag. Als ein Praktizierender auf dem Weg des Tao und des Buddha verstand Usui durchaus, warum die großen Religionen sich auf die Heilung der spirituellen Ebene des menschlichen Daseins konzentrieren – und nicht auf die Heilung von körperlichen Gebrechen oder die Beseitigung widriger Lebensumstände. In tieferem Sinn entsteht jede Krankheit aus einem Bruch in der energetischen Kontinuität zwischen der universalen spirituellen Wirklichkeit und der individuellen geistig-seelischen Realität des Einzelnen. Das heißt, wir werden krank, wenn wir bewusst oder unbewusst den universalen Lebensgesetzen zuwider handeln. Diesen Bruch können wir nur heilen, wenn wir unsere Einstellung verändern, wenn wir anders denken lernen und in Übereinstimmung mit den universalen Lebensgesetzen handeln. Gedanken sind die Wirklichkeit der Zukunft. Die hermetische Wissenschaft betrachtet alle Erscheinungen als aus dem Geist geschaffen. Daraus folgt: Was wir aus uns und in die Zukunft projizieren, werden wir sein. Projizieren wir vor allem Gedanken der Liebe und Dankbarkeit, so erschaffen wir uns damit selbstverständlich ein reiches Leben voller Liebe – und eine Welt, für die wir immer dankbar sein können.

In diesem Sinn sind die fünf Lebensregeln des Reiki der natürliche Ausdruck der universalen Lebenskraft für die zwischenmenschlichen und gesellschaftlichen Beziehungen. Deswegen stimmen sie mit den universalen Lebensgesetzen überein, dem

[17] Vergl. Zum Beispiel, Frank Petter, *Reiki Feuer*, Aitrang 1997, Windpferd

Naturrecht, auf dem auch die Grundgedanken jeder freiheitlich-rechtlichen Gesellschaftsordnung beruhen – zum Beispiel das Recht auf Leben, Freiheit und auf die Verwirklichung des eigenen Glücks.

Wie menschlich von mir, dass ich die Fülle und die Quellen meines Reichtums in ihren äußeren Erscheinungsformen suche. Menschlich, aber doch ein Irrtum. Mangel und Begrenzung werden ihn korrigieren, bis ich begreife, dass nicht ich es bin, der etwas tut. Die Gnade ist es. Allem wohnt sie inne. Allein durch sie kommen die äußeren Erscheinungen in freudiger Fülle zu harmonischem SEIN. Mühelos.

Nari

Erste Lebensregel:

Nur heute will ich dankbar sein.

Dankbarkeit schenkt unserem Leben Fülle. Sie schließt nicht nur ein, was uns bereits gegeben wurde, sondern die Gewissheit, den festen Glauben, dass wir immer alles bekommen werden, was wir brauchen. Solche Dankbarkeit macht das Leben voll und rund. Leben wir in ihrem Geist, beginnen wir die Fülle geradezu magisch in unser Dasein anzuziehen. Einzig der Geist des Mangels, das Bewusstsein, es wird uns ständig etwas fehlen, hindert uns daran, dass wir freudig annehmen, was uns zusteht, was uns schon immer gehört. Der Geist des Mangels hat seine Wurzeln im kollektiven Unbewussten und in unserer Konditionierung – also in dem anerzogenen Reflex, dass uns immer etwas fehlen wird

Die religiösen und philosophischen Systeme einer weiseren Zeit als der unseren teilen sich als gemeinsame Wurzel eine Vorstellung: Es ist alles bereits da und es ist immer genug. Sie lehren, dass wir Gott verstehen, wenn wir nur erst uns selbst begreifen, dass wir Furcht in Liebe, Unwissenheit in Weisheit und Mangel in Fülle umwandeln können, wenn wir nur tief in uns selbst hineinfühlen. Die *Nag Hammadi*-Schriften, eine Sammlung von Evangelien, 1945 in Ägypten entdeckt und älter als die Evangelien des Neuen Testaments, zitieren Jesus mit den Worten: „*Du wirst werden, was du jetzt vor deinen Augen hast.*“ Also wird fortwährenden Mangel leiden, wer nur an das denkt, was er noch nicht hat. Sind wir uns hingegen der unbegrenzten Fülle unserer Welt bewusst und obendrein dankbar dafür, werden wir in immer größerer Fülle leben. Auf unserem Planeten fehlt es an nichts. Allerdings liegt die Verteilung seit langem im Argen, … weil wir Mangel sehen, wo im Grunde kein Mangel ist. Natürlich, auch die menschliche Gier spielt eine Rolle. Aber ist nicht die Angst vor dem Mangel ihr Grund? Das Gefühl des Ungenügens macht uns arm und verewigt den Mangel.

Wenn wir wahrhaft dankbar sind, wissen wir im Innersten unseres Herzens, dass alle Gefühle und Wahrnehmungen eines Getrennt- oder Gespaltenseins nur wie ein Schleier der Täuschung die grundlegende Einheit des SEINS verdecken. Dieser täuschende Schleier trübt unsere Sicht, sobald uns die Kraft fehlt, die ursprüngliche Fülle freudig anzunehmen, die unser Geburtsrecht ist. Wer sich unbewusst „unwert“ fühlt für die Gaben und Schätze des Universums, schneidet sich im selben Augenblick von der Fülle des Universums ab, die an sich auch seine eigene ist.

Zahllose Menschen leiden heute an der Trennung von ihrem eigenen wahren Wesen, das sich in allen Daseinserscheinungen verkörpert. Dieses Gefühl des Abgespaltenseins vom wahren Wesen aber verursacht Schuldgefühle, die selbst jene noch von Erfolg und Wohlstand fernhalten, die nach den Gesetzen der universalen Harmonie zu leben trachten. Die Wurzeln sind individuell, im Einzelnen angelegt. In den meisten Fällen sind die Kanäle unterentwickelt und gelähmt, durch welche Fülle, Erfüllung und Harmonie normalerweise fließen würden. Dagegen gibt es nur ein Mittel: Wir wollen die universale Lebensenergie einsetzen, um die Kanäle für den Fluss der Erfüllung zu öffnen. Ist dies geschehen, stellen sich Erfolg und Wohlstand ein. Den Menschen bleiben diese zumeist nur aus einem Grund versagt: Sie verschließen sich ihrem eigenen Erfolg. Sie harmonieren nicht mit der Erfüllung, die ihre eigenes wahres Wesen und das Wesen des Universums ist.

Die hermetische Wissenschaft lehrt eine einfache Übung zur Rückbindung an die Lebenskraft der Welt:

Stehen Sie drei bis fünf Minuten mit gespreizten Beinen locker und entspannt aufrecht. Dabei atmen Sie ganz natürlich, ganz sanft und strecken die Arme in Schulterhöhe von sich zur Seite. Die Handflächen sind geöffnet, die linke Handfläche ist nach oben, die rechte nach unten gekehrt.

Bei dieser Übung treten die Magnetströme der Erde durch die linke Hand in Sie ein, fließen durch Herz und Solarplexus und laden Ihren Körper energetisch auf, während die überschüssige Energie Sie durch die rechte Handfläche verlässt. Am Morgen fühlen Sie sich nach dieser Übung wie aufgeladen, am Abend wohlig entspannt. Nach den Einstimmungen in Reiki können Sie sich selbst behandeln und mit einer noch weitaus stärkeren Spielart dieser Energie beglücken.

Nach der Berührung durch die universale Lebensenergie und dem untrüglichen Gefühl, dass sie Ihren Körper durchpulst, ist die Zeit reif für ein neues Lebensgefühl, ein neues Selbstbild: Sehen Sie sich erfolgreich, wohlhabend und in allen Lebensbereichen befriedigt. Dann kann die Lebensenergie die Kanäle in Ihrem inneren Selbst immer weiter öffnen und offen halten für den Strom der universalen Lebensenergie, deren magnetische Kraft Sie mit allem verbindet, was Sie sich wünschen mögen.[18]

Der nächste Schritt ist die konstruktive Bemühung um Ihr Ziel. Affirmationen für Erfolg und Wohlstand werden letztlich wirkungslos bleiben, wenn Sie sich darauf beschränken, sie sich einzureden, nach dem Motto: Es wird schon werden, denn es ist ja alles gut. Die Lebensenergie, die das Leben trägt, muss auch die Affirmationen tragen, und das kann sie nur, wenn Sie sich selbst bemühen und für die Verwirklichung Ihrer Ziele einsetzen. Das heißt: Sie müssen handeln, sie müssen tun, was die Affirmationen vorgeben, andernfalls führen diese keinen Schritt weiter. Wenn Sie jedoch aktiv werden, wird die magnetische Kraft der Lebensenergie und Ihres konstruktiven Bemühens Ihr Leben mit größerer Fülle beschenken. Wir brauchen eine gewisse Disziplin. Ohne Disziplin können wir die alten Verhaltensmuster we-

[18] Ich habe einen systemischen Weg zum Lebensgefühl der Erfüllung in einem anderen Buch aufgezeigt. Siehe auch: Paula Horan, *Erfüllung durch Reiki*, Windpferd, Aitrang 1995. Das darin vorgestellte Übungsprogramm wird in überarbeiteter Form vielleicht später noch einmal erscheinen. In der Zwischenzeit seien Englisch sprechende Leser auf die amerikanische Ausgabe verwiesen, Paula Horan, *Abundance through Reiki*, Lotus Light, Twin Lakes, 1995 f

der auflösen noch in einen Glück bringenden Fluss umwandeln. Bemühen wir uns also stets bewusst um Dankbarkeit: Sie ist der Magnet, der die Fülle anzieht. Mit zusätzlichen Eigenbehandlungen weichen Sie zudem die negativen Strukturen auf, die sich im Unbewussten festgesetzt haben und dort den Fluss von Reichtum und Fülle blockieren. Beginnen Sie jetzt. Leben Sie die Fülle Ihres SEINS. Leben Sie *nur heute* in Dankbarkeit. Das heißt, machen Sie keine hohlen Versprechungen für die Zukunft. Mit dem Satz: „*Nur heute will ich dankbar sein*!“, verpflichten Sie sich zur Dankbarkeit immer *hier und jetzt* – nicht in einer Zeit die niemals kommen wird, weil sie als „Zukunft“ nur in der Vorstellung existiert.

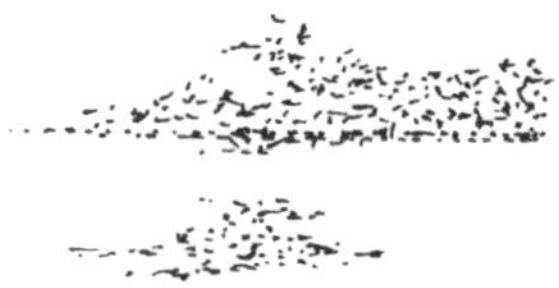

Wer zuhören kann,
geht der Antwort den halben Weg entgegen.

Nari

Zweite Lebensregel:

Nur heute will ich mich nicht sorgen.

Wenn wir uns sorgen, vergessen wir, dass allen Erscheinungen und Ereignissen ein göttlicher, universaler Sinn innewohnt. Wir haben getan, was wir tun können, wenn wir uns der Führung unseres wahren Wesens anvertrauen und uns darüber hinaus im Rahmen unserer Möglichkeiten ernsthaft und ehrlich einsetzen; der Rest liegt bei der universalen Lebensenergie. Wir können eben einfach nicht mehr tun als uns so gut wie möglich bemühen. Darüber hinaus hilft nur ein gewisses Vertrauen. Sich zu sorgen ist hingegen der sichere Beweis dafür, dass wir uns von dem das Leben bejahenden „*Ich-Bin*" der universalen Ganzheit abgespalten haben. Sorgen sind also eine schlechte Angewohnheit, ein Muster, das sich – wer weiß, wann – in uns festgesetzt hat.

Wir brauchen uns über die Vergangenheit nicht mehr den Kopf zu zerbrechen, denn das ist zwecklos, weil unproduktiv. Die Vergangenheit ist geschehen und lässt sich nicht mehr ändern. Denken Sie daran, dass jeder Mensch, wir selbst eingeschlossen, im Grunde immer sein Bestes gibt. Er tut, was seine Kenntnis und seine Lebenserfahrung ihm im Augenblick ermöglichen. Keiner kann schlagartig aus seiner Haut heraus. Wir sind alle das Produkt unserer Konditionierung und handeln nach ihren Vorgaben. Schuldgefühle ändern daran nichts. Nur Bewusstheit hilft.

Wenn Sie sich wegen irgendwelcher Dinge schuldig fühlen, die Sie vielleicht getan haben, dann begreifen Sie bitte zuerst, dass Sie in jenem Augenblick gar nicht anders handeln konnten. Die Schuldgefühle dürfen Sie sich also sparen. Sicher, es ist natürlich und auch zutiefst menschlich, wenn man einen Fehler bedauert. Sie dürfen dieses Bedauern auch offen zum Ausdruck bringen und sich auch entschuldigen, wenn dies angemessen ist. Aber es bringt nichts, sondern verewigt sogar das zerstörerische Verhalten, wenn Sie sich Schuldgefühlen hingeben. Als nächstes dürfen Sie sogar dankbar sein für das Geschehen, denn Sie haben daraus gelernt. Wenn Sie einen Fehler, ja selbst einen schweren Fehler gemacht haben, lassen Sie die Sache am besten auf sich beruhen und machen es in Zukunft besser. Diese Erkenntnis und Lebensmaxime bedeutet, dass auch jedes Unrecht, das ein anderer Ihnen in der Vergangenheit angetan haben mag, sich aus *seiner* Konditionierung erklärt. Wir können nur hoffen, dass auch er etwas daraus gelernt hat und ihm für die Zukunft alles Gute wünschen.

Zukunftssorgen sind ebenfalls zwecklos. Ich selbst lebe nach dem Grundsatz: „Erwarte das Beste vom Leben, und wenn Dir überraschend etwas weniger Schönes passiert, so wisse und vertraue darauf, dass es für Dich im Moment wohl das Beste ist." Wenn es im Augenblick auch negativ erscheint, ist es doch nur eine Gelegenheit zu lernen. Und: Sie haben selbst dazu beigetragen. Es mag unbewusst geschehen sein, aber Sie haben die Situation mitgeschaffen, weil Sie daraus lernen wollen. Bedanken Sie sich also dafür, dass sie tatsächlich eingetreten ist. Nun sind Sie frei. Halten Sie sich nicht länger damit auf. Gehen Sie weiter.

Vertrauen Sie der Weisheit Ihres wahren Wesens und lassen Sie die Finger vom Zeitplan des Lebens; am besten Sie mischen sich nicht ein. Freuen Sie sich stattdessen, denn im vollendeten Fluss Ihrer Energien geschieht alles in perfekter Harmonie und Synchronizität. Vorausgesetzt, Sie haben sich im Rahmen Ihrer Möglichkeiten wahrhaftig bemüht, ist das übrige in besten Händen.

Irrationale und unlogische Strukturen aus unverarbeiteten vergangenen Erfahrungen sind die Quelle unserer Sorgen, und diese trennen uns noch weiter von allumfassender Bewusstheit. Lösen Sie sich einfach aus den Fesseln. Vertrauen Sie sich noch heute dem Lebensplan an, den Ihr wahres Wesen für Sie bereithält und sagen Sie Ihren Sorgen ein für alle Mal ade. Das können Sie nur heute tun, nur im Hier und Jetzt des Augenblicks, der für sich genommen nicht einmal besteht – so schnell ist er vergangen!

Dritte Lebensregel:

Nur heute will ich nicht zürnen.

Aufregung, Ärger, Wut, Zorn, Hass – sie sind alle eigentlich vollkommen überflüssig. Wie die meisten unangemessenen reaktiven Emotionen entspringen sie dem Gefühl des Gespaltenseins, begründet in der Abspaltung des Ich von der allumfassenden Bewusstheit, die unser wahres Wesen ist. Wenn wir uns unnötig aufregen, ärgern oder sogar vor Wut toben, zeigen wir damit, dass unser liebes Ich gern alles „im Griff haben und kontrollieren" möchte. Dies umso mehr, weil wir die Kontrolle ja schon allein deswegen längst verloren haben, weil wir aus dem harmonischen Gleichklang mit unserem göttlichen und universalen Lebenssinn herausgefallen sind und unserem vergänglichen kleinen Ich mehr vertrauen als unserem wahren Wesen. Für das wahre Wesen ist willkürliche Kontrolle kein Thema. Es braucht sie nicht, weil es sich mit allem eins fühlt. Das zerbrechliche Ich hingegen wünscht sich diese Kontrolle, kann sie aber nicht wirklich ausüben, denn es fehlt ihm dazu die Kraft und die Weitsicht.

Viele Menschen gehen häufig in die Irre. Sie lassen das Ich ihr Leben bestimmen und ignorieren obendrein die innere Stimme, die sie gern zu einem harmonischen und fließenden Dasein führen möchte. Wir machen einen Fehler, wenn wir zulassen, dass die kurzsichtigen und auf hastige Befriedigung drängenden Wünsche und Erwartungen unseres Ich uns beherrschen. Ärger ist dann vorprogrammiert und Kummer unausweichlich.

In der Gewalt der Erwartung sind wir wütend über alles und jeden, die unsere Bedürfnisse zu missachten und die Erfüllung unserer Wünsche zu vereiteln scheinen. Wir sehen dann nicht mehr, dass unsere Lebensumstände uns nur den Spiegel vorhalten, der uns den über den Zustand und die Qualität unseres Bewusstseins aufklärt. Jeder Gedanke ist Ursache. Er bringt die Umstände hervor, denen wir uns irgendwann im Leben stellen müssen. Jede Situation in unserem Leben spiegelt die Ursachen und Wirkungen, die wir selbst geschaffen haben.

Sie ärgern sich nicht wirklich über den Kerl oder die Zicke, die Sie für einen Augenblick piesacken oder Ihnen Ihre eigenen Schwächen vor Augen halten. Sie ärgern sich im Grunde über sich selbst, dass Sie sich überhaupt aufregen. In einer Ecke Ihres Bewusstseins wissen Sie nämlich ganz genau, dass man Sie vorführt, dass man mit Ihren emotionalen Reaktionen spielt wie auf dem Klavier. Ob der andere dies bewusst oder unbewusst tut, bleibt eigentlich einerlei. Ihr konditioniertes Ich wird trotzdem reagieren, wie das Ich Ihres vermeintlichen Peinigers. Sie schliddern beide in den Konflikt hinein, aus dem Sie beide eine jeweils andere Lektion lernen können, wenn Sie fühlen, was in Ihnen passiert und wenn Sie die Situation unvoreingenommen betrachten, anstatt sich aufzuregen oder zu ärgern.

Carlos Castaneda erklärt in einem seiner Bücher die wichtige Rolle, welche die kleinen Tyrannen in unserem Alltag für uns spielen. Sie mögen uns zwar das Leben schwer machen und tausend Hindernisse in den Weg legen. Aber gleichzeitig zeigen sie uns damit, wo unser liebes Ich ein Opfer seiner eigenen Schwächen wird, und wie.

Wenn wir dann unsere Reaktionen beobachten, werden wir unsere eigenen psychischen Blockaden und Widerstände entdecken und verstehen lernen und somit den ersten Schritt zu ihrer Transformation tun. Wir lernen unsere unbewussten Reaktionen wahrzunehmen und durch diese direkte Wahrnehmung auch recht locker zu steuern.

Gurdjieff empfiehlt folgende Methode:

> *Stellen Sie sich vor, jemand geht Ihnen entsetzlich auf die Nerven und gleich wird Ihnen der Kragen platzen und Sie werden Ihrem Ärger Luft machen. Halten Sie dann einen Augenblick inne. Stoppen Sie die Reaktion. Anstatt ihr blind und unbewusst zu folgen, schauen Sie sich an, was abläuft. Mit der Zeit werden Sie auf diesem Weg Ihre Emotionen meistem. Deswegen dürfen Sie für jede Gelegenheit dankbar sein, die Ihre Schwächen aufdeckt. Sie können nur daraus lernen. Sie können nur darüber hinauswachsen.*

Ein Hinweis zum Schluss: Schämen Sie sich Ihrer Wut nicht. Ärgern Sie sich nicht darüber, dass Sie sich ärgern. Alle Stufen der Reaktivität von leichter Gereiztheit bis zu glühendem Hass sind uns über viele Generationen einprogrammiert worden. Wir werden uns deswegen fast zwangsläufig reizen lassen, wann immer ein anderer mit seiner Wut über uns herfällt. Überdies sind wir seit langem die Sklaven unserer Erwartung. Deswegen nehmen wir es sehr persönlich, wenn die Dinge nicht unseren Wünschen gemäß laufen. Das beleidigt unser Selbstwertgefühl. Verletzte Gefühle aber verleiten uns leicht dazu, wütend um uns zu schlagen, und sei es nur mit Worten.

Wir wollen unsere Emotionen durchaus fühlen und ausdrücken und unseren Ärger keineswegs schlucken. Aber dazu braucht es keinen Ausbruch. Wir können unsere Reaktionen steuern, vielleicht auch etwas abmildern und mit ruhigen Worten sagen, was wir bei verletzenden Worten oder Taten empfinden. Sagen jedoch wollen wir es. Wenn der andere darauf lärmend mit noch größerer Wut antwortet, sollten wir uns klugerweise zurückziehen und Kraft tanken, anstatt es ihm mit gleicher Münze heimzuzahlen. Am besten begegnen wir den kleinen und größeren Dramen des Alltags und den kleinen Tyrannen, die sie herbeiführen, indem wir nicht reaktiv darauf eingehen, sondern bewusst in uns hineinfühlen und wahrnehmen – und dann Strahlen der Liebe aussenden. Wer will wütend auf Sie sein, wenn Sie gerade natürlich und in sich ruhend lächeln? Ihr Lächeln kann ansteckend sein.

Wut erzeugt Disharmonie. Letztlich macht sie auch körperlich krank, weil sie unser Nervensystem stresst. Wir tun uns selbst den größten Gefallen, wenn wir lernen, die in Ärger und Wut eingefrorene Energie durch den konstruktiven Umgang mit ihr einzuschmelzen und umzuwandeln. *Nur heute* ärgere dich nicht. Was auch geschieht, nimm es wie es ist – und wisse, dass es nicht unbedingt deins ist oder etwas mit dir zu tun hat. Und wenn es etwas mit dir zu tun hat, sei dankbar dafür, dass du daraus lernen konntest.

Vierte Lebensregel:

Nur heute will ich redlich arbeiten.

Wir sollen ehrlich zu uns sein, wenn wir in natürlichem Fluss leben wollen. Solche Ehrlichkeit bedeutet, dass wir in allen Dingen und Ereignissen der Wahrheit ins Auge sehen. Viele Menschen jedoch leben im Schemenreich ihrer Vorstellungen: Sie nehmen die Wirklichkeit nicht wahr. Wir können in die größten Schwierigkeiten und inneren Konflikte geraten, wenn wir uns die Wahrheit nicht eingestehen und dann mit den Konsequenzen unserer Verdrängung konfrontiert werden. Natürlich, auf unserer Welt gibt es Wahrheiten, die manchmal schwer zu verdauen sind. Dann hilft eigentlich nur, dass wir tief in uns hineinschauen, unser Verhalten prüfen und entdecken, welche Aufgabe ein Mensch oder ein Ereignis für unser Leben erfüllen mag. Mit dieser Einstellung werden wir bald allem und allen mitfühlend begegnen, auch uns selbst.

Mit der Wahrheit leben heißt, dass wir uns der Führung des wahren Wesens anvertrauen. Mit der Wahrheit lässt sich unbeschwert leben. Es ist dann kein komplizierter Irrgarten mehr, in dem wir ständig gefährdet sind, uns zu verlaufen. Wir sehen klar und deutlich, was das Leben uns lehren möchte und lernen es mühelos. Ein Leben der Täuschung ist kompliziert. Dann müssen wir immer irgendetwas leugnen und abstreiten. Um uns vor der Wahrheit zu schützen, verlaufen wir uns so gründlich im Irrgarten der „Darstellungen" und „Gegendarstellungen", dass wir kaum noch aus ihm herausfinden. Darüber hinaus wächst jede Unehrlichkeit zu einer Mauer heran, die uns den Zugang zu unserem wahren Wesen verbaut. Mit der Zeit vergessen wir, wer wir eigentlich sind und identifizieren uns mit Persönlichkeitsfragmenten anstatt mit der offenen Weite unseres Herzens.

Wenn Sie selbst ehrlich bleiben, ermutigen Sie auch andere zu mehr Ehrlichkeit. Wie leicht es dann ist, andere so zu behandeln, wie man selbst gern behandelt werden möchte. Wer redlich arbeitet, sich redlich bemüht, lebt offen und ehrlich aus der unendlichen Fülle des wahren Wesens. Zur Wahrheit gesellt sich die Liebe für sich selbst und andere und führt das Leben zur Harmonie.

Leben Sie also wahrhaftig und lassen sie sich von der Liebe leiten. *Nur heute* wollen Sie redlich arbeiten, weil Sie dies tatsächlich nur heute tun können. Wenn Sie es „morgen" tun wollen, verlieren Sie sich in Vorstellungen und Projektionen – und damit Ihre fundamentale Ehrlichkeit.

Fünfte Lebensregel:

Nur heute will ich alle Wesen lieben und achten.

Wir stammen alle aus derselben Quelle. Alle Lebensformen hängen voneinander ab und bedingen sich gegenseitig. Die zerstörerischen Umwälzungen der letzten Zeit auf unserem Planeten, geschehen aus der Fühllosigkeit des Menschen für das feine ökologische Gleichgewicht, haben uns für diese Wahrheit wohl endgültig die Augen geöffnet. Wir entdecken, dass wir die Natur nicht selbstsüchtig beherrschen und ausbeuten dürfen, wenn wir selbst überleben wollen. Durch solche Ausbeutung entziehen wir uns unsere eigene Lebensgrundlage. Es ist also zu unserem eigenen Vorteil, wenn wir alle Wesen lieben und achten. Reiki wird uns dabei helfen.

Aus der Physik wissen wir, dass wir eine kollektive Energie gleicher Herkunft sind. Undurchlässige, isolierte Materie, wo soll es die geben, wenn der ganze Kosmos nichts anderes ist als der Tanz einer unendlichen Vielfalt von Schwingungen! Alle materiellen Formen haben ihre eigene Frequenz und sind gleichzeitig miteinander verbunden, weil es zwischen ihnen keine undurchlässigen Schranken gibt. Die Schranken, die es zu geben scheint, sind ein Produkt unserer Sinne, weil die Augen und Ohren eben nur eine begrenzte Skala von Frequenzen wahrnehmen können.

Nehmen wir alle Aspekte unseres Daseins freudig an, strahlt diese Freude auf alle anderen Wesen und Dinge aus. Man sieht uns an, wenn wir andere offen akzeptieren. Auch wir sind dann offen. Ob sie uns selbst oder anderen zuströmt: Positive Energie heilt den Planeten. Jeder Mensch, jedes Tier, jede Pflanze und jedes Mineral ist Teil des Ganzen. Wenn wir alle Wesen lieben und achten, lieben wir uns selbst und Mutter Erde ebenfalls.

Wir selbst erschaffen die Drachen, die uns quälen.

Nari

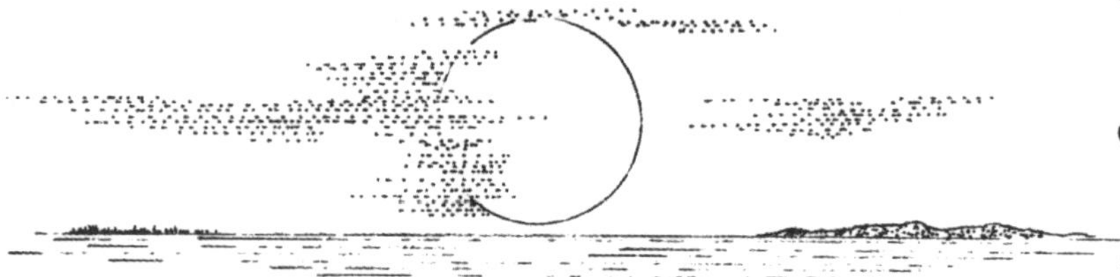

Die Reiki-Lebensregeln

Nur heute will ich dankbar sein.

Nur heute will ich mich nicht sorgen.

Nur heute will ich nicht zürnen

Nur heute will ich redlich arbeiten.

Nur heute will ich alle Wesen lieben und achten.

KAPITEL 7

Der Energieaustausch – Geben und Nehmen im Reiki

Als impliziter Teil der Lebensregeln ist noch ein weiterer Faktor für die Reiki-Ethik von tragender Bedeutung. Vor allem Frau Takata betonte ihn nachhaltig. Die Reiki-Literatur umschrieb ihn in den Anfangsjahren mit dem Wort „Energieaustausch", vielleicht in Vermeidung des weniger blumigen, dafür aber ehrlicheren Begriffs der Gegenleistung. Vor allen zu Beginn der Reiki-Bewegung im Westen haben die meisten Reiki-Lehrer sehr viel von dem angemessenen Energieaustausch gesprochen – also von der Gegenleistung für eine Reiki-Behandlung oder für die Einstimmung in einen der drei Reiki-Grade. Das war damals ein großes Thema und stand sogar im Mittelpunkt von zahlreichen Diskussionsrunden und Konferenzen. Dabei konnte man sich manchmal des Eindrucks nicht erwehren, dass es wohl mehr um die Durchsetzung eines Einheitstarifs und nicht so sehr um einen Austausch von frei fließenden Energien ging. Nichts kann die Gemüter ja so erhitzen wie das Geld, vor allem wenn man aus unbewusstem schlechten Gewissen meint, seine Mehransprüche rechtfertigen zu müssen.

Prinzipiell ist das Thema des Energieaustauschs mit dem knappen Statement abgehandelt: „Man soll nicht Reiki nehmen, ohne etwas dafür zu geben." Darin liegt sogar eine gewisse Weisheit. Wenn es um die Gesundheit geht und um die Heilung mit Reiki, ist der Wunsch die erste Voraussetzung. Das bedeutet, wir sollen diese Heilung tatsächlich und von uns aus erstreben. Deswegen ist es hilfreich, wenn wir die Initiative ergreifen und darum bitten. Nur so wird unser Leben sich zum Besseren wenden. Deswegen wird ein Energieaustausch unerlässlich, sobald ein Heiler oder eine Heilerin ins Spiel kommen und helfend eingreifen. Energieaustausch heißt: Wer geheilt wird, soll also etwas dafür geben, in welcher Form auch immer.

Wenn wir etwas bekommen haben, wollen wir es für uns und andere sichtbar anerkennen. Tun wir dies nicht, verlieren wir sehr leicht alle Relationen in unseren menschlichen Beziehungen und zudem unser inneres Gleichgewicht. Wir können uns unsere Selbstachtung nämlich nur erhalten, wenn Geben und Nehmen sich in unserem Leben die Waage halten, auch wenn es passieren kann, dass wir manchmal mehr geben und manchmal von anderen mehr empfangen. Auf das generelle Gleichgewicht kommt es an, nicht auf eine exakte Abrechnung in jedem Einzelfall, denn vieles lässt sich mechanisch gar nicht aufrechnen.

Selbstverständlich hatte auch Dr. Usui diese zwei Grundpfeiler jeder Heilung erkannt: die Bitte um Heilung und die angemessene Gegenleistung. Es kann nicht Aufgabe des Heilers sein, ungebeten zu heilen; und er darf nicht endlos von seiner Energie abgeben, ohne dass Energie zu ihm zurückfließt. Ohne Energieaustausch wäre das Verhältnis gestört, denn es würde dem Geheilten das Gefühl vermitteln, dass er für den erwiesenen Dienst etwas schuldig geblieben ist. Und das wiederum ist ungesund. Uneingelöste Verpflichtungen stellen mit der Zeit eine psychische Belastung dar, die sogar die angestrebte Heilung sabotieren kann. Der Energieaustausch in Form einer Gegenleistung befreit davon. Er bringt die Dinge wieder ins Lot.

Frau Takata erzählte zur Veranschaulichung dieser Grundwahrheit immer die Geschichte von Usuis aufopferungsvoller Tätigkeit unter den Bettlern von Kioto. Sie berichtet, dass Usui nach seiner Erleuchtungserfahrung auf dem Berg Kurama nach Kioto zog, in der Absicht, dort den vielen Bettlern auf die Beine zu helfen und sie als nützliche Mitglieder in die Gesellschaft zu integrieren. Laut Takata endete dieser Versuch mit einem jämmerlichen Fehlschlag, ganz einfach weil die Bettler lieber Bettler und von den Gaben anderer abhängig bleiben wollten, als für ihr eigenes Leben die volle Verantwortung zu tragen. Auch wenn diese Geschichte von Usuis Episode im Bettler-Viertel wohl eher eine Legende ist als den Tatsachen entspricht, verweist sie, wir haben es oben angesprochen, auf eine für jede Heilung wichtige Dynamik. Wie jede menschliche Interaktion ist auch die Tätigkeit des Heilens ein Austausch, bei dem Geben und Nehmen sich im Großen und Ganzen die Waage halten sollen.

Demnach verstand Usui, was alle Heiler und Heilerinnen wissen, dass man nämlich nicht an den Ergebnissen seiner Arbeit haften darf. Wir dürfen das Ergebnis unserer Bemühungen nicht in Gedanken vorwegnehmen und von einer Heilung in unserem Sinne ausgehen. Um im Rahmen von Takatas Geschichte von Usuis Wirken in Kioto zu bleiben: Es ist durchaus möglich, dass Bettler, von Ausnahmen einmal abgesehen, ihr Bettlerdasein voll ausleben müssen, um gewisse Dinge zu lernen. Wer mag letztlich beurteilen, ob dies schlecht ist oder falsch? Auch bei einer physischen Krankheit dürfen wir uns fragen, ob der Kranke sie sich nicht vielleicht unbewusst zugelegt hat, weil er etwas Wichtiges lernen möchte. Mag sein, dass sich dahinter sogar ein unbewusster Todeswunsch verbirgt, dass selbst das Sterben noch zum unvermeidlichen Lernprozess gehört. Der Heiler wird seine Kompetenzen überschreiten, wenn er in diese Entwicklung ungebeten eingreift, also eine Heilung gemäß seinen eigenen Vorstellungen unbedingt durchsetzen will. Mit einer solchen „aufgezwungenen Heilung" mischt er sich selbstherrlich in ein Menschenleben ein, ohne dessen tiefere Intentionen und Gesetzmäßigkeiten zu kennen.

Reiki ist ein wertvolles Geschenk. Trotzdem kann es nicht dazu bestimmt sein, „die ganze Welt gesund zu machen" – und damit eine utopische Wirklichkeit zu schaffen. Zwar ist dies ein guter Wunsch, zweifellos, auch ein geeigneter Leitstern, dem wir in unserem Leben folgen können. Wenn wir nämlich spontan mit anderen Wesen mitfühlen, wird der altruistische Impuls unseres Mitfühlens unsere Praxis vertiefen und unsere Arbeit mit Reiki auf eine gesunde, weil prinzipiell selbstlose Grundlage stellen. Aber diese an sich positive Motivation kann nicht in dem Extrem enden, dass wir uns bestellt fühlen, den „Messias" zu spielen, der alles für andere regeln und erledigen will. Unsere Aufgabe als Heiler ist vielmehr, unseren Klienten und Schülern und Schülerinnen Wege zur Selbstheilung aufzuzeigen. Es ist nicht unsere Aufgabe, den anderen diese Aufgabe abzunehmen und für sie zu tun, was sie ganz einfach aus eigenen Stücken tun oder geschehen lassen müssen, wenn es denn zu dauerhaftem Erfolg führen soll. Als Heiler wie als Lehrer stellen wir nur unsere Unterstützung zur Verfügung. Aber wir sind keine ordnende Macht, die alles nach ihren Vorstellungen richtet.

Ein relatives und fließendes Gleichgewicht von Geben und Nehmen ist demnach, wie wir unter verschiedenen Aspekten beobachten konnten, für den Erfolg beim Reiki absolut wichtig. Auf den früher von vielen leidenschaftlich propagierten Einheitstarif vor allem für die Einstimmungen dürfen wir aber gern verzichten. Der hat sich inzwischen ohnehin von selbst abgeschafft.

In meiner eigenen Erfahrung habe ich die Bedeutung eines ausgewogenen Verhältnisses von Geben und Nehmen beim Reiki ebenfalls immer wieder beobachten können. Im Englischen sagt man, „*Easy come, easy go.*“. Auf Deutsch heißt es: „*Wie gewonnen, so zerronnen.*“. Mit anderen Worten: Wer sich für sein Reiki nicht ein bisschen ins Zeug legt, wird wahrscheinlich auch nicht viel damit anzufangen wissen. Vor allem als frischgebackene Reiki-Lehrerin habe ich hier und da Freunden einen Gefallen tun wollen und sie eingeladen mitzumachen, ohne eine Gegenleistung zu fordern. Manchmal habe ich ihnen sogar die Einstimmungen ohne Gruppenteilnahme gegeben, sondern nur alles schön im persönlichen Beisammensein, sozusagen bei einer Tasse Tee erklärt und sie dann mit Gratis-Einweihungen auf ihren Weg geschickt. Das hat jedoch in den wenigsten Fällen etwas gebracht.

Wer die Reiki-Einstimmungen von mir geschenkt bekommen hatte, kümmerte sich wenig darum und macht kaum einen Versuch zu praktizieren, vor allem, wenn die Einstimmungen zuhause im Wohnzimmer und nicht im Rahmen einer Gruppenteilnahme stattgefunden hatten. Vorwürfe der Undankbarkeit wären trotzdem unangebracht. Ich würde meine eigene Fehleinschätzung noch verschlimmern, wenn ich meine Verantwortung für die in gewissem Sinn aufgedrängte Hilfe bei anderen abzuladen versuchte. Es ist ja nicht ihr Fehler, wenn ich ihnen Reiki mit einer kostenlosen Einladung fast aufzwinge. Ich hatte einfach noch nicht begriffen, dass Hilfe anderen nur dann etwas nützt, wenn sie vorher selbst darum bitten. Das ist die erste und darüber hinaus unerlässliche Form des Energieaustauschs. Sie ist für jede erfolgreiche Heilarbeit unverzichtbar, weil das Bitten den Empfänger der Behandlung oder Heilung für diese Behandlung oder Heilung überhaupt erst empfänglich macht. Mit anderen Worten: Wer ungebeten Hilfe bekommt, bleibt dieser Hilfe in der Regel auch verschlossen. Wer hingegen um Hilfe bittet, öffnet sich durch den Akt des Bittens der Hilfe, die er gern hätte. Denn der Bitte geht ja im Allgemeinen die Einsicht voraus, dass man tatsächlich Hilfe braucht. Und gerade diese Einsicht ist an sich schon eine sehr heilwirksame Erfahrung, die uns die richtige Einstellung zu unserer eigenen Heilung vermittelt.

Deswegen lauten die neben den Lebensregeln zwei wichtigsten Grundsätze für die Reiki-Arbeit an und mit anderen:

1. *Wer Heilung wünscht, soll auch um Heilung bitten.*
2. *Für seinen Zeitaufwand soll der Heiler mit einem Energieaustausch (das heißt durch eine für die Möglichkeiten des Behandelten angemessene Gegenleistung) entschädigt werden.*

Im Ursprungsland des Reiki hat man über dieses Thema vor allem zu Lebzeiten Usuis wahrscheinlich nicht viele Worte verlieren müssen. Auch heute weiß jeder Asiate, dass er ein Geschenk oder doch zumindest eine kleine Aufmerksamkeit mitbringt, wenn er den Lehrer besucht. Je nach Gegebenheit weiß er auch, dass er seinen Lehrer materiell unterstützen muss, weil der nämlich für seine Dienste keinerlei Honorar fordert. Das gehört sich einfach, und außerdem macht Schenken Freude. So wie wir ja auch nicht ohne Mitbringsel vor der Tür von Freunden stehen, wenn man uns zum Essen eingeladen hat. Eine Flasche Wein, ein paar Blumen oder eine andere kleine Überraschung, wir denken eigentlich gar nicht groß darüber nach sondern tun es einfach – zumeist weil wir selbst den größten Spaß dabei haben, den Wein oder die Blumen auszusuchen.

Im Fall von Reiki kommt hinzu, dass die Gabe der universalen Lebensenergie eigentlich mit keinem Geld und keiner anderen materiellen Gabe der Welt aufzuwiegen ist. Wie sollen wir jemanden entlohnen oder vergüten, der uns durch die Vermittlung der Einstimmungen und durch seine Unterweisungen den direkten Zugang zur Heilung mit universaler Lebensenergie verschafft? Wie anders, wenn nicht großzügig? Und wäre nicht unsere Großzügigkeit der schönste Beweis für das Vertrauen, das wir in unsere eigenen Kräfte und die Kräfte der universalen Lebensenergie haben? Zeigte umgekehrt Kleinlichkeit nicht vielleicht gerade einen eklatanten Mangel an Vertrauen und Selbstvertrauen, der uns im Grunde für das geistige und energetische Heilen disqualifiziert? Denn wie wollen wir uns und andere mit ungreifbarer, unfasslicher und vollkommen stoffloser Lebensenergie heilen und unsere inneren Konflikte ausgleichen, wenn es uns an Vertrauen fehlt und wir zu unserer Sicherheit alles kleinlich ab- und aufrechnen müssen? Dies sind Fragen, die sich jeder selbst beantworten muss – der Reiki-Lehrer nicht weniger als der angehende Reiki-Schüler.

Wie oben angesprochen, eine einheitliche Gebührenordnung oder einen Einheitstarif für die Einweihungen kann es im Reiki nicht geben. Das wäre nicht im Sinne der universalen Gesetzmäßigkeiten, auf denen Reiki beruht. Diese sind fließend und ehern zugleich. Sie lassen sich trotz ihrer außerordentlichen Flexibilität nicht verbiegen – weder zu egoistischer Ausbeutung seitens des Lehrers oder Behandelnden, noch zu fauler Ausrede auf der Seite des Schülers oder Klienten. Es liegt also an jedem selbst je nach Situation das gerechte Maß zu finden. Das ist doch gerade das Wunderbare an der Welt spiritueller Gesetzmäßigkeiten: dass wir die Freiheit haben, unsere Verpflichtung zu spüren und der Situation gemäß einzuschätzen! Und zu wissen, dass alles im Grunde auf unsere eigene Motivation oder Initiative ankommt. Jede Behandlung beruht auf der Intention, Reiki durch die geöffneten Kanäle fließen zu lassen. Jede Heilung beruht auf der Bereitschaft, sich auf die Heilung einzulassen, sie geschehen zu lassen Wir sollten die ungeheure Kraft anerkennen, die unseren Motiven und Intentionen innewohnt und deswegen selbst die Initiative ergreifen – und sei es nur, indem wir uns öffnen und für positive Einflüsse empfänglich machen.

Zum Abschluss deswegen eine Geschichte, die vielleicht treffend veranschaulicht, worauf wir hier anspielen. Vor ein paar Jahren, als Papaji noch lebte, war ich wieder einmal für einige Wochen in Lucknow in Indien bei ihm, und wie so oft lud er mich ziemlich regelmäßig zu sich nach Hause zum Abendessen ein. Er hatte fast jeden Abend um die zwanzig bis dreißig Gäste. Wie alle anderen, die ebenfalls eingeladen waren, brachte ich dann immer etwas mit, einige Kilo Basmati-Reis, frische Früchte oder irgendeine andere Aufmerksamkeit. Mir fiel es leicht, großzügig zu sein, denn ich hatte ja mehr als genug und konnte demnach aus dem Vollen schöpfen. Zu jener Zeit nahm auch ein junger Mann aus der ehemaligen UdSSR jeden Tag an den Satsangs teil, die aber nicht bei Papaji zu Hause, sondern eben in der wesentlich größeren Satsang-Halle stattfanden. Dieser junge Mann war noch nie zu Papaji zum Essen eingeladen gewesen. Und er war auch sehr arm und auf die Almosen von uns anderen angewiesen. Er hatte wirklich nicht viel mehr als die Kleider auf seinem Leib. Wir unterstützten ihn deswegen gern, auch weil er so jung und unerfahren war und nur gebrochen Englisch sprach.

Eines Tages lud Papaji ihn dann während eines öffentlichen Satsangs ein, abends zu ihm zu kommen und mit ihm zu speisen. Als der junge Mann dann im Haus erschien und gerade sein Abendessen aufgetragen bekam, fragte Papaji ihn geradeheraus mit einer gewissen Schärfe: „Wo ist dein Geschenk? Hast du mir etwas gebracht?" Der junge Mann verneinte. Worauf er mit einem schneidenden „Raus mit dir!" aus dem Haus geworfen wurde. Wir übrigen guckten uns ein wenig erschrocken und entgeistert an und begannen zu Gunsten des Abgewiesenen zu intervenieren, womit wir uns nur eine barsche Zurückweisung einhandelten: „Er muss verschwinden und soll sich hier nie wieder blicken lassen." Damit war der Fall erledigt, und wenn noch irgendjemand etwas hätte ändern können, dann der junge Mann selbst. Aber er fügte sich in den Spruch des Schicksals, ließ den Kopf hängen und ward nie wieder gesehen. Er muss schon sehr früh am nächsten Morgen abgereist sein.

Ich kenne nicht die Beweggründe für Papajis eruptive Härte. Ich weiß aber auch, dass es üblich ist, dem Lehrer ein Geschenk zu bringen, vor allem wenn man ihn zum ersten Mal persönlich besucht. Für den Lehrer ist dieses Geschenk an sich bedeutungslos. Es ist hauptsächlich für den angehenden Schüler wichtig, weil es seine Bereitschaft dokumentiert, etwas von sich zu geben.

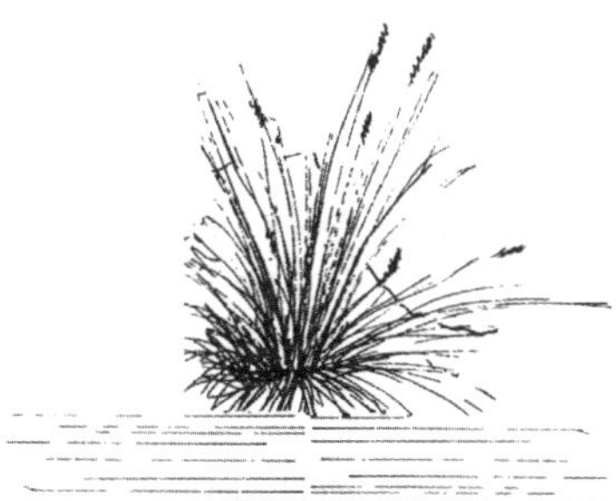

Betrachte dein Leben
im Spiegel deiner Taten:
Sie lehren dich,
was du wissen musst.

Nari

KAPITEL 8

Was sind Einstimmungen?

Die Einstimmungen sind Antrieb und Seele der Usui-Methode des natürlichen Heilens. Reiki ist das japanische Wort für die universale Lebenskraft, die uns von Geburt an mitgegeben ist. Jeder kann einem anderen Menschen die Hand auflegen und magnetische Lebenskraft übertragen. Jedoch verfügt nur Reiki über die Einstimmungen, die wir am besten als eine Serie von Einweihungen betrachten. Dabei übertragen die Reiki-Lehrerin oder der Reiki-Lehrer mit Hilfe einer alten Bewusstseinstechnik Energie. Dies geschieht nach einem genau festgelegten Ritual. Die im Laufe der Einweihung übertragene Energie öffnet die Schülerin oder den Schüler für die kosmische Energie. Diese strömt am Kopf in den Körper ein, fließt durch die oberen Energiezentren und strahlt an den Händen für zukünftige Behandlungen aus dem Körper aus. Überdies erhöhen die Einstimmungen die Schwingungsfrequenz des Körpers und lösen damit zwangsläufig einundzwanzig Tage der inneren Reinigung und Läuterung aus, denn die höhere Energieschwingung bricht automatisch negative Strukturen und Blockaden auf, welche nun ausgeschieden werden müssen.

Die Reiki-Einstimmungen sind demnach eine feierliche Handlung der Kraftübertragung, wie man sie auch aus dem tibetischen Buddhismus kennt oder aus verschiedenen buddhistischen Traditionen Japans, etwa der Tendai- oder Shingon-Überlieferung. In den Kapiteln zu seiner Lebensgeschichte haben wir gesehen, dass Usui mit diesen Traditionen durch Herkunft wie auch durch seine eigene spirituelle Praxis mehr oder weniger vertraut war. Einweihungen dieser Art haben vor allem eine Funktion. Sie vermitteln auf direktem und in Worten nicht ausdrückbarem Weg die Erfahrung, dass wir im Grunde unseres Wesens universale Lebensenergie sind. Sie nehmen gewissermaßen das Endergebnis langjähriger Praxis vorweg, geben uns einen Vorgeschmack auf die mögliche Verwirklichung und damit das Vertrauen, uns auf ihrer Basis weiter zu bemühen, bis alle Zweifel an unserer Energie-Natur beseitigt sind. Denn regelmäßige Reiki-Praxis wird uns untrüglich fühlen lassen, dass wir die universale Lebensenergie nicht nur benutzen, sondern dass sie unser eigentliches Wesen ist. Wir selbst sind die Energie, die uns heilt. Je mehr wir diese Energie praktisch einsetzen, desto deutlicher können wir unsere Untrennbarkeit von ihr spüren. Diese allmählich sich vertiefende Erfahrung entspricht nicht nur den Lehren aller alten spirituellen Traditionen, sie bestätigt auch modernste Entdeckungen und Wirklichkeitsmodelle der Naturwissenschaften.

Weil die Einstimmungen eine einmalige Gelegenheit darstellen, die uns einen Vorgeschmack auf die direkte Erfahrung unseres eigenen wahren Wesens zu geben vermag, sollten wir sie von einem wirklich qualifizierten Meister erhalten. Zu diesem Zweck wollen wir uns einen Reiki-Lehrer oder eine Reiki-Lehrerin suchen, welche die mündlichen und praktischen Unterweisung empfangen und durch eigene Übung integriert haben, die also Reiki wirklich und wahrhaftig lange genug praktiziert haben, dass es ihnen gewissermaßen in Fleisch und Blut übergegangen ist. Wie das Wort schon andeutet, beruht Erfahrungswissen stets auf Erfahrung, und lebendige Weisheit lässt sich nur schöpfen, wo weise gelebt wurde. Das bedeutet, dass nur ein Meister oder eine Meisterin eine authentische Einweihung in die Reiki-Kraft vermitteln können, die durch ihren eigenen Meister selbst über eine ungebrochene energetische Beziehung zu Dr. Usui verfügen.

Bei Erscheinen der Erstausgabe dieses Buches gab es auf der Welt nur zwei Hauptschulen des Reiki: die *Reiki-Alliance* und die *American International Reiki Association (A.I.R.A.).* Phyllis Lei Furamoto, die Enkelin von Frau Takata, leitet auch heute noch die *Reiki-Alliance,* der mehrere persönliche Schülerinnen und Schüler von Frau Takata angehören. Die *American International Reiki Association* steht unter der Leitung von Dr. Barbara Weber-Ray. Die Reiki-Lehrerinnen und Lehrer beider Gruppen sind befugt und qualifiziert, Einstimmungen weiterzugeben. Heute gibt es darüber hinaus zahllose andere Reiki-Formen und –Übertragungslinien, auf deren Besonderheiten wir nicht weiter eingehen wollen. Vor allem in den bereits erwähnten Büchern von Frank Arjava Petter können sie dazu die verlässlichsten Hinweise und Informationen auftreiben.

Wie entdecken Sie unter dem großen Angebot nun Ihre Lehrerin oder Ihren Lehrer? Wie eine gute Freundin oder einen guten Freund: Sie müssen sich spontan verstehen. Der Funke soll überspringen. Einige Reiki-Lehrer der westlichen Reiki-Tradition sind, wie ich selbst, aus beiden Vereinigungen hervorgegangen. Kate Nani, meine eigene Reiki-Lehrerin, hat ihren ersten und zweiten Grad über die *A.I.R.A.* bekommen, den dritten Grad aber über die *Reiki-Alliance.* Die meisten Reiki-Lehrer geben an vielen Orten auf der Welt Informationsabende. Wenn Sie in Reiki eingestimmt werden wollen, sollten Sie einige dieser Vorträge besuchen, um die Lehrerin oder den Lehrer zu finden, die zu Ihnen passen. Alle Lehrer sind qualifiziert (wenn sie sich im Rahmen ihrer eigenen Übertragungslinie mit echtem Engagement bemühen), und doch hat jeder seinen persönlichen Stil, setzt den Schwerpunkt ein wenig anders. Finden Sie also einen, bei dem die Wellenlänge stimmt, mit dem Sie sich gleich auf Anhieb verstehen.

Ich erkläre meinen Schülerinnen und Schülern stets, dass die Einstimmungen auf jeden ein wenig anders wirken. Jeder Mensch schwingt in seiner eigenen Frequenz. Das heißt, er kann die Energie der Einstimmungen natürlich nur entsprechend seinen eigenen Möglichkeiten empfangen und verarbeiten. Die Einstimmungen werden Sie rasch in einer Art Quantensprung auf eine Ebene höherer Bewusstheit heben, vor allem wenn Sie bereits an sich gearbeitet, Ihre Bewusstheit geschult und Ihr Körpergeist infolgedessen durch ihre Praxis etwa des Yoga oder der Meditation mit feinerer Frequenz schwingt. Haben Sie sich noch nicht mit einer spirituellen Disziplin angefreundet, setzen die Einstimmungen trotzdem einen Prozess der Veränderung in Gang. Aber er manifestiert sich dann anders, weil sich die Energie der Kraftübertragung immer in Relation zu der Energie auswirkt, die Sie bereits mitbringen. Das Wunderbare an Reiki ist, dass Sie den von Einstimmungen ausgelösten qualitativen Sprung von Schwingungsfrequenz und Heilkraft eigenständig fortsetzen und steigern können. Sie müssen dazu nur täglich Eigenbehandlungen vornehmen und, wann immer möglich und angemessen, andere Menschen mit Reiki behandeln.

Die Einstimmungen zum ersten Grad öffnen hauptsächlich den physischen Körper, so dass Sie mehr Lebenskraft aufnehmen und durch sich hindurchströmen lassen können. Insgesamt umfasst die Einführung in den ersten Grad vier solche Einstimmungen, welche gemeinsam die Schwingungsfrequenz der vier oberen Energiezentren anheben. Die erste dieser vier Einstimmungen stimmt auf der physischen Ebene Herz und Thymusdrüse ein, während sie auf der Ebene des feinstofflichen Energiekörpers das Herzchakra harmonisiert. Die zweite Einstimmung wirkt auf die Schilddrüse; auf der Ebene des feinstofflichen Energiekörpers fördert sie die Öffnung des Kehlchakra, das unser feinstoffliches Kommunikationszentrum ist. Die dritte Einweihung beeinflusst neben dem so genannten Dritten Auge, das der Hypophyse oder Hirnanhangdrüse entspricht (unser Zentrum des höheren Bewusstseins und der Intuition) auch den Boden des Zwischenhirns (Hypothalamus), der unsere Körpertemperatur und unsere Seelenlage steuert. Schließlich öffnet die vierte Einstimmung das Scheitelchakra (das Bindeglied zum allgegenwärtigen SEIN) und seine physiologische Entsprechung, die Zirbeldrüse. Sie stellt den Abschluss der Kraftübertragung durch die Einstimmungen dar.

Sobald Sie diese vier Einstimmungen erhalten haben, können Sie sich selbst und andere für den Rest Ihres Lebens mit Reiki behandeln. Sie können Reiki niemals mehr verlieren oder verlernen, wenn Sie einmal eingestimmt worden sind. Selbst nach mehreren Jahren Unterbrechung können Sie die Reiki-Kraft sofort wieder einsetzen, wann immer Sie möchten. Sie bleibt Ihnen in jedem Augenblick Ihres Lebens zugänglich. Zu bedenken ist allerdings, dass Reiki verkümmern kann, wenn Sie es länger nicht anwenden. Sobald Sie jedoch wieder etwas regelmäßiger zu praktizieren beginnen, erstarkt der wahrnehmbare Fluss der Energie für Sie von neuem.

Die Einweihung in den zweiten Grad hat einen etwas anderen Effekt als die vier Einstimmungen oder Kraftübertragungen zum ersten Grad. Dabei werden die drei Symbole aktiviert, die wir bei der Fernheilung einsetzen. Während beim ersten Grad vornehmlich der physische Körper transformiert wurde, passt die Kraftübertragung des zweiten Grades den feinstofflichen Energiekörper neuen Schwingungsfrequenzen an. Überdies schärft sie unsere Intuition, denn sie beeinflusst das Stirnchakra oder Dritte Auge. Im Grunde sind aber alle Zentren des feinstofflichen Energiekörpers ebenfalls einbezogen. Dabei können wir vielleicht feststellen, dass wir gerade in den am meisten blockierten Regionen des Energiekörpers die stärksten Veränderungen fühlen, weil durch die Einstimmung in den zweiten Grad die Energie gerade dort zu fließen beginnt, wo sie sich früher staute.

Häufig fühlen die Teilnehmer bald nach der Einweihung in den zweiten Grad und vor allem während den sich anschließenden 21 Tagen der Reinigung und Läuterung einen Energieschub im Nabel- und Wurzelchakra, die sich bei den meisten Menschen nicht frei entfalten und kreativ äußern dürfen. Dieser Energieschub und die damit einhergehende Kräftigung der Libido sind nicht verwunderlich, denn das Sexual- und Überlebenszentrum wurden kräftig stimuliert und die Kundalinikraft ein wenig mehr geweckt. In meinen eigenen Reiki-Kursen zeige ich den Teilnehmern an diesem Punkt einige Übungen und Techniken, die einen Teil dieser kraftvollen Energie transformieren helfen, so dass sie den Chakren der Intuition und des spirituellen Bewusstseins zufließt und uns infolgedessen in allen Bereichen unseres Lebens bewusster und aufgeweckter macht.

Die Einstimmung in den dritten Grad ist für jene geeignet, die nach langer und intensiver Reiki-Praxis den Wunsch in sich verspüren, die Usui-Methode des natürlichen Heilens an andere weiterzugeben. Diese Kraftübertragung erhöht die Schwingungsfrequenz noch weiter und aktiviert das so genannte Meister-Symbol. Sein Erhalt befähigt uns, die Einstimmungen vorzunehmen und anderen zu helfen, sich selbst zu helfen. Mit anderen Worten: Die Einstimmung in den dritten Grad macht uns zu Reiki-Lehrern. Dabei wollen wir nie vergessen, dass wir als Reiki-Lehrer keine Macht über andere haben. Wir müssen begreifen, dass der Wunsch nach Einstimmung grundsätzlich und immer eine ganz persönliche Angelegenheit ist. Der Schüler oder die Schülerin wenden sich an uns und bitten darum. Wenn wir gefragt werden, werden wir alles Nötige erklären, aber wir versuchen nicht, andere unaufgefordert zu Reiki zu überreden. Als Reiki-Lehrer können wir über unsere Schülerinnen und Schüler nicht einfach verfügen.

Deswegen gebrauche ich jetzt auch grundsätzlich das Wort Reiki-Lehrer und nicht länger den Begriff „Reiki-Meister", weil ein so genannter „Meister" sich wegen der in diesem Wort mitschwingenden Untertöne zu schnell berufen fühlen mag, sich zum „Herrn und Meister" aufzuschwingen. Was aber keineswegs Usuis Intention war, als er die ersten Lehrer ausbildete, und obendrein kontraproduktiv ist. In allen spirituellen Belangen verweist das Wort Meister ausschließlich und allein auf die Fähigkeit, sein eigener Meister und im Rahmen des Möglichen auch der Meister des eigenen Schicksals zu sein – aber nicht Meister über einen anderen Menschen oder über die Belange seines Lebens. Reiki lehren bedeutet einfach nur, ein wirksames Werkzeug weitergeben, das anderen helfen mag, ihr eigenes wahres Wesen wieder zu entdecken. Je mehr wir uns nämlich durch regelmäßige Reiki-Praxis bei uns selbst geborgen und zu Hause fühlen, desto natürlicher werden wir den Wunsch in uns verspüren, anderen beizustehen, dass sie sich diese Quelle tiefer und heilender Energie ebenfalls erschließen können.

Trotzdem sollten wir uns Zeit lassen zu reifen und nichts überstürzen. Bevor wir an den dritten Grad also auch nur denken, wollen wir eine Reihe von Jahren intensiv und vielfältig mit Reiki gearbeitet haben. Besonders wichtig sind regelmäßige Eigenbehandlungen aber auch die Erfahrung, die wir durch Hunderte von Behandlungen anderer Menschen sammeln konnten. Grundsätzlich gilt: Wenn wir Reiki lehren wollen, sollten wir es also zuerst gründlich kennen gelernt haben.

Häufig nimmt nach Erhalt der Einweihung in den zweiten Grad unsere Intuition zu, oder es kommt gar zu Beispielen außersinnlicher Wahrnehmung Deswegen meldet sich nach dem zweiten Grad auch oft der Wunsch nach einer sofortigen Steigerung dieses Erlebens. Man will gleich noch viel mehr, nämlich die Meisterschaft, die den Gipfel der Entwicklung zu markieren scheint. Dieses Streben ist aber in den meisten Fällen verfrüht. Wir sollen begreifen, dass außersinnliche Wahrnehmung nicht unbedingt ein Zeichen spiritueller Reife ist. Häufig zeigen solche Fähigkeiten sogar das Gegenteil, nämlich spirituelle Unreife an – vor allem wenn sie öffentlich zur Schau gestellt werden und man es nötig hat, damit zu prahlen.

Jede echte spirituelle Einweihung setzt Energie frei und verstärkt die energetischen und psychischen Tendenzen, die im Augenblick der Einweihung in einem Menschen überwiegen. Das bedeutet: Wenn wir zum Zeitpunkt unserer Einstimmung in den dritten Reiki-Grad hauptsächlich auf unser Ego fixiert sind und darauf, was für ein toller Superheiler wir sind und wie wahnsinnig außersinnlich begabt, werden wir mit der Einweihung genau diese Tendenzen zusätzlich verstärken. Wir werden noch eingebildeter und egoistischer. Das heißt, wir werden nicht reifer und mitfühlender, sondern machen in unserer spirituellen Entwicklung einen Rückschritt. Gewöhnlich holt uns dann das Leben auf den Boden der Tatsachen zurück, indem es uns mit ein paar peinlichen, wenn nicht gar schmerzhaften Erfahrungen und den hoffentlich daraus resultierenden Entwicklungsprozessen konfrontiert.

Wir können solche Umwege vermeiden, wenn wir von Anfang an verstehen, worum es im dritten Reiki-Grad vor allem geht: nämlich nicht darum unsere persönlichen Spielchen und Power-Trips zu vermehren, sondern darum alles Haften an unseren begrenzten Vorstellungen von persönlicher Macht loszulassen. Die Reiki-Kraft kann nicht ein Stück Besitz sein, Eigentum unseres Ego. Sie ist ein Geschenk, das unseren reifen und weisen Umgang verlangt, besonders wenn wir andere darin einweihen wollen. Sie fordert uns sehr sacht, sehr leise und keineswegs lautstark mit dem moralischen Zeigefinger dazu auf, dass wir unsere Kraft in den Dienst der universalen Lebensenergie stellen, dass wir präsent sind zu helfen, ohne uns aufzudrängen.

Fassen wir zusammen: Die vier Kraftübertragungen oder Einstimmungen zum ersten Grad wirken hauptsächlich auf den physischen Körper. Die Einstimmung in den zweiten Grad beeinflusst vor allem den feinstofflichen Energiekörper und fördert unsere Intuition und die Fähigkeit zu außersinnlicher Wahrnehmung. Die Einweihung in den dritten Grad verstärkt die Energie des so genannten Mentalkörpers oder unseres bewussten wie unbewussten Willens, und damit alle Tendenzen und dominierenden Verhaltensmuster unserer Ego-Persönlichkeit – die kreativen wie die destruktiven, die nützlichen und die schädlichen gleichermaßen.

Aus diesen genannten Gründen kann die Einweihung in den dritten Reiki-Grad nur jenen empfohlen werden, die ihren Einsatz für die universale Lebensenergie schon lange tatkräftig unter Beweis gestellt haben. Die Disziplin regelmäßiger täglicher Praxis schleift langsam alle schreienden Disharmonien aus der Persönlichkeit, alle ungesund weil überzogen egoistischen Ecken und Kanten. Sie schenkt geistig-seelische Ausgeglichenheit und jene Ruhe, die es uns ermöglicht, anderen offen und unvoreingenommen zu begegnen. Dann können wir sie so sehen und annehmen wie sie sind – ganz einfach weil wir durch unsere Praxis gelernt haben, uns selbst so zu sehen und anzunehmen wie wir eben nun einmal sind. Aus Offenheit und Gelöstheit von übertriebenen Eigeninteressen können wir anderen beistehen, den ihnen angemessenen Pfad zu entdecken. Dann sind nicht wir es, die Reiki verbreiten wollen wie eine Weltanschauung oder Religion. Dann leuchtet das Licht des Reiki wie von selbst aus uns.

Die Einstimmungen des Reiki sind ein seltenes, ja einmaliges Geschenk: Sie lassen uns unser wahres Wesen erleben. Wir mögen es auch jetzt schon undeutlich spüren und in Momenten gesteigerter Bewusstheit für einen Augenblick blitzartig wahrnehmen. Reiki aber verleiht dieser Bewusstheit Kontinuität. Und zudem wird unsere Bewusstheit sich durch unsere regelmäßigen Eigenbehandlungen vertiefen und erweitern. Mit dem Entschluss, den Weg der Reiki-Einstimmungen zu folgen wie weit er Sie auch führen mag, setzen Sie eine tiefgreifende Entwicklung in Gang: Sie steigern Ihre Bewusstheit zu der ihr eigenen Intensität und werden über eine Zeit der Reinigung und Läuterung alte Denk- und Verhaltensstrukturen ablegen. Mit dem Beginn der Einstimmungen unternehmen Sie den ersten entscheidenden Schritt: Sie werden erkennen, dass Sie selbst der Meister oder die Meisterin Ihres Schicksals sind. Dann brauchen Sie nur noch durch regelmäßige Behandlungen und Eigenbehandlungen in dieses neue Selbstverständnis und die damit einhergehenden Aufgaben hineinzuwachsen.

Der Wind der Unendlichkeit weht
durch Herz, Körper und Seele,
schenkt mir den Atem
des Neubeginns.

Nari

KAPITEL 9

Das Seminar zum ersten Reiki-Grad

Warum mag es überhaupt verschiedene Reiki-Grade geben? So lautet gewöhnlich eine der typischen Fragen, die im Laufe des Seminars zum ersten Reiki-Grad gestellt werden. Zu Usuis Zeiten reisten die Schüler mit ihm durch Japan, und er führte sie nach und nach in die verschiedenen Ebenen des Reiki-Weges ein, bis auch sie Reiki lehren konnten. Heute muss die Aufteilung der Einstimmungen in verschiedene Grade dieselbe Aufgabe erfüllen; sie erleichtert die Weitergabe der verschiedenen Stufen der Energieverstärkung. Die drei Reiki-Grade repräsentieren also eine Vereinfachung des ursprünglichen japanischen Systems, das zudem den Vorteil einer viel engeren und langfristigeren Bindung zwischen Lehrer und Schüler aufwies. Wie wir im Kapitel zur Reiki-Geschichte gesehen haben, geht die heute übliche Aufteilung in drei Reiki-Grade auf Frau Takata zurück.

Wenn wir beginnen, Reiki zu lehren, wollen wir von Anfang an darauf achten, dass wir der Schülerin oder dem Schüler jeweils genügend Zeit lassen, sich in die höhere Schwingungsintensität ihres neuen Reiki-Grades einzuleben und die damit verbundenen Anwendungsmöglichkeiten zu meistern. Die Einführung in den ersten Reiki-Grad verleiht in Form der vier Einweihungen eine Einstimmung in die universale Lebensenergie des Reiki, die niemals mehr rückgängig gemacht werden kann. Die Einweihungen passen die Schwingungen der Schülerin oder des Schülers der Schwingungsfrequenz der Reiki-Energie an, so dass mehr *Chi* oder Lebenskraft in allen ihren Formen und Varianten durch ihren Körper strömen kann. Auch die feinstofflichen Aspekte von Körper und Geist werden dabei auf Reiki eingestimmt.

Reiki ist äußerst einfach, seine Anwendung leicht zu erlernen. Sozusagen ein Kinderspiel, das wir ohne große intellektuelle Leistung durch uns geschehen lassen können. Wir dürfen dies wörtlich verstehen: Auch Kinder können in zwei Tagen Reiki lernen. Die Einführung findet gewöhnlich an einem Wochenende in vier jeweils etwa vierstündigen Sitzungen statt. Zumindest ist dies die von mir bevorzugte Form, die ich von Kate Nani, meiner eigenen Reiki-Lehrerin übernommen habe. Es heißt, Frau Takata habe den ersten Grad hingegen über vier Abende verteilt, in ebenfalls jeweils vier vierstündigen Sitzungen gelehrt. Das ist natürlich auch sehr gut möglich, lässt sich aber schwerer in den typischen gehetzten Zeitplan unserer Tage einpassen.

Am Anfang des Seminars, wie auch hier im Buch, steht eine kurze Darstellung des geschichtlichen Hintergrundes der Reiki-Kraft, und man lehrt die grundlegenden Handpositionen für die Eigenbehandlung. Es folgen die ersten beiden Einstimmungen. Danach nimmt jeder Kursteilnehmer eine erste Eigenbehandlung vor, um sogleich die Wirkung der Einstimmungen an sich selbst zu erfahren, zum Beispiel durch Wärme, Kribbeln oder Pulsieren in den Händen. Manchmal macht sich die Energie auch nicht durch besondere Anzeichen bemerkbar, sondern nur durch das intuitive Gefühl, dass sie eben wie von selbst fließt.

Wenn die Gruppe zum zweiten Mal zusammenkommt, lernt sie eine Übung zur Entwicklung der kinästhetischen Sensibilität kennen und erfährt, wie bei einer Reiki-Behandlung die Hände auf den Körper des Klienten aufzulegen sind. Im Mittelpunkt der zweiten Gruppensitzung stehen also die Handpositionen. Sofort werden die Unterschiede spürbar, denn jeder Mensch zieht eine andere Menge Energie ein. Darüber hinaus erhält jeder Schüler die Gelegenheit, sich von der ganzen Gruppe behandeln zu lassen.

Die dritte Sitzung beginnt mit den abschließenden Einstimmungen des ersten Grades. Danach findet sich die Gruppe zu einer Diskussion zusammen. Wir tauschen unsere Erfahrungen aus und schildern die Gefühle, die die Einstimmungen in uns ausgelöst haben. Bei dieser Gelegenheit rate ich den Teilnehmern gewöhnlich, die nächsten einundzwanzig Tage intensiv Tagebuch zu führen. Wenn wir die zu beobachtenden Veränderungen schriftlich festhalten, werden wir immer überprüfen können, dass die Energie des Reiki uns tatsächlich reinigt, läutert und heilt. Außerdem ermuntere ich die Schülerinnen und Schüler, sich von nun an jeden Abend nochmals das Geschehen des Tages zu vergegenwärtigen. Diese Besinnungsübung ist wichtig. Sie hilft uns, bewusster zu werden und erzieht uns zur Eigenverantwortlichkeit.

Den wenigsten Menschen dürfte klar sein, dass wir jeden Tag vierundzwanzig Stunden lang quasi wie hypnotisiert oder in Trance durch unser Leben laufen. Wissen wir eigentlich, wie furchtbar unbewusst wir meistens sind? Eine provozierende Frage. Aber mir ist es ernst damit. Unter Hypnose verstehen wir gewöhnlich ein Hilfsmittel der psychotherapeutischen Behandlung; sie lenkt das Bewusstsein des Klienten in bestimmte Bahnen oder jeweils nur auf einen Punkt und führt zum Verlust des peripheren Sehvermögens. Unter Hypnose wird der Mensch wahrhaft ein-sichtig. Was aber hypnotisiert uns in unseren Wachstunden und engt unsere Sicht ein? Unsere Konditionierungen. Zwar ist unser Blickfeld im Alltag wesentlich weiter als unter der therapeutischen Hypnose, aber es ist keineswegs umfassend, denn die alten Muster und Verhaltensstrukturen stülpen sich unserer Aufmerksamkeit über wie ein Filter, der uns für vieles blind macht. Ein typisches Beispiel ist das Verhältnis zu unseren Arbeitskollegen: Wir kennen ihre Eigenheiten und wissen, worüber wir uns mit ihnen unterhalten können. In unserem Gehirn ist die „alte Platte" gespeichert, wir rufen sie ab und wiederholen immer wieder dieselben Szenen, die sich irgendwann einmal als ganz nett, jedenfalls einigermaßen erträglich erwiesen haben. Damit aber begegnen wir dem Leben nicht direkt, sondern lassen eben immer wieder die alten Reaktionen sich wiederholen. Jesus hat uns aufgefordert, „zu werden wie die Kindlein". Damit wollte er uns eigentlich nur darauf hinweisen, dass wir jeden Tag frisch und unvoreingenommen auf das Leben zugehen sollen. Das können wir wieder lernen: Unmittelbares Erleben, unbeeinflusst von Anschauungen und eingespielten Reaktionen. Warum? Weil wir das Geschehen falsch auffassen und interpretieren, wenn wir es durch den Filter der Anschauungen und Erinnerungen und nicht unmittelbar erleben.

Für die meisten Erwachsenen stellt es eine riesige Herausforderung dar, wieder so frisch und unvoreingenommen zu sein wie ein Kind. Dazu gehört bewusstes Bemühen. Wir können nur wach und diszipliniert sein, wenn wir aus alten Reaktionsmustern und Verhaltensstrukturen ausbrechen wollen. Wir brauchen die Bereitschaft zu klarer Selbstwahrnehmung, wollen sehen, wie wir uns jeden Tag verhalten, uns fragen, was wir tun oder getan haben und was wir eigentlich besser machen können. Mit welchen alten Gewohnheiten sollten wir brechen? Mit einigen, sicher nicht mit allen. Einige sind bestimmt positiv, gute Manieren etwa. Vielleicht müssen wir uns auch gar nicht vollkommen ummodeln, „eine ganz andere" oder „ein ganz anderer" werden. Vielleicht haben wir bereits den wichtigsten Schritt getan, wenn wir unsere guten Seiten durch Bewusstheit beleben, indem wir in all unserem Tun wirklich bei der Sache sind.

Natürlich ist es nett von uns, wenn wir einen Fremden, flüchtigen Bekannten oder Freund gewohnheitsmäßig grüßen. Aber noch wesentlich netter wäre es, wenn wir ihm dabei in die Augen schauen, ihn tatsächlich wahrnehmen und unsere Verbundenheit zeigen würden. Versuchen Sie es einmal. Sie werden sich viel frischer fühlen, echter und lebendiger, ...wenn Sie dem Anderen in die Augen schauen – und der dann natürlich ebenfalls. Oder gehen Sie bei Ihrem Versuch noch einen Schritt weiter: Schlendern Sie einmal durch eine menschenüberfüllte Straße und senden ganz bewusst Schwingungen der Liebe aus. Sie werden den Unterschied spüren: Es ist tatsächlich ein anderes Lebensgefühl. Auch bleibt Ihre bewusste Bemühung um ein waches und aufgewecktes Dasein nicht ergebnislos. Ihre Umwelt nimmt davon Notiz und Anteil, gewissermaßen wie durch Osmose. Sie werden die Wellen der Dankbarkeit spüren, nicht etwa in bildlichem oder übertragenem Sinne, sondern ganz konkret. Mit der Zeit fällt Ihnen der Anstoß zu unmittelbarer Bewusstheit immer leichter. Die Bewusstheit und die Liebe, die von Ihnen ausstrahlen, tragen sich selbst. Sie wachsen sogar und werden stärker und intensiver.

Es gibt Hilfsmittel, die den Strom der Bewusstheit kräftigen und Sie zunehmend in seinen Fluss einbeziehen. Ein einfacher Einstieg ist die Erinnerung.

Lassen Sie am Abend den Tag einfach noch einmal vor Ihrem inneren Auge Revue passieren. Schauen Sie ihn sich in aller Ruhe an: Wie sind Sie Ihren Mitmenschen begegnet? Wie haben Sie sich in jeder Situation verhalten? Was meinen Sie selbst dazu? Was war richtig? Was hätte sich besser anders abgespielt? Woran erinnern Sie sich besonders gut?
Sie werden feststellen, dass Sie sich vor allem an jene Begebenheiten gut erinnern, die Sie bewusst erlebt haben, und diese Besinnungsübung wird Ihnen helfen, sich zunehmend bewusst zu verhalten, weil Sie sich nun besser an alles erinnern. Mit der Zeit werden Sie dann wahrnehmen, wie Sie gleichzeitig am Geschehen teilhaben und es trotzdem sehen können. Und noch ein wenig später werden Sie dann einschreiten, wann immer Sie sich bei einer gewohnheitsmäßigen Reaktion in einer an sich neuen Situation beobachten. Das heißt, Sie wandeln nicht mehr wie im Schlaf durch Ihr Dasein, sondern bestimmen Ihr Verhalten mit, indem Sie aktiv eingreifen. Sie erleiden nicht länger Ihr Leben, sondern führen es. Wenn Sie sich bei Ihrer abendlichen Besinnungsübung zusätzlich

eine Eigenbehandlung mit Reiki geben, werden Sie die eingefahrenen Verhaltensmuster noch tiefgreifender aufweichen und loslassen. Überdies werden Sie wahrscheinlich feststellen, dass Sie plötzlich zahlreiche verschüttete Gefühle aufarbeiten, denn diese waren in den Verhaltensmustern eingefroren. Sie hatten es nur nicht bemerkt.

Bei der Einführung in den ersten Reiki-Grad spreche ich gewöhnlich auch die Heilkrisen an, welche die Behandlung begleiten können. Ich spreche auch über deren Ursachen und ihre Auflösung. Wenn Sie Reiki geben, bitten Sie Ihre Klienten stets, sich grundsätzlich zu einer Serie von insgesamt drei Behandlungen bereit zu erklären, die an drei aufeinander folgenden Tagen stattfinden sollten. Dies hat einen Grund: Reiki dringt erst nach etwa drei Tagen von der physischen auf die feinstoffliche und umgekehrt von der feinstofflichen auf die physische Ebene durch. Da sich zwischen physischen und feinstofflichen Körper also ein Verzögerungsmoment schiebt, ist es wünschenswert, die Behandlung über den Zeitraum dieser Verzögerung hinaus zu erstrecken.

Dabei kann es vorkommen, dass sich der Klient in den ersten zwei bis drei Tagen schlechter fühlt und über stärkere Schmerzen klagt, vor allem wenn die Krankheit akut ist. Im Laufe des dritten Tages scheint sich der Schmerz dann schnell zu verflüchtigen. Sagen Sie dem Klienten deswegen einfach, dass er sich zuerst vielleicht kränker fühlen wird als vor der Behandlung, diese Symptome jedoch bald verschwinden können. Jedenfalls ist dies der normale Verlauf, den man in ähnlicher Form ja auch aus der Homöopathie und anderen natürlichen Heilverfahren kennt.

Unmittelbar lindernd wirkt Reiki hingegen auf chronische Leiden wie etwa Arthritis. Behandeln Sie eine chronische Krankheit über einen längeren Zeitraum mit Reiki, wird es dem Klienten wahrscheinlich über Tage und Wochen Schritt für Schritt besser gehen. Wenn überhaupt, tritt die Krise bei chronischen Fällen zumeist erst nach einigen Wochen der Behandlung ein. Auch dies hat seinen Grund: Die Krankheit verursachenden Giftstoffe werden bis auf einen letzten Rest allmählich aus dem Körper des Klienten ausgeschieden. Die letzten Rudimente sind dann schwerer auszuscheiden. Sie scheinen sich regelrecht an den Körper zu klammern.

Deswegen mag der Klient in diesem Stadium der letzten Mobilisierung der Toxine (das heißt während ihrer Lösung aus dem Fettgewebe, Überführung ins Blut und Ausscheidung durch den Stoffwechsel) die Krankheit deutlicher spüren als je zuvor. Dann müssen Sie ihn über den Sachverhalt aufklären und ihm sagen, dass die Symptome nur Begleiterscheinungen sind und auf das Ausstoßen der letzten Giftstoffe deuten. Auch sollten Sie ihn in diesem Stadium zusätzlich mit Reiki behandeln, um die Entschlackung zusätzlich zu beschleunigen.

Bei chronischen Krankheiten weise ich generell nicht auf die zu erwartende Heilkrise hin. Tut man dies, produziert der Klient sie häufig wie einen umgekehrten Plazebo-Effekt, und man weiß nicht mehr, was tatsächlich geschieht. Sollte es jedoch zur Krise kommen, sind Sie vorgewarnt und wissen, wie Sie sich verhalten müssen: Sie klären den Klienten auf, dass seine Reaktion ganz normal ist, und zerstreuen seine Ängste. Anders bei allen akuten Krankheiten: Da warnen Sie den Klienten in jedem Fall vor den möglicherweise heftigen Reaktionen auf die Mobilisierung der Toxine, weil sie sich fast immer einstellen.

Es versteht sich von selbst, dass Sie Ihren Klienten bei einer akuten, heftigen Krise sofort zum Arzt oder Heilpraktiker schicken. Ihre Reiki-Behandlungen werden dann den Heilprozess der ärztlichen Behandlung zusätzlich unterstützen und beschleunigen, denn der Klient zieht von Ihnen ja stets so viel Reiki-Energie ein, wie er für eine schnelle Besserung seines Zustandes braucht. Der chronisch Kranke wird sich ohnehin zumeist bereits in ärztlicher Behandlung befinden, und Ihre Reiki-Sitzungen werden ihm zusätzlich helfen, die seit langem im Körper angestauten Giftstoffe schneller auszuscheiden.

Wie lange dies dauern mag, lässt sich allerdings nicht allgemeingültig vorausberechnen. Wir wissen nicht, wann genau Reiki bei akuten und chronischen Krankheiten anschlägt, denn jeder Mensch ist anders und reagiert infolgedessen auch anders darauf. Viel hängt davon ab, ob ihr Klient im Grunde gesund ist, oder ob sich in seinem System viele Giftstoffe angestaut haben oder ob versteckte chronische Infektionen vorliegen. Weiterhin wichtig für schnelle und gute Ergebnisse ist die innere Bereitschaft des Klienten, die Möglichkeit der Heilung auch tatsächlich zu ergreifen. Das heißt, es ist wichtig, dass Sie mit der Behandlung die Selbstheilungskräfte des Körpers und der Psyche wecken, denn eigentlich sind sie es ja, die den Menschen heilen – und nicht das Vermögen des Arztes oder Heilers oder die Wirkstoffe in irgendwelchen Pillen. Bei mangelndem innerem Antrieb zur Selbstheilung helfen diese nämlich herzlich wenig außer denen, die sie herstellen, vertreiben oder verschreiben. So mancher Langzeitkranke weiß dies aus eigener Erfahrung. Deswegen ist die Weckung der Selbstheilungskräfte von Körper und Psyche auch für jede Reiki-Behandlung wichtig, ja für ihren endgültigen Erfolg sogar Voraussetzung.

Heilende Reiki-Hände sind nicht mehr als ein Gefäß. Daraus zieht der Klient die Energiemenge, die er für das energetische Gleichgewicht auf allen Ebenen seines Daseins benötigt. Wenn wir mit Reiki heilen wollen, dürfen wir uns nicht an die Ergebnisse unserer Heilversuche klammern, dürfen nicht emotional daran haften. Und ebenso wenig dürfen wir über andere urteilen. Jeder Mensch nimmt sich die Energie, die er braucht. Überdies sind die Ergebnisse der Behandlung mit Reiki nicht immer direkt sichtbar. Zwar ist jede Krankheit ein Unglück, aber dieses Unglück kann dem Klienten durchaus gelegen kommen, so dass er für die endgültige Heilung auf der physischen Ebene noch gar nicht bereit ist. Alle diese Themen werden im Verlauf der dritten Sitzung des Reiki-Seminars zum ersten Grad sehr ausführlich angesprochen und mit den Teilnehmern diskutiert.

Das vierte Zusammentreffen der Gruppe beginnen wir grundsätzlich mit einer Partner-Übung: Jede Teilnehmerin und jeder Teilnehmer empfangen und geben eine einstündige Reiki-Behandlung. Eine solche Ganzkörperbehandlung schärft die Wahrnehmung für die verschiedenen Hitzemengen, die jede Körperpartie auf sich zieht. Da zusätzlich jeder Mensch andere Anlagen und Bedürfnisse mitbringt, variiert der Energiebedarf. Im Anschluss widmen wir uns wieder der Gruppenbehandlung, bis jede Teilnehmerin und jeder Teilnehmer einmal von der ganzen Gruppe mit Reiki behandelt worden ist. Schließlich gehen wir auf Fragen ein, die am Ende des Kurses noch offen sein mögen. Dann gibt es die Zertifikate, und ich ermutige die Gruppe, sich auch weiterhin zu Gruppenbehandlungen zu treffen und ihre Erfahrungen miteinander auszutauschen.

Für mich war bisher jeder Einführungskurs ein besonderes Erlebnis, ganz einfach weil jeder Mensch etwas Besonderes ist und seine besondere Energie mit der Gruppe teilt. Keiner kann ihn ersetzen, keiner kann sein wie er. Deswegen wundere ich mich auch nicht mehr, wenn es am Ende des Kurses häufig schwer fällt, wirklich zum Ende zu kommen. Die individuelle Erfahrung und Entwicklung und das Gefühl in der Gemeinschaft waren so schön, dass man sich gar nicht davon trennen mag. Wenn wir uns gegenseitig helfen und unsere Energien gegenseitig verstärken, teilen wir einen unermesslichen Schatz miteinander. Wir spüren plötzlich staunend, wer wir sind.

Welches Geschenk könnte größer sein als die Erkenntnis und Erfahrung der in uns angelegten unbegrenzten Möglichkeiten! Als Energiewesen sind wir in der Lage, mit unserer Energie uns selbst und andere Wesen, ja sogar Situationen und sich verselbständigende zerstörerische Muster zu heilen.

Ich bin Wind, See und Segel. Ich bin das Schiff …
und für jede Böe der Himmel, wolkendurchzogenes Blau.
Alles bin ich, stark und wahr,
setze meine Segel auf zu neuen Ländern.
Alles bin ich:
das göttliche Selbst im Menschen.

Nari

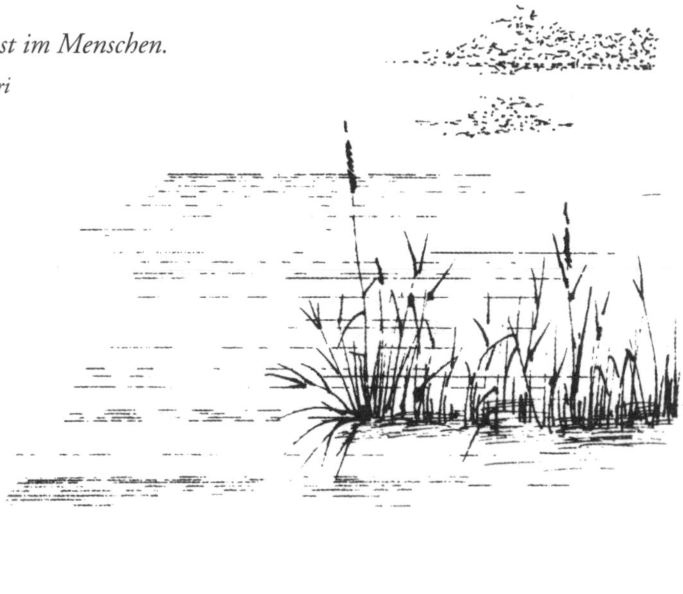

KAPITEL 10

Die 21 Tage der Reinigung und Läuterung

Ganz gleich, welchen Reiki-Grad Sie empfangen haben, es schließen sich an die Einstimmungen immer einundzwanzig Tage der Reinigung an, also eine Zeit der körperlichen und geistig-seelischen Entschlackung. Warum? Die Einstimmungen erhöhen die Schwingungsfrequenz Ihres physischen und feinstofflichen Körpers. Damit spülen sie negative Energien an die Oberfläche, die irgendwo im Körpergeist unerkannt geschlummert haben und nun plötzlich durch die Einstimmungen beschleunigt freigesetzt werden.

Aus der Physik wissen wir, dass es im Grunde nichts Festes gibt, keine undurchdringliche Materie. Das scheinbar Feste setzt sich aus Molekülen zusammen, die Moleküle aus ihrer atomaren Struktur, und diese wiederum aus subatomaren Teilchen – bis sich alles Sichtbare und Greifbare ins Unsichtbare, Ungreifbare und nicht mehr sinnlich Wahrnehmbare verflüchtigt. Da alle Erscheinungen sich aus verschieden schwingenden Energien zusammensetzen, haben sie ihre ganz eigene Schwingungsfrequenz. Selbst Felsen und Mineralien sind Energie, allerdings mit sehr niedriger Schwingungsfrequenz.

Diesen Sachverhalt können wir auf unseren physischen und geistig-seelischen Zustand übertragen: Alle Energiestaus und emotionsbedingten und verfestigten Verhaltensmuster schwingen langsamer als die positiven Gefühle der Liebe, Freude, Begeisterung. Jeder Gedanke der Liebe erhöht unsere Schwingungsfrequenz und lagert sich in unserem Sein als schneller schwingendes Energiepaket ab. Daraus aber folgt, dass jeder geistige Weg und jede spirituelle Schulung uns höher schwingen lassen, einfach weil sie grundsätzlich die positiven Seiten des Daseins betonen. Sie kulminieren zu einer Art Schneeballeffekt. Sehr bald merken wir dann, wie viel leichter und natürlicher der Zustand des Fließens ist als Stockung und Stau.

Die Reiki-Einstimmungen erhöhen unsere Schwingungsfrequenz recht plötzlich und einschneidend. Sie beschleunigen auf diese Weise die Auflösung unserer Energieblockaden, die mit den feineren Vibrationen der Einstimmungen nicht länger mitschwingen können. Damit setzen die Einstimmungen auch Emotionen und Erinnerungen frei, allerdings nur so viele, wie wir im Augenblick verdauen und verarbeiten können. Die Einstimmungen sind eine Kraftübertragung, in Sekundenbruchteilen vollzogen. Bis die von ihnen ausgelöste Umstellung der Schwingungsfrequenz abgeschlossen ist, vergeht jedoch einige Zeit. Im Allgemeinen braucht die universale Lebensenergie des Reiki für die Umstellung einer endokrinen Drüse oder eines Chakra etwa drei Tage. Bei sieben Hauptchakren würde der gesamte Vorgang also einundzwanzig Tage dauern. Auch wenn die Öffnung des Reiki-Energiekanals zwischen Herz- und Scheitelchakra geschieht, sind die unteren Energiezentren gleichermaßen wichtig und werden ebenfalls auf die Energie des Reiki eingestellt. Wie das System der endokrinen Drüsen funktioniert auch das feinstoffliche Energiesystem der Chakren erst dann optimal, wenn alle an ihm beteiligten Funktionseinheiten für sich genommen ebenfalls reibungslos funktionieren.

Die Reinigung und Läuterung des psycho-physischen Systems mag sich zeigen in Träumen, seltsamen Stimmungen, Veränderungen im Gefühlsleben und in physischen Symptomen. Giftstoffe werden ausgeschieden, und vielleicht legen Sie eine alte Gewohnheit ab oder finden plötzlich keinen Geschmack mehr an einem Essen, das Sie früher immer sehr gern mochten. Das sind natürlich nur ein paar Beispiele; auf den verschiedenen Ebenen des physischen und feinstofflichen Körpers kann sich viel ändern. Und vielleicht ändert sich auch nur wenig oder gar nichts. Dies hängt ganz von den individuellen Bedürfnissen ab. Dabei kann es auch passieren, dass sich einige Reaktionen zuerst recht unangenehm anfühlen. Wir brauchen uns darüber nicht zu wundern, denn sie sind Begleiterscheinungen, die sich bei der Ausstoßung negativer Energien nicht vermeiden lassen. Sagen Sie einfach Ja zu jeder Erfahrung, akzeptieren Sie sie und haften Sie nicht mit zu vielen Sorgen und Ängsten daran. Dann werden die unangenehmen Reaktionen ganz von allein verschwinden.

Ich empfehle meinen Schülerinnen und Schülern, in dieser Zeit ausführlich Tagebuch zu führen. Wirklich, es lohnt sich, die Veränderungen und Erfahrungen während dieser Zeit aufzuschreiben. Sie können die Entwicklung noch durch Autosuggestion verstärken.

Sie können sich darauf programmieren. Sagen Sie sich zu diesem Zweck jedem Abend vor dem Einschlafen mehrmals: „Ich werde mich morgen früh an meine Träume erinnern." Dann legen Sie Ihr Tagebuch griffbereit neben das Bett und überlassen sich entspannt und beruhigt Ihrem Schlaf.

> *Nach einer Woche werden Sie beginnen, sich besser an Ihre Träume zu erinnern. Da Träume Ihnen den Zugang zum Unbewussten öffnen, werden Sie nun zunehmend bewusst. Anfangs kommen Ihnen Ihre Träume vielleicht bizarr, unklar und unsinnig vor. Verfolgen Sie sie über einen gewissen Zeitraum, bis Sie die Struktur der Träume begreifen. Wenn Sie das Muster erkennen, erkennen Sie auch die Botschaft.*

Überdies sollten Sie sich während dieser Zeit abends vor dem Einschlafen und am Morgen nach der Aufzeichnung Ihrer Träume selbst mit Reiki behandeln. Regelmäßige Eigenbehandlung auch über die Periode der Reinigung und Läuterung hinaus wird Ihrem Wachstum einen größeren Schub geben und Ihre Energien weiter verfeinern. Sie lassen unerwünschte emotionsbedingte Fixierungen und Vorstellungen los, spüren, wie das Gefühl der Dankbarkeit in Ihr Leben einströmt und es von innen bereichert, so dass Sie überall die Fülle des SEINS wahrnehmen. Und in dieser Fülle leben Sie, bis ihr ganzes Dasein davon erfüllt ist wie von einer Symphonie unfasslicher und nicht näher definierbarer Erfüllung, die Sie sehr wohl spüren können.

KAPITEL 11

Das Seminar zum zweiten Reiki-Grad

Mit der Einführung und Einweihung in den zweiten Grad können wir uns auf die höheren Schwingungsoktaven der universalen Lebensenergie des Reiki einstimmen. In ihrem Verlauf erhalten wir außerdem Zugang zu den Schlüsseln oder Symbolen, die uns zur Fernheilung und zur Heilung der geistig-seelischen Wurzeln zahlreicher Schwierigkeiten befähigen. Da der zweite Reiki-Grad mit der Erschließung einer neuen Ebene der Energie die Schwingungsfrequenz im physischen wie auch im feinstofflichen Energiekörper erhöht, fügen sich wie beim ersten Reiki-Grad einundzwanzig Tage der Reinigung und Läuterung an. Das heißt, auch in diesem Fall müssen unser Körper und unsere Energiezentren sich auf noch subtilere Frequenzen einstellen. Außerdem lernen wir bei der Einführung neue Techniken und Hilfsmittel kennen, die zu unserem seelischen Wachstum und unserer inneren Entwicklung beitragen werden.

Die Einstimmungen des ersten und des zweiten Reiki-Grades unterscheiden sich qualitativ. Der erste Grad hebt die Energie des physischen Körpers auf eine neue Ebene, so dass er universale Lebensenergie aufnehmen und weiterleiten kann wie ein sauberer Kanal. Die Einstimmungen des zweiten Grades wirken hingegen unmittelbar auf den feinstofflichen oder Bioplasma-Körper ein und stimulieren vornehmlich das Energiezentrum der Intuition in der Nähe der Hirnanhangdrüse. Die hermetische Wissenschaft erkennt in der Hirnanhangdrüse oder Hypophyse das Sende- und Empfangsgerät für telepathische Botschaften. Das heißt, die Hypophyse wirkt wie eine äußerst empfindliche Antenne. In Indien kennt man sie als „Auge Shivas", im Westen vor allem unter dem Begriff „Drittes Auge".

Nach den Einstimmungen in den zweiten Reiki-Grad scheinen sich die aus dem Zentrum der Intuition austretenden wellenförmigen Energien unserer Gedanken zu verändern. Während sie sich vorher in weiten Kreisen verflüchtigten, sind sie nun klarer konturiert und lassen sich leichter bündeln. Wir „senden" und „empfangen" in den telepathisch zugänglichen Bereichen der Wirklichkeit besser und auch mit größerer Genauigkeit. Kurz: Der zweite Reiki-Grad schärft die Intuition, und wir öffnen uns mit seiner Hilfe leichter ihren Botschaften.

Eine gesunde Intuition ist in unserer Zeit geradezu lebensnotwendig. Warum? Sie ist gewissermaßen das Sprachrohr unseres eigenen wahren Wesens. Wir haben die Wahl: Wir können gesund und richtig leben, mit Mensch und Welt in harmonischem

Fluss. Dazu brauchen wir nur auf unsere innere Stimme unser inneres Wissen in Übereinstimmung mit den äußeren Gegebenheiten zu hören und ihnen zu folgen. Dann findet unser Leben zu seinem natürlichen Rhythmus. Was auch immer wir dann noch tun, wir werden es im richtigen Augenblick erledigen. Unser wahres Wesen weiß alles, weil es alles einschließt und es keine Trennung kennt. Raum und Zeit begrenzen es nicht. Es braucht weder Verstand noch Logik. Intuition gebietet über allumfassendes Wissen, weil sie Vergangenheit, Gegenwart und Zukunft und damit Ursache und Wirkung auf geheimnisvolle Weise umfängt, auch wenn der Verstand ihr dorthin nicht immer folgen kann. Deswegen führt unsere Intuition uns immer zu einem positiven Ergebnis, selbst wenn sie den Schlussfolgerungen des Verstandes gelegentlich zu widersprechen scheint. Wobei Intuition nicht losgelöst von den Fakten operiert. Zeichen einer hoch entwickelten Intuition ist ja gerade, dass sie mit dem Fluss der Bedingungen und Ereignisse mitgeht. Sie hat ein Gespür für das Machbare, das der Verstand noch nicht erkennt, aber reine Willkür ist ihr fremd.

Für die Weiterentwicklung unserer Intuition können wir lernen, zwischen den Wünschen zu unterscheiden, welche die Massenkultur uns zum Beispiel über die Werbung oder über kollektive Wertvorstellungen einflüstert, und jenen anderen, unserem wahren Wesen entspringenden. Die Stimme der Intuition weckt Frieden und Harmonie in uns, auch in einer scheinbar widersprüchlichen und disharmonischen Lage. Unangemessene Wünsche hingegen werfen uns in den Strudel der Rastlosigkeit. Deswegen hören wir besser auf die Stimme von Frieden und Weisheit als auf die herrischen Forderungen unangemessener Wünsche. Das eine schenkt uns Harmonie, das andere macht uns letztlich unzufrieden.

Je mehr Sie auf Ihre Intuition hören und ihr folgen, desto differenzierter und treffsicherer entwickelt sie sich auch. Mit einiger Übung werden Sie sich dann leichter der Führung Ihres wahren Wesens anvertrauen können. Sie glauben an sich, an die Stimme, die nicht aus der Verwirrung des Ego, sondern aus der wahren Wirklichkeit spricht. Ihre Weisheit vertieft und weitet sich. Der zweite Reiki-Grad gibt Ihrem sechsten Sinn einen kräftigen Schubs, und regelmäßige Eigenbehandlung wird Ihre Intuition zur Blüte führen.

Bei der Einführung in den zweiten Grad erhalten Sie drei Symbole, welche die Ihren Gedanken innewohnende Energie bündeln helfen, so dass Sie Reiki nun auch über die gewöhnlichen räumlich-zeitlichen Grenzen Ihres Daseins hinaus aussenden können. Der Schlüssel der Symbole öffnet den Zugang zu universaler Lebensenergie und der Palette ihrer Wirkungen demnach in einem noch sehr viel weit reichenderen Sinn als die Behandlung des Körpers mit der Energie und den Handpositionen des ersten Grades. Mit „Magie“ oder „übersinnlichen Phänomenen“ hat aber auch dies alles nichts zu tun. Vielmehr sammeln Sie mit den Symbolen des zweiten Reiki-Grades Ihr Bewusstsein wie in einem Brennpunkt und lassen Reiki durch ihn über weite Entfernungen ausstrahlen. Sie bereichern ihren Zugang zur universalen Lebensenergie um eine neue Komponente, so dass Sie nun auch die Psyche heilen und alte karmische Verstrickungen auflösen können. Die Schlüssel beruhen auf den uralten, universalen Gesetzen der Energieübertragung durch den Geist.

Im Allgemeinen lassen wir gewissermaßen gedankenlos zu, dass unsere Gedanken von uns abstrahlen wie Lichtwellen, die sich von der Quelle gleichmäßig in alle Richtungen verlieren. Deswegen büßen sie mit zunehmender Entfernung immer mehr an Kraft ein, den Wellen auf einer ruhigen Wasseroberfläche gleich, die sich nach dem Einschlag eines Kiesels ausbreiten. Diese Sende-Methode hilft uns wenig, wenn ein Gedanke eine weite Entfernung überbrücken soll, denn zu diesem Zweck muss der Gedanke gebündelt sein, einsgerichtet und spitz wie ein Pfeil. Dies ermöglichen die Reiki-Symbole. Sie befähigen den Übenden des zweiten Grades, Reiki über die gewöhnlichen räumlich-zeitlichen Grenzen seines Daseins hinaus strahlen zu lassen. Wobei wir uns wie beim ersten Grad nicht vorstellen dürfen, dass wir als Ego oder Person es sind, die die Energie aussenden. Wie bei den Behandlungen mit dem ersten wird auch bei Behandlungen mit dem zweiten Grad die universale Lebensenergie vom Klienten „eingezogen" oder „angesaugt". Die Symbole schlagen dazu die Brücke über die Grenzen von Raum und Zeit.

Die Einführung in den zweiten Grad erfolgt gewöhnlich an einem Wochenende oder an drei aufeinander folgenden Abenden. Am ersten Abend oder im Verlauf der ersten Sitzung am Wochenende lernt die Gruppe die Symbole kennen und erfährt alles, was sie darüber wissen muss. Außerdem werden die Einstimmungen in den zweiten Grad vorgenommen. In der zweiten Sitzung wenden wir die Symbole in der Praxis probeweise an und lernen eine besondere Technik zur geistig-seelischen Heilung und Ganzwerdung. Die dritte Sitzung ist der Fernheilung gewidmet. Wir unterhalten uns über die verschiedenen Anwendungsmöglichkeiten der Symbole und motivieren uns dazu, diese Möglichkeiten praktisch anzuwenden und damit besser kennen zu lernen.

Die Technik zur geistig-seelischen Ganzwerdung befreit uns von den Schlacken negativer Erfahrungen, die uns falsch konditionieren. Wir löschen damit negative Programme, die uns durch Gewöhnung in Fleisch und Blut übergegangen sind. Wahrscheinlich haben wir uns ja wie jeder andere bei vielen Gelegenheiten in unserem Leben negativ verhalten. Sind wir dann erneut mit ähnlichen Umständen konfrontiert, gehen wir nicht etwa offen und situationsgerecht darauf zu, sondern reagieren, wie die eingefahrenen Reaktionsmuster uns zu reagieren vorschreiben, auch wenn dies alles andere als sinnvoll ist. Negative Erfahrungen scheinen uns unbewusst auf ihre Wiederholung festzulegen. Und wie häufig mögen wir uns deswegen dabei ertappen, dass wir automatisch und gedankenlos etwas tun, was wir eigentlich gar nicht tun wollen. Wir reagieren, ohne zu überlegen, was uns reagieren lässt und wohin uns die Reaktion führen wird. Bei richtigem Gebrauch kann eines der drei Reiki-Symbole des zweiten Grades dazu beitragen, dass wir uns von diesen eingefahrenen Verhaltensmustern und blinden Reaktionen befreien.

Wenn sie den spirituellen Dimensionen des Daseins zuwiderlaufen, verursachen unsere festgefahrenen geistig-seelischen Dynamiken häufig physische Krankheiten. Louise Hayes Buch *Heile Deinen Körper* gibt Ihnen einen Einblick in diese Zusammenhänge, ebenso Kapitel 16 dieses Buches. Dort stellen wir typische Energieblockaden dar und beschreiben, wie bestimmte Gefühle sich in bestimmten Körperpartien festsetzen und damit bestimmte Krankheiten auslösen. Diese Kenntnisse können wir einsetzen, wenn wir uns der Technik zur Heilung von Geist und Seele bedienen und den Klienten Zugang zu seinem grenzenlosen wahren Wesen finden lassen. Dieselbe Technik können wir nach der Einweihung in den zweiten Grad auch an uns selbst anwenden: Wir räumen alte Verhaltensmuster aus dem Weg und schärfen damit unsere Intuition.

Die Einstimmung in den zweiten Reiki-Grad löst also sehr viel Bewegung und inneres Wachstum aus. Stellen Sie sich deswegen auf eine Reihe von Veränderungen ein – auf allen Daseinsebenen und in allen Lebensbereichen. Diese Veränderungen sind die Folge der Kraftübertragung, und wie eine Kraftübertragung wirken sie auch: Sie befreien Ihre Energie aus unnötigen Fesseln. Der zweite Reiki-Grad befähigt Sie, die höheren Ebenen des Daseins bewusst zu erleben. Mit seinen Einstimmungen erwachen Sie zur Stille und Weite Ihres wahren Wesens, ein Reich, das Sie bisher noch nicht kannten. Lebendig und direkt spricht aus Ihnen die Stimme der Intuition. Sie schenkt Ihnen Ganzheit, Frieden und Harmonie – und damit vielleicht ein ganz neues Lebensgefühl.

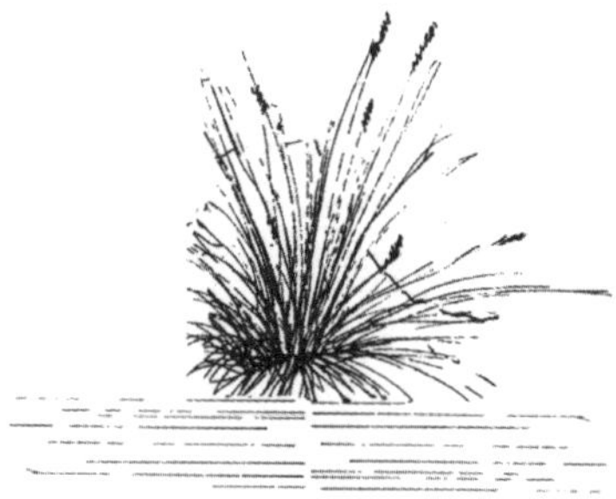

KAPITEL 12

Zusätzliche Hilfsmittel, die wir zusammen mit Reiki anwenden können

In diesem Kapitel wollen wir Heilmethoden beschreiben, die wir je nach Situation in Verbindung mit Reiki einsetzen können, auch wenn sie nicht unmittelbar zu Reiki gehören. Nach der Einweihung in den zweiten Grad wissen Sie wie viele andere wahrscheinlich intuitiv, was Ihnen bei Heilung und Selbstheilung weiterhilft. Auch Frau Takata fügte ihren Reiki-Behandlungen Elemente hinzu, die nicht auf das ursprüngliche japanische Usui-System zurückgehen. Jeder hat seine eigenen Begabungen und Stärken, und so dürfen wir uns frei fühlen, mit verschiedenen Heilmethoden zu experimentieren und unser Repertoire zu erweitern.

Da wir bei der Reiki-Behandlung dem Klienten die Energie nicht willentlich „zusenden", sondern einfach die Intention haben, Reiki fließen zu lassen, können wir, während wir behandeln, ungestört beobachten und unsere Aufmerksamkeit auf andere Heiltechniken richten, die wir gleichzeitig und zusammen mit Reiki anwenden. Zweifellos: Reiki ist eine eigenständige Heilmethode, mit der sich ausgezeichnete Heilerfolge erzielen lassen. Trotzdem mag es Ihnen weiterhelfen, wenn Sie sich mit den Methoden dieses Kapitels befassen und sie je nach Fall in Verbindung mit Ihren Reiki-Behandlungen einsetzen.

Die Lösung von Energieblockaden

Bei einer Reiki-Behandlung mag Ihnen auffallen, dass der Klient an einer bestimmten Körperpartie nur wenig Energie einzieht und sich irgendwie kalt anfühlt. Vergewissern Sie sich in diesem Fall zuerst, dass das Kältegefühl in Ihren Händen nicht deswegen entstand, weil diese dem Körper des Klienten Wärme entziehen. Geht das Kältegefühl tatsächlich vom Klienten aus, lassen Sie Ihre Hände fünf bis zehn Minuten auf dieser „kalten" Stelle aufliegen. Haben Sie auch danach noch das Gefühl, dass der Klient nicht ausreichend Energie einzieht, können Sie den Energiestau in seinem Körper wahrscheinlich schon intuitiv spüren. Hier ein kleiner Trick, mit dem Sie ihn dann schneller auflösen können.

Sie komprimieren die Energie auf der Hautoberfläche des Klienten in einer anmutigen Bewegung zu einem festen Ball, packen diesen mit der linken Hand und heben ihn vom Körper weg. Dann durchtrennen Sie seine Verbindung zur Hautoberfläche des

Klienten, indem Sie so tun, als ob Sie ihn mit der rechten Hand wie mit einer Schere abschneiden würden. Sie umfassen die linke mit der rechten Hand, die Sie sich als ein strahlend weißes Licht vorstellen. Darin löst sich der Ball der gestauten Energie auf. Schließlich legen Sie beide Hände wieder an derselben Stelle auf den Körper des Klienten. Sie werden wahrscheinlich mehr Wärme und eine pulsierende Energie spüren, denn der Klient wurde von einem Stau befreit. Er kann inzwischen mehr universale Lebensenergie durch Ihre Hände einlassen.

Sie können diesen Vorgang auch imaginieren, ihn gewissermaßen vor Ihrem geistigen Auge ablaufen lassen. Dies empfiehlt sich besonders bei einem Klienten, der die Handbewegungen als Hokuspokus betrachten würde, weil er allen rituellen oder schamanistischen Gesten misstraut. Umgekehrt können solche Gesten aber auch sehr wirksam sein, dann nämlich, wenn der Mensch sie zum Zeichen dafür nimmt, dass man ihn von etwas „Schlimmem" oder „Bösem" befreit hat. Ob Sie Ihr Vorgehen also für den Klienten sichtbar und vielleicht sogar ein wenig dramatisch inszenieren oder ihn sich still und heimlich nur innerlich vorstellen, das hängt vor allem von den Vorlieben und Vorurteilen Ihres Klienten ab. Wie sagte Albert Schweitzer: „*Der Medizinmann hat aus denselben Gründen Erfolg wie der Arzt: Jeder Patient trägt seinen Arzt bereits in sich. Er kommt zu uns, weil er diesen inneren Arzt nicht bewusst wahrnehmen kann. Wir Ärzte haben unsere schönsten Erfolge, wenn wir Mittel und Wege finden, die den „inneren Arzt" des Patienten für unsere Ziele einspannen.*" Erste und wichtigste Aufgabe der Heilerin oder des Heilers ist demnach zu erkennen, auf welche Art von Behandlung der Klient wahrscheinlich ansprechen wird. Dann richtet man sich danach.

Ich selbst habe diese Technik zur Auflösung von Energiestaus bei meiner Feldforschung zu parapsychologischen Heilmethoden von einer mexikanischen Geistheilerin erlernt. Damals begriff ich auch, dass die meisten Menschen Energieblockaden in ihrem Körper von selbst spontan lokalisieren können. Sie „wissen", wenn auch nicht mit vollkommener Sicherheit, wo diese festsitzen; und sie „wissen" in vorbewusstem Sinne auch, welche Emotionen in den verschiedenen Körperpartien gestaut oder verschüttet sind. Die dramatische Darstellung ihrer Beseitigung mag den Klienten dann davon überzeugen, dass sich tatsächlich etwas geändert hat, und diese Erfahrung mag wiederum die Heilung beschleunigen.

Energiestaus können viele Ursachen haben. Zum großen Teil gehen sie auf verschüttete Gefühle zurück, die im Leben kein Ventil gefunden haben und sich niemals ausdrücken konnten. Wir werden uns im Kapitel 17 näher damit befassen, vor allem mit der Frage, wo im Körper sich bestimmte Emotionen mit Vorliebe festsetzen und den Fluss der Energie blockieren. Neben verschütteten Gefühlen können negative Gedanken die Lebensenergie stocken lassen. Negative Gedanken verselbständigen sich und gewinnen ein Eigenleben, wann immer sie vom Menschen Besitz ergreifen. Wie die Kletten können sie sich in Scharen an den Körper heften. Man spricht dann von einem Spuk, einem Gespenst und manchmal auch von Polter- und Elementargeistern.

Gewöhnlich haben wir keine Ahnung von der ungeheuren Kraft, die unseren Gedanken innewohnt. Alle unsere Gedanken sammeln und ballen sich zuerst in unserem eigenen feinstofflichen Energiekörper und dann in unserem unmittelbaren Umfeld, um schließlich als feinstoffliches Kollektivbewusstsein sogar das Energiefeld der Erde negativ zu beeinflussen. Daher ist es für Menschheit und Erde gleichermaßen wichtig, dass wir bewusst leben, dass wir wirklich Mensch werden, dass wir die unschätzbaren Möglichkeiten des SEINS durch positive, aufbauende und kreative Gedanken tatsächlich verkörpern. Dann unterstützen wir die natürlichen und positiven Wirkkräfte der sogenannten Elementargeister, anstatt sie mit den negativen Gespenstern unserer eigenen zerstörerischen Gedanken zusätzlich zu verunsichern und zu behindern.

Wenn sie schnell durch uns hindurch laufen, und wir nicht an ihnen haften, können sich negative Gedanken nicht kristallisieren und demnach auch keine eigene Lebenskraft ansammeln. Ohne Eigenleben verschwinden sie so schnell wie sie aufgetaucht sind. Wer jedoch über einen langen Zeitraum von einer negativen Vorstellung besessen ist, ermöglicht der diesem Gedanken innewohnenden Kraft, „kleine Wesen" zu zeugen, eben die oben genannten Gespenster, die dann von sich aus dafür sorgen, dass sich dieselben negativen Vorstellungen auch weiterhin fleißig fortpflanzen. In manchen Fällen bekommen sie sogar eine gewaltige Eigendynamik, die man zum Beispiel an Orten fühlen kann, an denen regelmäßig Akte der Willkür und Gewalt stattfinden.

Stellen Sie sich vor, an einem bestimmten Ort pfercht man Tausende von Soldaten zusammen, wo man sie auf das Gemetzel in kommenden Schlachten vorbereitet und zu Tötungsmaschinen ausbildet. Stellen Sie sich weiterhin vor, es herrscht schon seit einigen Jahren Krieg, und diese Menschen sind sich deswegen der Schrecken bewusst, die ihnen bevorstehen. Dann können Sie leicht nachvollziehen, welche Todesängste diese zukünftigen Soldaten fühlen. Zum physischen Druck einer rigiden Bürokratie und einer menschenverachtenden Ausbildung zum Töten gesellt sich der innere psychische Druck der Angst vor Verstümmelung oder Tod. Dieses Gemisch von körperlicher und seelischer Unterdrückung erzeugt zwangsläufig ein Schwingungsfeld hochgradiger kollektiver Verwirrtheit und Panik. Mit der Zeit wird ein solches Schwingungsfeld jede an sich auch noch so gesunde Umwelt und Natur mit den von Menschen begangenen und erdachten Unmenschlichkeiten verpesten.

Marko Pogacnik erhellt in seinem Buch Elementarwesen in klarer und verständlicher Darstellung die Zusammenhänge zwischen menschlichen Emotionen des Schreckens und den feinstofflichen und astralen Aspekten in unserer unmittelbaren Umwelt:[19] *„Wenn ihr bedenkt, dass sein astrales (=emotionales) Bewusstsein noch mit dem Bewusstsein seines persönlichen Elementarwesens zusammenwirkt, könnt ihr euch vorstellen, dass der Mensch fähig ist, aus einem einzigen Tropfen Trauer im Handumdrehen einen ganzen See*

19 Siehe: Marko Pogacnik, *Elementarwesen*, München 1995, Droemer Knaur, S. 256 Darüber hinaus sind auf dem Gebiet des Feng Shui, der Geomantie und des Umgangs mit zerstörerischen Einflüssen,Wesenheiten und Energien in den letzte zehn Jahren zahlreiche neue und sehr aufschlussreiche Bücher erschienen. Man geht dieses Thema heute mit fast wissenschaftlicher Akribie an und kein halbwegs informierter Zeitgenosse wird es mehr belächeln. Wer sich für Einsichten und Anregungen aus der Erfahrung eines europäischen Geomanten interessiert, dem seien auch die anderen Titel von Marko Pogacnik empfohlen wie: *Schule der Geomantie*, München 2000, Droemer Knaur und *Wege der Erdheilung*, München, 2001, Droemer Knaur

von Trauer zu schaffen. Wenn er so in seiner Emotionalität hin und her pendelt, gewinnt er Oberhand über die elementare Welt seiner Umgebung und drängt ihr unbewusst seine eigenen emotionalen Zustände auf. Dabei wird bei den betroffenen Elementarwesen der Prozess einer schmerzhaften inneren Negativierung angefacht, der letztlich wieder auf unangenehme Weise auf die menschliche Emotionalebene zurückprallt."

Wir müssen diese Phänomene verstehen lernen, weil gerade heute die mächtige Kraft der Liebe unserem Planeten zuströmt, um ihn von seinen Gebrechen zu heilen, und weil gerade heute zahllose Menschen ihre intuitiven Fähigkeiten entdecken. Kann sein, dass sie plötzlich sogar „Elementargeister" sehen können und befürchten „verrückt zu werden", weil sie sich solche Erscheinungen mit dem in unserer Kultur gängigen Weltbild nicht erklären können. So mancher „Schizophrene" wird auch heute noch in eine Klinik eingewiesen, nur weil er Dinge sieht, die andere nicht sehen können. Er hat vor allem das Problem, dass die Kräfte und Erscheinungen seiner Wahrnehmung sein Bewusstsein überschwemmen. Deswegen verliert er die Orientierung in unserer „normalen" Welt, deren Wirklichkeit ja nicht mehr ist als eine gesellschaftliche Übereinkunft. Wäre der sogenannte Schizophrene in der Lage, gleichzeitig im Rahmen der allgemein akzeptierten Vorstellungen und in der Welt seiner eigenen Wahrnehmung zu agieren, er wäre nicht mehr „schizophren", sondern würde als ein Mensch mit medialer Begabung inzwischen wahrscheinlich sogar hoch angesehen. Das war jedoch nicht immer so.

Bei uns in den Ländern der westlichen Kultur hatten wir für lange Perioden der Geschichte geradezu Angst vor jeder medialen Begabung. Das hat seinen Grund: Die Jahrhunderte der Hexenprozesse und -verbrennungen haben sich im kollektiven Unbewussten niedergeschlagen. Millionen Gefolterte und Tote sind für das kollektive Bewusstsein nicht so leicht zu vergessen. Unter diesen Leichenbergen konnte es den kirchlichen Verfolgungen gelingen, die Kraft der Intuition zu verschütten und zu verdrängen. Das von Descartes zur Vollendung geführte logische und rationale Denken hat diese Entwicklung noch verstärkt. Aber so klar Ratio und Logik unser Denken zu bestimmen scheinen, so klar ist auch, dass sie nicht alle Lebensprobleme lösen können, ganz einfach weil sie zu viele Aspekte der Wirklichkeit ausklammern, die nicht in die sehr engen Grenzen der positivistischen Ansätze passen.

Deswegen leben wir heute in einer Zeit des Aufbruchs und Neubeginns. Die alten Systeme von Kirche und kirchenähnlicher dogmatischer Wissenschaft tragen uns nicht mehr und können uns in ihrer alten Form weder bei der Bewältigung der gegenwärtigen Herausforderungen helfen noch zu einer Lösung jener Probleme beitragen, die auf die Menschheit zukommen. Äußerlich betreffen diese vor allem die Umstellung von Ressourcen vernichtenden zu Ressourcen erhaltenden Wirtschaftskreisläufen – und psychologisch die Umstellung von lebensfeindlichem Individual- und Kollektivverhalten zu einer allgemein akzeptierten Wertschätzung des Lebens und seiner Prozesse. Zu diesen gehört zwar auch ein gutes Maß an Zerstörung, aber eben kein Übermaß wie Planet Erde es vor allem in den letzten einhundert Jahren über sich ergehen lassen musste. Wie bei jedem Umbruch und Neubeginn vermischen sich deswegen heute die Strömungen, und neben dem Verstand findet die Intuition wieder ihren Platz – auch und gerade in den Chefetagen der Wirtschaft.

Sollten Sie an dieser Entwicklung zweifeln, gehen Sie am besten in die nächste größere Buchhandlung und blättern in den neuesten Ratgebern für Ökonomie oder informieren sich über einschlägige Seminare für Manager und Führungskräfte. Sie werden sehen: Der erfolgreiche Geschäftsmann von heute verlässt sich eher auf Faktenwissen gepaart mit Intuition als auf rationale Überlegungen und Logik allein. Aber natürlich klammert er die Logik auch nicht aus. Erstrebenswert erscheint heute eine Synergie aller vorhandenen Wahrnehmungsmodalitäten. Dafür gibt es unzählige Beispiele aus der Praxis. Eine gelungene Synthese aus rationalem und intuitivem Management bietet zum Beispiel das Team des amerikanischen Erfolgsautors Daniel Goleman an, der viel mit der Harvard Business School zusammenarbeitet und nicht nur Bestseller schreibt sondern seine Erfahrungen auch praktisch an die Wirtschaft weitergibt.[20]

Der Grund ist einfach, dass heute jeder Verantwortungsträger so viel mehr Faktoren in seine Entscheidungen einbeziehen muss als seine Vorgänger noch vor nur zwanzig Jahren. *„Kreditsachbearbeiter müssen spüren, wann ein Geschäft schief gehen könnte, obwohl die Zahlen gut aussehen. Topmanager müssen entscheiden, ob ein neues Produkt die Zeit und das Geld, das seine Entwicklung erfordert, wert ist. Menschen müssen eine halbwegs begründete Vermutung darüber anstellen, wer aus einer Reihe von Bewerbern sich am besten in eine Arbeitsgruppe einfügen wird. All diese Entscheidungen erfordern die Fähigkeit, unser intuitives Gespür für das Richtige und das Falsche in unseren Entscheidungsprozess einzubeziehen. Als man Entscheidungsprozesse von dreitausend Spitzenmanagern untersuchte, zeigte es sich dann auch, dass diejenigen, die auf verschiedenen Feldern die Besten waren, am geschicktesten die Intuition in ihre Entscheidung einbezogen.“*[21] Da nun immer mehr Menschen ihre Intuition wieder entdecken, ist es nur natürlich, wenn die Menschheit als Ganzes zu den ebenso alten wie normalen und menschlichen medialen Fähigkeiten findet. Jeder Mensch ist auf die eine oder andere Weise der geborene Hellseher; Telepathie ist ein Geschenk der Natur.

Für Jahrhunderte, wenn nicht gar für Jahrtausende haben wir Menschen die Kraft und natürliche Autorität unseres wahren Wesens den weltlichen und geistlichen Mächten, dem Staat und der Religion überantwortet, so dass wir von ihnen geradezu „besessen“ sind, und unseren eigenen spirituellen Kräften infolgedessen nicht mehr vertrauen. Jetzt ist die Zeit gekommen, dass wir diese Verantwortung einfordern und dort ansiedeln, wohin sie gehört: in uns selbst. Wir müssen den Neuanfang wagen, frei entscheiden, welche Art von Staat und Religion wir wollen. Wir dürfen nicht länger blind unseren Eltern folgen, wie diese ihren Eltern gefolgt sind. Blinde Nachfolge verewigt die Verschüttung unserer ureigenen Gefühle und unseren Verzicht auf sie von Generation zu Generation.

Und wir können die Ketten der Unwissenheit und kulturbedingter Massenhypnose tatsächlich durchbrechen. Wir haben die Kraft. Wir brauchen dazu nur die in

20 Siehe auch Daniel Goleman, *EQ² – Der Erfolgsquotient*, München, 2000, Deutsche Verlagsanstalt und Daniel Goleman *EQ – Emotionale Intelligenz*, München, 1997, Deutsche Verlagsanstalt

21 Daniel Goleman, *EQ² – Der Erfolgsquotient*, op. cit., S.69

unserem Körper stockende und gestaute Energie in ihren natürlichen Fließzustand zurückzuführen. Wir brauchen nur unsere Blockaden zu fühlen und fühlend sich auflösen zu lassen. Auf diesem Weg beseitigen wir die Folgen des Verzichts auf unser wahres Wesen und werden, was wir schon immer waren, zwischenzeitlich allerdings vergessen haben: Mitgestalter und Mitschöpfer der universalen Lebenskraft. Wir sind im Grunde Lichtwesen. Wir haben an anderer Stelle bei einem kurzen Exkurs in die Biophotonen-Forschung gesehen, dass dies nicht bloß eine poetische Metapher ist. Vielmehr wurde durch Messungen inzwischen einwandfrei nachgewiesen, dass viele biologische Prozesse über die so genannte mitogenetische Zellstrahlung tatsächlich und wahrhaftig lichtgesteuert sind. Je tiefer wir um diese „Lichtsteuerung" „wissen" und sie auch erfahren, desto „höher und feiner" schwingt die Menschheit als Ganzes. Wenn wir als Menschheit nur unseren eigenen wissenschaftlichen Entdeckungen und Einsichten folgen, werden wir bald eine andere Menschheit sein – viel menschlicher und viel souveräner als wir es heute noch wahrscheinlich für möglich halten.

Reiki kann diese Entwicklung beschleunigen. Es führt dem Körper Energie zu und versetzt ihn in das Gleichgewicht des Fließens. Es öffnet die Regionen und Bereiche, denen wir lange Zeit durch Mentalblockaden den Zustrom ihres eigenen immanenten Lichts und damit ihrer Lebenskraft verweigert haben. Nehmen Sie sich deswegen des Öfteren die Zeit, in Ihren Körper hineinzulauschen, und entdecken Sie, wo genau die Energie stockt. Behandeln Sie sich jeden Tag selbst mit universaler Lebensenergie, um sich, vor allem mit Hilfe der Technik des zweiten Grades zur geistig-seelischen Ganzwerdung, ganz allmählich und ohne zwanghaften Erfolgsdruck von überholten Verhaltensmustern zu befreien. Dabei werden wahrscheinlich längst verschüttete Gefühle an die Oberfläche des Bewusstseins gespült, und Ihre Träume zeigen Ihnen vieles.

Sobald Sie die Ursache der Stauung oder des Verzichts auf Ihr eigenes Erleben auf der Grundlage der Hinweise aus Kapitel 16 ermittelt haben, formulieren Sie Affirmationen für sich, die alle Ihre negativen und selbstzerstörerischen Anschauungen und Urteile bei der Wurzel packen. Louise Hayes *Heile Deinen Körper* sowie Bodo J. Baginskis und Shalila Sharamons *Reiki Universale Lebensenergie* werden Ihnen dabei weiterhelfen. Das erste Buch gibt uns guten Rat, wie wir uns mit Hilfe jeweils der passenden Affirmation mit vielen verschiedenen Krankheiten positiv auseinandersetzen können. Das zweite macht uns auf die Botschaft aufmerksam, die jedes Leiden uns vermitteln und damit zur positiven Wandlung unseres Lebensstils oder unserer Anschauungen beitragen will; außerdem gibt es Hinweise auf ihren geistig-seelischen Hintergrund. Wer noch weiter gehen möchte, dem seien die bereits erwähnten Bücher von Daniel Goleman und die schönen Anregungen von Lise Bourbeau empfohlen.[22]

Der Bogen scheint weit gespannt: von der Auflösung einfacher Energieblockaden im eigenen Körper, über die Aufhebung energetischer Blockaden in der Umwelt, hin zu einem befreiten Fluss der Kräfte der Intuition und zu Leben erhaltenden statt

[22] Siehe: Lise Bourbeau, *Höre auf Deinen besten Freund – auf Deinen Körper*, Aitrang, 1997, Windpferd Verlag. Auch die anderen Veröffentlichungen der Autorin sind wegen der hohen Verständlichkeit ihrer Vermittlung zu empfehlen.

Leben vernichtenden Kreisläufen in Kommunikation und Weltwirtschaft. Aber diese Themen sind tatsächlich allesamt miteinander vernetzt. Wir erfahren die Welt durch unsere Sinne und unseren Körper insgesamt. Wenn es in unserem Körper energetische Blockaden gibt, ist damit auch unsere Welterfahrung blockiert. Infolgedessen projizieren wir dieselben Blockaden nicht nur nach außen, sondern erschaffen durch unser blockiertes Handeln immer mehr und immer bedrohlichere Hindernisse, die den natürlichen Fluss der Lebenskräfte unterbinden, ja ihm sogar immer größere Gewalt antun. Unsere eigene körperliche und geistig-seelische Heilung, verbunden mit einem daraus resultierenden verantwortungsvollen Handeln, sind der einzige verlässliche Weg aus dem Dilemma, das uns blockierte Lebensenergien bescheren. Ob gemeinsam mit anderen ganzheitlichen Methoden oder für sich allein, Reiki hilft den Bruch zu überwinden und innere wie äußere Traumen zu heilen.

Farbe und Klang

Viele Bücher erklären uns die Heilkraft der Farben. Unter anderem hat auch Dr. Joyce Nelson aus San Diego in Kalifornien die Wirkung der Farben auf Körper und Seele des Menschen getestet. Bei ihrem Experiment hat sie die Versuchspersonen mit einem Mehrfachschreiber gekoppelt, der den Blutdruck und andere Werte registriert, und ihren elektrischen Hautreflex gemessen. Violettes Licht verlangsamte die Pulsfrequenz, allerdings nicht bei allen Versuchsteilnehmern. Licht vom anderen Ende des Farbspektrums hingegen beschleunigte den Pulsschlag, bei Männern häufiger und mehr als bei Frauen. Auch zahlreiche Heilwirkungen konnte Frau Dr. Nelson an den Farben entdecken. Deswegen kombiniert sie diese in ihrer medizinischen Praxis häufig mit heilenden Kristallen. Dr. Bara Fischer hingegen lehrt die Darias Dinshah-Methode der Farbtherapie. Dabei wird der Klient je nach Symptom mit einer von insgesamt zwölf Farben bestrahlt. Wir wollen hier kurz ihre Eigenschaften und ihre Effekte auf den Körper skizzieren.

Rot: Belebt Nervensystem und Sinne; stimuliert den Kreislauf; hebt die Nebenwirkung von Röntgenstrahlen und die Folgen starker ultravioletter Strahlen teilweise auf.

Orange: Kräftigt Lungen und Bronchien; stimuliert Schilddrüse und Magen; löst Krämpfe und stärkt den Knochenbau.

Gelb: Stimuliert das Lymphsystem, das sensorische und motorische Nervensystem; steigert die Hormonproduktion.

Zitronengelb: Aufbauend für Körper und Gehirn; reinigt die Lungen; fördert ganz allgemein die Regenerationsfähigkeit.

Grün: Fördert das funktionale Gleichgewicht von Körper und Großhirn; stimuliert die Hirnanhangdrüse; tötet Krankheitskeime.

Türkis: Beseitigt akute Störungen und hilft gegen Hautverbrennungen.

Blau: Wirkt sedativ; senkt Fieber; mildert Entzündungen, Jucken und Reizungen; stimuliert die Zirbeldrüse.

Indigo: Wirkt sedativ; stimuliert die Nebenschilddrüsen; bildet Abszesse und Tumore zurück; dämpft emotionalen Überschwang.

Violett: Regt Milz und weiße Blutkörperchen an; senkt Fieber; entspannt die Muskeln.

Purpur: Senkt die Körpertemperatur; verlangsamt den Herzschlag; beruhigt die Nierenfunktion; beugt Lungenblutungen vor.

Magenta: Harmonisiert das Gefühlsleben; sorgt für den optimalen Blutdruck; stimuliert Nieren und Nebennieren.

Scharlach: Stimuliert Nieren und Nebennieren; intensiviert das Gefühlsleben; kräftigt die Geschlechtsorgane; hebt den Blutdruck.

Also nur Mut zu weiteren Experimenten mit den verschiedenen Farben, nicht nur beim Heilen, sondern Tag für Tag in der Wahl ihrer Kleidung. Manchmal ist es hilfreich, wenn Klienten sich Sachen in einer bestimmten Farbskala oder -kombination anziehen, vor allem wenn kombinierte Reiki- und *Rebirthing*-Behandlungen anstehen. In diesem Fall sind Sachen in der Farbe des blockierten Energiezentrums am besten geeignet.

Zur Verlebendigung verschütteter Gefühle erscheinen mir auch Jon Monroes Audio-Farbkassetten gut geeignet. Jon hat die zwölf Farben von Darias Dinshahs Spektrum in Grundtöne umgesetzt und aufgenommen. Ich benutze Jons Kassetten häufig, und zwar jeweils die Kassette, die der Farbe der blockierten Chakren entspricht.[23]

Kristalle

Heilen mit Bergkristallen ist seit den 80er-Jahren sehr populär, denn dieser Stein verstärkt die natürlichen Heilkräfte und lenkt sie in die gewünschte Richtung. Seine Popularität in unserer Zeit kommt keineswegs überraschend. Mit dem sich anbahnenden Quantensprung des menschlichen Bewusstseins kommt auch die Lehre von den Kristallen wieder zu Ehren. Viele führen sie auf die verschollene Hochkultur von Atlantis zurück.

[23] Einen ähnlichen Ansatz verfolgt Marianne Uhl mit der *Chakra-Orgel.* Sie öffnet über die kombinierte Wirkung von Musik, ätherischem Öl, Farbe, Edelstein und gesprochener Meditationsanleitung den Zugang zu der Energie der Chakren, so dass die in ihnen gestaute Energie wieder frei fließen kann. Siehe: Marianne Uhl, *Chakra-Orgel,* Aitrang, 1989, Windpferd Verlag

Aber nicht nur die alternativen Heilmethoden entdecken den Kristall wieder, auch die Wissenschaft findet immer neue Anwendungsmöglichkeiten für ihn, zum Beispiel bei der Gewinnung von Sonnenenergie und in den Informations- und Kommunikationstechniken. Man nutzt unter anderem den so genannten kristallelektrischen Effekt. Dabei werden die Kristalle Druck ausgesetzt, bis sie eine messbare elektrische Spannung abgeben. Mit anderen Worten: Unter mechanischem Druck gibt der Quarz Elektronen ab. Diese Relation lässt sich umkehren: Unter Strom setzt der Kristall mechanische Bewegung in Gang. Nach diesem Prinzip funktionieren im Übrigen auch Quarz-Uhren.

Kristalle gibt es an vielen Orten auf unserem Planeten, und man kann sie mittlerweile sogar synthetisch herstellen. Jeder Kristall ist im Prinzip eine geometrische Mineral-, Zucker- oder Substanzverbindung. Ihre symmetrische Form oder Gestalt beruht auf der sich regelmäßig wiederholenden Atom- oder Molekularstruktur. Diese streng geometrisch-mathematische Anordnung begründet, warum sich Kristalle so gut zum Programmieren eignen. Heilkräftig wiederum sind sie, weil sie eine spezifisch abgestimmte Energie-Matrix formen und speichern und zwischen den verschiedenen Ebenen des Daseins Botschaften weiterleiten können, die sich auch auf der feinstofflichen Ebene noch umsetzen lassen.

In Kapitel 4 haben wir die Wechselwirkungen zwischen den strukturellen Ebenen lebender Körper besprochen und sind auf die vielseitige Verwendbarkeit von Reiki eingegangen, das alle diese Ebenen durchdringen kann. Während Reiki mit dem physischen auch den feinstofflichen Energiekörper durchdringt und darüber hinaus auf den Mentalkörper der Anlagen des Willens und des Karma einwirkt, wo die eigentlichen Krankheitsursachen liegen, scheinen die Kristalle sich in ihrer Wirkung hauptsächlich auf die verschiedenen Manifestationen des feinstofflichen Energiekörpers zu beschränken.

Wir wiesen bereits darauf hin, dass hellseherisch begabte Menschen zerstörerische Muster im feinstofflichen Energiekörper wahrnehmen und fein gestimmte Instrumente sie aufzeichnen können, bevor diese auf der physischen Ebene in Gestalt einer Krankheit in Erscheinung treten.

An diesem Punkt beweisen Kristalle ihre Nützlichkeit: Sie verstärken und richten die heilenden Energien auf jene Stellen im feinstofflichen System, wo sich Stauungen festgesetzt haben. Auch bei körperlichen Krankheiten können sie weiterhelfen, denn ihr positiver Einfluss auf die feinstoffliche Ebene wird sich letztlich auch auf den physischen Körper auswirken und dort zur Wiederherstellung des fließenden Gleichgewichts der Energien beitragen. Wir dürfen demnach sagen, dass Kristalle zwar Energieblockaden und negative Denkmuster auf der feinstofflichen Ebene aufheben helfen, jedoch nicht unbedingt heilkräftig genug sind, festgefahrene geistig-seelische Strukturen auf der Ebene der eigentlichen Krankheitsursachen in den tiefsten Schichten des Mentalkörpers unseres Willens und unserer karmischen Anlagen auszuräumen. Einerseits sind Kristalle ein wirkungsvolles Hilfsmittel zur Verstärkung und Vermittlung heilender Energien, andererseits ist ihre Wirkkraft für sich allein genommen zu schwach, um die Wiederholung negativer seelischer Strukturen zu verhindern, die für die Krankheit verantwortlich sind.

Reiki dagegen wirkt unmittelbar auf die Ebene der Verursachung ein. Insofern ist es den Kristallen überlegen. Aber der Einsatz der universalen Lebensenergie des Reiki schließt den Einsatz heilender Kristalle nicht aus. Sie lassen sich gut miteinander kombinieren. Mit den Techniken des ersten Reiki-Grades können Sie einen Kristall mit universaler Lebenskraft aufladen und programmieren.

Dazu nehmen Sie ihn in die Hände und laden ihn auf. Dann verleihen oder verschenken Sie ihn. Der Empfänger kann sich damit selbst behandeln oder ihn einfach am Körper tragen. Noch eine andere Methode ist möglich: Sie halten den Kristall wiederum in den Händen, visualisieren den Klienten, senden ihm mit Hilfe der Symbole des zweiten Reiki-Grades über eine beliebige Entfernung heilende Energien zu und sehen vor Ihrem inneren Auge, dass er diese empfängt und absorbiert.

> *Da alle Kristalle über magnetoelektrische Schwingungen wirken, können sie die vom Geist des „Senders" ausgehenden Energien verstärken und über die Entfernung an den Klienten übertragen.*

Mit dem zweiten Reiki-Grad können Sie den Kristall darüber hinaus mit der Technik zu geistig-seelischer Heilung programmieren und seine Heilkraft wesentlich steigern, so dass nun auch die Ebene der eigentlichen Krankheitsursachen in die Heilung einbezogen wird. Diese Technik des zweiten Grades aktiviert im Kristall höhere Schwingungsfrequenzen – für die Heilung mit Kristallen ein interessanter Aspekt.

Randall und Vicki Baer zum Beispiel unterscheiden in ihren Büchern über die Anwendung von Kristallen an einigen Stellen bewusst zwischen Ladung und Aktivierung von Kristallen. Unter Ladung verstehen sie die Erneuerung seiner Schwingkraft, während die Aktivierung seine Kapazität und damit seine Schwingungsfrequenzen erhöht. Nach meiner eigenen Erfahrung kann die Kraft des ersten Reiki-Grades einen Kristall laden; die Kraft des zweiten Grades hingegen wird ihn aktivieren, indem sie seine Ladekapazität erhöht.

Lassen Sie mich an dieser Stelle auf eine Entdeckung der Wissenschaft hinweisen, welche die wundersame Resonanz zwischen Lebewesen und Bergkristallen in ein ganz neues Licht rückt. Vereinfacht lautet sie: Der Mensch ist ein lebender Kristall. In der Biologie setzt sich allmählich die Erkenntnis durch, dass eine Reihe von Substanzen und Membranen im menschlichen Körper in ihrer Funktion an Flüssigkeitskristalle erinnern. Aufschlussreich ist in dieser Hinsicht auch Marcel Vogels Arbeit, der seit sechsundzwanzig Jahren in den Laboratorien von IBM forscht und auf seinem Gebiet weltweit anerkannt ist. Ihm gelang es nämlich, Bergkristalle durch eine besondere Schneidetechnik exakt auf die Schwingungsfrequenz des Wassers einzustimmen. Auch der menschliche Körper besteht zum großen Teil aus Wasser. Vielleicht überzeugt uns diese Entdeckung, dass die Heilkraft der Kristalle und unsere Fähigkeit, mit ihren Energien mitzuschwingen, gar nicht so eine „esoterische Schnapsidee" ist, wie vielfach immer noch angenommen wird.

Im August 1988 lernte ich Dr. Igor Smirnoff und seine Frau Irina kennen; sie waren kurz zuvor aus der Sowjetunion emigriert. Beide haben viele Jahre mit den so genannten Wasserbabys gearbeitet und geforscht. Dr. Smirnoff erfand sogar einen Kristallapparat, der das Geburtswasser mit den Lebensgeräuschen von Walen und Delphinen programmiert. Die Wasserbabys lernen unmittelbar nach der Geburt schwimmen, und der sofortige Kontakt mit dem Wasser scheint ihrer Intuition außerordentlich gut zu bekommen. Nach wenigen Wochen sind sie in der Lage, ganz ruhig auf der Seite liegend zu schlummern, während sie sich auf der Wasseroberfläche treiben lassen. Schon nach sechs Wochen können sie aufrecht stehen, und sie wissen genau, auf welcher Seite des Versuchstanks die Mutter steht, wenn man sie in einem abgedunkelten Wassertank allein lässt; sie finden sie mit untrüglichem Spürsinn. Die verblüffenden Fähigkeiten und die Sensibilität der Wasserbabys ist ein weiterer deutlicher Hinweis auf den Zusammenhang zwischen Kristall, Wasser und Mensch.

Die Wahl eines geeigneten Kristalls

Wichtigstes Kriterium für die Wahl eines Kristalls ist: Er muss mit Ihnen mitschwingen. Die Resonanz muss stimmen. Kristalle sind in dieser Hinsicht nicht anders als Menschen. Jeder hat seine ganz persönliche Ausstrahlung, seine ganz eigene Schwingungsfrequenz. Farbe, Größe, Gestalt und Grundaufbau sind für die Wahl ebenso entscheidend wie der beabsichtigte Gebrauch. Machen Sie sich in der entsprechenden Literatur sachkundig und folgen Sie dann am besten Ihrer Intuition. Versuchen Sie zu erspüren, wie Sie spontan auf die feinstofflichen Energien eines Kristalls ansprechen. Dr. Joyce Nelson schlägt eine Übung vor, mit der Sie sich für die feinstofflichen Energien eines Kristalls sensibilisieren können:

1. *Reiben Sie Ihre Handflächen etwa eine Minute lang kräftig und schnell gegeneinander.*

2. *Lassen Sie Ihre Hände, die Handflächen immer noch einander zugekehrt, sich langsam voneinander wegbewegen, bis sie etwa fünfzehn Zentimeter voneinander entfernt sind. Dann bewegen Sie sie ebenso langsam aufeinander zu. Wiederholen Sie die Bewegung einige Male und achten Sie darauf, ob die Hände kribbeln, wärmer werden, oder Sie eine andere Veränderung Ihrer Energien wahrnehmen können.*

Löschen und Reinigen

Da jeder Bergkristall die Schwingungen seiner näheren Umgebung aufnimmt, sollten Sie ihn nach dem Kauf oder nachdem Sie ihn geschenkt bekommen haben zunächst die „Festplatte putzen“, also alle in ihm gespeicherten Daten löschen, denn Sie wollen mit ihm ja nicht gleichzeitig die Energie und Gedanken des Vorbesitzers oder der Menschen übernehmen, die in der letzten Zeit mit ihm in Berührung gekommen sind.

Reinigen Sie Ihren Kristall mindestens einmal wöchentlich, wenn Sie ihn am Körper tragen. Wenn Sie ihn an einem ruhigen und harmonischen Ort aufbewahren, ist dies nicht nötig. Dann müssen Sie ihn nur gelegentlich reinigen. Hier einige Vorschläge:

1. *Sie legen ihn mindestens vierundzwanzig Stunden in eine Salzwasserlösung.*
2. *Sie bedecken ihn vierundzwanzig Stunden mit trockenem Meersalz.*
3. *Sie reinigen ihn unter laufendem Wasser.*
4. *Sie blasen jede seiner Facetten an und übertragen ihm dabei in einer Visualisierung Reinheit und Frische.*

Ladung

Ihren Kristall können Sie folgendermaßen aufladen:

1. *Stellen Sie ihn für einige Stunden unter eine Pyramide oder auf ein Kristallgitter.*
2. *Bestrahlen Sie ihn mit dem Licht einer gewünschten Farbe, um ihn auf Ihre Frequenz einzustimmen.*
3. *Sie lassen ihn für einige Stunden auf einem der besonderen Energiepunkte der Erde, zum Beispiel einem Ort mit niedriger erdmagnetischer Spannung.*
4. *Behandeln Sie ihn selbst mit Reiki oder lassen ihn damit behandeln.*

Nach der Einweihung in den ersten Grad kann dies jeder für Sie tun. Er muss den Kristall nur in die Hände nehmen und in Gedanken den Wunsch formulieren, ihn mit universaler Lebenskraft aufzuladen. Darüber hinaus sollte er den vorgesehenen Anwendungsbereich in seinen Wunschgedanken einschließen.

Aktivierung

Wir sagten bereits, dass wir die Aktivierung eines Kristalls als Erweiterung seiner Ladekapazität definieren. Randall und Vicki Baer empfehlen zu diesem Zweck, den Kristall abwechselnd sehr hohen und sehr niedrigen Temperaturen auszusetzen. Allerdings muss der Kristall sehr langsam und allmählich erhitzt und abgekühlt werden. Andernfalls bricht er womöglich oder wird zumindest rissig. Andere Möglichkeiten der Aktivierung sind:

1. *Gewitter oder Schneestürme;*
2. *Teslaspulen (Teslatransformatoren);*
3. *elektrostatische Transformatoren;*
4. *komplexe Kristallgitter;*
5. *der zweite Reiki-Grad.*

Programmierung

Wie die moderne Informationstechnik Kristalle zur Datenspeicherung im Computer einsetzt, können auch wir lernen, Bergkristalle für viele verschiedene Aufgaben zu programmieren. Was meinen wir damit? Im Wesentlichen die Übertragung besonderer Energiemuster und Gedanken auf den Kristall. Hier zwei Beispiele. Sie sind Dr. Joyce Nelsons Buch *Gypsies: Guide to Crystals* entnommen.

Die Programmierung zum Heilen

Sie können Ihren Kristall individuell auf die verschiedensten körperlichen und psychischen Beschwerden einstellen und auf ihre Linderung programmieren.
Visualisieren Sie zu diesem Zweck den kranken Menschen und die Beschwerden, die Sie heilen möchten. Als nächstes visualisieren Sie so detailliert wie möglich die Besserung. Sie spüren die Heilenergie in den Klienten einströmen und sehen die Beschwerden restlos verschwinden. Nachdem Sie den Kristall programmiert haben, können Sie ihn zur Heilung einsetzen. Halten Sie ihn über den Körper Ihres Klienten und leiten Sie nun ganz bewusst seine heilenden Kräfte an die zu behandelnden Stellen. Visualisieren Sie die heilenden Kräfte, wie sie aus Ihnen durch den Kristall in den Körper des Klienten strömen. Sie können den Kristall dem Klienten auch für ein paar Tage überlassen, damit er sich selbst behandeln oder ihn einfach am Körper tragen kann. Nach einigen Behandlungen empfiehlt sich allerdings eine gründliche Reinigung und Neuprogrammierung.

Die Programmierung auf eine Farbe

Jede Farbe hat ihre besondere Schwingungsfrequenz und damit ihre Eigenarten, die sich für zahlreiche Zwecke nutzbar machen lassen. Wir können mit Hilfe von Farben die Persönlichkeit, die Gefühlsstimmung, den Bewusstseinszustand und die körperliche Verfassung beeinflussen. Dazu müssen wir den Kristall auf die Farbe programmieren, welche die gewünschte Änderung repräsentiert und ihn dann auf die gleiche Weise einsetzen wie beim Heilen. Im *Guide to the Metaphysical Properties of Color* sind die verschiedenen Wirkungen der Farben ausführlich dargestellt. Noch ein kleiner Hinweis zur Technik der Programmierung:
Am besten, Sie betten den Kristall in ein Gel der gewünschten Farbe ein und bestrahlen ihn dann mit natürlichem oder künstlichem Licht.

> *Kristalle sind wertneutral: nicht gut, nicht böse, weder positiv noch negativ. Aber sie wirken. Sie strahlen Energie aus, senden und verstärken das ihnen eingegebene Programm. Sie können jede Botschaft unmittelbar von Bewusstsein zu Bewusstsein übertragen. Den Inhalt dieser Botschaft bestimmen wir ganz allein. Wir sind verantwortlich und deswegen müssen wir uns beim Gebrauch der Kristalle verantwortungsbewusst zeigen, denn ihre eigentliche Aufgabe, so sagt uns Marcel Vogel, ist der selbstlose Dienst an der Menschheit: die Befreiung von Schmerz und Leid. Ob wir sie als Mythos oder als Tat-*

sache betrachten, die Geschichte von Atlantis gibt uns in dieser Hinsicht ein warnendes Beispiel. Wir müssen also vorsichtig sein, jeder für sich und alle gemeinsam, wenn wir die sich ständig verfeinernden und weiterentwickelnden technischen Möglichkeiten mit Augenmaß und verantwortungsbewusst anwenden. Wir haben die Wahl. Wir können die Kristalle so programmieren, dass sie den Weg der Transformation fördern. Setzen wir sie zusammen mit Reiki ein, weitet sich ihr Wirkungsbereich ins Unendliche. Grenzen für ihre Kraft gibt es dann nicht mehr, denn grenzenlos sind sie dem menschlichen Bewusstsein gleich.

Harmonisierung der Chakren

In Kapitel 4 haben wir den Zusammenhang zwischen den endokrinen Drüsen und den sieben Hauptchakren behandelt und festgestellt, dass Usuis natürliche Heilmethode des Reiki auf der Erkenntnis der Vernetzung der verschiedenen Strukturebenen der menschlichen Verkörperung aufbaut: Der physische Körper und der feinstoffliche Energiekörper sind über die Verbindung zwischen Energiezentren und endokrinem System aneinander gekoppelt. Das Wort *Chakra* entstammt dem Sanskrit; seine Grundbedeutungen sind „Kreis" und „Rad". Das treffende Wort, wenn wir bedenken, dass wir, so wir hellsichtig wären, die Chakren wahrscheinlich als kreisende Lichtscheiben wahrnehmen könnten.

Wie die Bezeichnung vermuten lässt, ist der feinstoffliche Energiekörper kein fester und undurchdringlicher Gegenstand. Seine sehr feinen Schwingungen hüllen den physischen Körper vollkommen ein. Energieströme verknüpfen überdies die beiden Körper miteinander. Der feinstoffliche Energiekörper absorbiert die feineren Schwingungen seiner Umwelt und leitet diese Energie über die Chakren in die endokrinen Drüsen und damit den physischen Körper weiter. Das endokrine System wiederum reguliert den Hormonhaushalt, der unsere Stimmungen und Gefühle beeinflusst. Das heißt, jede Disharmonie in den feinstofflichen Energiezentren bedingt automatisch ein Ungleichgewicht in den endokrinen Drüsen. Umgekehrt schlägt sich jedes Ungleichgewicht des endokrinen Systems in einem Ungleichgewicht der Chakren nieder. Beide Systeme beeinflussen sich wechselseitig, weil die Lebensenergie zwischen ihnen hin und her fließt. Aber diese Wechselwirkung muss keineswegs ein Motor der Krankheit sein. Sie kann Gesundung und Wohlbefinden fördern, wie es ja bei der Reiki-Behandlung tatsächlich geschieht.

Das endokrine und feinstoffliche System nehmen die universale Lebenskraft gleichzeitig in sich auf. Reiki heilt die Chakren und endokrinen Drüsen gleichzeitig. Reiki harmonisiert beide Systeme und führt sie gleichzeitig zum Gleichgewicht. Da der Reiki-Therapeut bei der Behandlung genau spürt, an welchen Stellen des Körpers der Klient mehr Energie „einzieht", gehört kein großer Scharfsinn dazu, die Blockaden aufzuspüren.

Die nächste Abbildung verdeutlicht überdies, dass die Chakren neben dem endokrinen System auch die Organe in ihrem Umfeld und jeweils einen Abschnitt des Nervensystems beeinflussen. Jedes Chakra hat seine besondere Funktion: Es repräsentiert und steuert eine Gefühlsqualität und ihre Entfaltung in der individuellen menschlichen Entwicklung. Diese Wechselwirkungen sind im Text zu der Abbildung ansatzweise aufgeführt. Die Verflechtung zwischen den Chakren auf der einen und menschlichen Gefühlsqualitäten und Werten auf der anderen Seite bedeutet natürlich, dass jede Disharmonie in einem Chakra auch die zugeordnete psychische Funktion stört.

Alle Chakren sind gleich wichtig. So selbstverständlich dies klingt, wir müssen es trotzdem erwähnen, beschränken sich doch viele der so genannten „Wanderer auf dem geistigen Weg" ausschließlich auf die Entwicklung der „höheren Chakren", weil diese angeblich „spiritueller" und deswegen „besser" sind als die niederen. Das kann schon allein deswegen nicht stimmen, weil jede echte Spiritualität Wertungen wie „hoch" und „niedrig" oder „gut" und „böse" als relativ und deswegen nur begrenzt gültig anerkennt. Tatsache ist: Alle Erscheinungen leuchten auf, strahlen aus dem SEIN, dem GEIST, der WAHREN WIRKLICHKEIT. Ihre Bewertung hängt letztlich vom Standpunkt des Wertenden ab. Deswegen kann es im Grunde keine „höheren" und „niederen" Chakren geben. Alle Chakren gehören gleichwertig zum selben energetischen Verbundsystem. Und daraus folgt: Das energetische Ungleichgewicht in einem Chakra stört das Gleichgewicht aller Chakren.[24]

Die so genannten niederen Chakren sind mehr auf die Erdenergien eingestimmt und den irdischen Elementen verbunden; die so genannten höheren Chakren schwingen mit den kosmischen und feinstofflichen Energien mit. Mit den Worten „höher" und „nieder" sind also nur die Position des Chakras im Körper und seine jeweilige Schwingungsfrequenz beschrieben. Zum gesunden Menschsein gehört, dass alle Chakren, die so genannten niederen nicht anders als die so genannten „höheren" frei und unbehindert schwingen können. Mit anderen Worten, wenn die so genannten „niederen" Chakren unterdrückt und blockiert sind, sind die „höheren" es auch. Das Herz spielt eine Sonderrolle: Hier in der Körpermitte treffen sich alle Energien. Dort fließen alle Strömungen des Daseins zusammen. Wenn sie in Liebe vereint sind, bringt die Vereinigung von GEIST und Materie Liebe und Mitempfinden hervor. Das Herzchakra verkörpert das Element Luft; damit ist es die natürliche Stätte für die Begegnung von Himmel und Erde. Gerade heute sollten wir uns sehr um die Harmonisierung der vier so genannten „niederen" Chakren bemühen, um uns in Mutter Erde zu verwurzeln und unseren Planeten zu heilen. Wir dürfen nicht länger verdrängen und vergessen, dass der weibliche Pol, die Materie, die Erde ebensoviel Hinwendung, Pflege und Liebe braucht wie der männliche Pol des GEISTES und der Spiritualität.

Mit anderen Worten, je nach Situation wollen wir alles in unserem Leben ganz konkret oder im übertragenen Sinn berühren. Nur was wir berührt haben, können wir nämlich auch wieder loslassen. Es gibt aber viele unerfahrene und dogmatisch auf ein Ziel fixierte „spirituelle Sucher". Die wollen alles vorschnell loslassen und aufgeben

[24] Ein umfassende Darstellung der Chakren sowie Anleitungen zum Harmonisieren der Engergiezentren durch Farben, Klänge, Edelsteine, Düfte, Atemtechniken, Naturerfahrungen, Reflexzonen und Meditationen finden Sie in Shalila Sharamons und Bodo L Baginskis *Chakra-Handbuch*, Durach 1989, Windpferd Verlag

und einer Welt entsagen, die sie in den meisten Fällen nicht einmal erfahren haben. Ihr ungelebtes und ungeliebtes Dasein wird sie dann jedoch umso mehr gefangen halten, gerade weil sie sich weigern, es überhaupt kennen zu lernen und in seiner ganzen Fülle wahrnehmen und lieben zu lernen.

Die Ganzkörperbehandlung mit Reiki wirkt mit der Zeit diesem Trend zu künstlicher Spiritualität entgegen. Sie harmonisiert die Chakren, schenkt ihren Energien das natürliche, fließende Gleichgewicht und fördert auf allen Ebenen des Daseins Heilung und Ganzwerdung. Auch eine Kurzbehandlung ist möglich. Hier zwei Beispiele:

Chakra-Ausgleich im Stehen: *Der Klient steht entspannt und locker aufrecht und kehrt Ihnen die Seite zu, während Sie eine Hand etwa fünf bis zehn Zentimeter vor seinen Unterleib und die andere Hand in gleichem Abstand vor das Steißbein (Wurzelchakra) halten. Halten Sie die Hände zwei bis drei Minuten in dieser Position, bis die Energie in Wellen pulsiert. Setzen Sie die Behandlung nach oben hin fort, wobei Sie die Hände jeweils zwei bis drei Minuten vor ein Energiezentrum halten. Am Scheitelchakra angekommen, halten Sie beide Hände über den Kopf des Klienten, lassen über der Fontanelle allerdings eine Öffnung frei. Nach einigen Minuten führen Sie die Hände zum Wurzelchakra zurück. Damit verbinden Sie die Chakren zu einem Verbund und versiegeln sie.*

Der Ausgleich von Himmel und Erde: *Ihr Klient liegt auf dem Rücken. Sie legen eine Hand auf seinen Hinterkopf und die andere am Schambein auf das Wurzelchakra. Verweilen Sie, bis Sie ein Pulsieren wahrnehmen, ein Kribbeln oder Wärmegefühl. Dann lassen Sie eine Hand zu den Augenbrauen, die andere zum Bauch weiterwandern (etwa drei fingerbreit unterhalb des Nabels). Auch dort verweilen Sie, bis Sie in ihren Handflächen etwas fühlen oder Sie spontan und intuitiv wissen: diese Chakren sind harmonisiert. Als nächstes legen Sie eine Hand über die Kehle und Schilddrüse, ganz sacht, um die Luftröhre nicht einzudrücken, die andere auf den Solarplexus. Verweilen Sie dort, bis Sie das Gefühl haben, dass auch diese beiden Chakren harmonisiert sind. Dann legen Sie beide Hände auf das Herzchakra. Am Ende nehmen Sie behutsam und sehr allmählich Ihre Hände vom Körper des Klienten, um sein Energiefeld, seine Aura nicht zu verwirbeln.*

Jeder Chakrenausgleich sollte mit Ruhe, Präsenz und auch liebevoll geschehen. Vertrauen Sie Ihrer Intuition. Als unmittelbares Wissen ist sie mit allen psychischen Energien vertraut, weil sie untrennbar mit ihnen fließt, eingebunden in ihren Strom. Wenn Sie wollen, können Sie auch frei improvisieren, eben der Stimme Ihrer Intuition folgen. Wenn Ihre innere Stimme es Ihnen eingibt, verbinden Sie die Chakren bei jedem Klienten in anderer Kombination miteinander, denn in jedem Menschen sind die Disharmonien anders gelagert und brauchen deswegen andere Hilfe.

Wo es angemessen erscheint, können Sie auch die Symbole des zweiten Reiki-Grades einsetzen. Mit dem Ausgleich der Chakren schenken Sie allen körperlichen Systemen ihr natürliches Gleichgewicht. Es kann dem Klienten also nur gut tun, wenn Sie sich bei einer Reiki-Behandlung locker auf diese Energiezentren konzentrieren. Über das endokrine System wird auch der Körper davon profitieren, während die Bewusstheit wächst, weil die Schwingungsfrequenz steigt.

Um ein besseres Gefühl für die Chakren in Ihrem eigenen Energiekörper zu bekommen, wird eine kurze Visualisierung empfohlen, die Sie auf Band sprechen können, um sich selbst in Ihrem eigenen Tempo durch die Übung zu geleiten. Bevor Sie damit beginnen, setzen Sie sich locker mit gekreuzten Beinen auf den Boden oder aufrecht auf einen Stuhl. Die Wirbelsäule halten Sie dabei gerade aufgerichtet, aber ganz locker in entspanntem Gleichgewicht. Die Ohren über den Schultern und die Schultern über den Hüften bilden eine natürliche Gerade. Sie atmen ganz ruhig … und fließend … und tief: durch den Mund ein, durch die Nase aus. Langsame, tiefe Atemzüge: ein, … aus, … ein, … aus, … ein, … aus … Dann beginnen Sie zu visualisieren:

Centering Meditation

Ich sehe über meinem Kopf einen wunderschönen, goldenen Lichtball in der Luft – leicht, mühelos schwebend. Dieser Lichtball ist meine Bewusstheit, Sinnbild und Wirklichkeit. Ich atme sanft. Ich atme tief. Ich bin ganz still. Langsam dehnt er sich aus, der Ball meiner Bewusstheit, wächst allmählich, wird groß und rund. Mit jedem Ausatmen dringt das goldene, funkelnde Licht meiner Bewusstheit weiter in den Raum hinaus. Gleichzeitig atme ich immer noch lang und tief ein.

Einen letzten Atemzug nehme ich und lasse den Lichtball meiner Bewusstheit sich dabei weiten. Dann, beim Ausatmen, sehe ich ihn sich langsam, ganz langsam senken, sacht meine Schädeldecke durchdringen und mit dem purpurroten, strahlenden Licht meines Scheitelchakra vermischen. Tief atme ich in den purpurgolden schimmernden Ball meiner spirituellen Bewusstheit hinein, sehe sie sich durch die Kraft des Atems erweitern, bis sie gesättigt ist mit Wärme und Licht.

Warm ist sie, licht und leicht. Beim Ausatmen sehe ich sie ausstrahlen, ihre Funken, ihre Wellen flüssigen Lichts aussenden: Das majestätische Licht meiner spirituellen Bewusstheit erleuchtet meine Mitmenschen und alle Wesen in meinem Umfeld. Und so atme ich in den purpurgolden leuchtenden Ball, lasse ihn sich ausdehnen, folge den tief berührenden Funken beim Ausatmen immer weiter in ihrer fließenden Bahn.

Langsam atme ich ein … Und dann, beim Ausatmen, sehe ich den goldenen Lichtball sich allmählich aus dem Chakra der spirituellen Bewusstheit herauslösen und sich sacht in das Stirnzentrum zwischen den Augenbrauen senken: Indigo strahlt es, das Zentrum meiner Intuition, mein Drittes Auge. Der goldene Lichtball verschmilzt, wird eins mit dem indigo strahlenden Ball des Wissens, das spontan aus dem Erleben geboren wird: das Leben selbst im Aspekt der Intuition.

Die sieben Hauptchakren

7. Scheitelchakra *(sahasrara)*
   endokrines System: Zirbeldrüse
   Organ: Großhirn, rechtes Auge
   psychische Funktion: Einbindung in das wahre Wesen.

6. Stirnchakra, „Drittes Auge“: *(ajna)*
   endokrines System: Hirnanhangdrüse
   Organ: autonomes Nervensystem, Zwischenhirnboden
   psychische Funktion: Intuition, Wille, Telepathie

5. Kehlchakra *(vishuddha)*
   endokrines System: Schilddrüse
   Organ: Kehle und Lunge
   psychische Funktion: Kommunikation, Ausdrucksvermögen, Hellhörigkeit

4. Herzchakra *(anahata)*
   endokrines System: Thymusdrüse
   Organ: Herz, Lunge, Leber, Kreislauf
   psychische Funktion: Liebe, Mitempfinden
   Element: Luft

3. Solarplexuschakra *(manipura)*
   endokrines System: Nebennieren
   Organ: Magen, Leber, Gallenblase (Verdauungsapparat)
   psychische Funktion: Kraft und Weisheit
   Element: Feuer

2. Bauch- oder Milzchakra *(svadishthana)*
   endokrines System: Geschlechtsdrüsen
   Organ: Geschlechtsorgane
   psychische Funktion: Sexualität und Gefühlsleben
   Element: Wasser

1. Wurzelchakra *(muladhara)*
   endokrines System: Nebennieren
   Organ: Niere, Blase, Wirbelsäule
   psychische Funktion: Überlebenstüchtigkeit, Vitalität, Kreativität, Fülle und Reichtum, Kundalini-Energie
   Element: Erde

Die sieben Hauptchakren

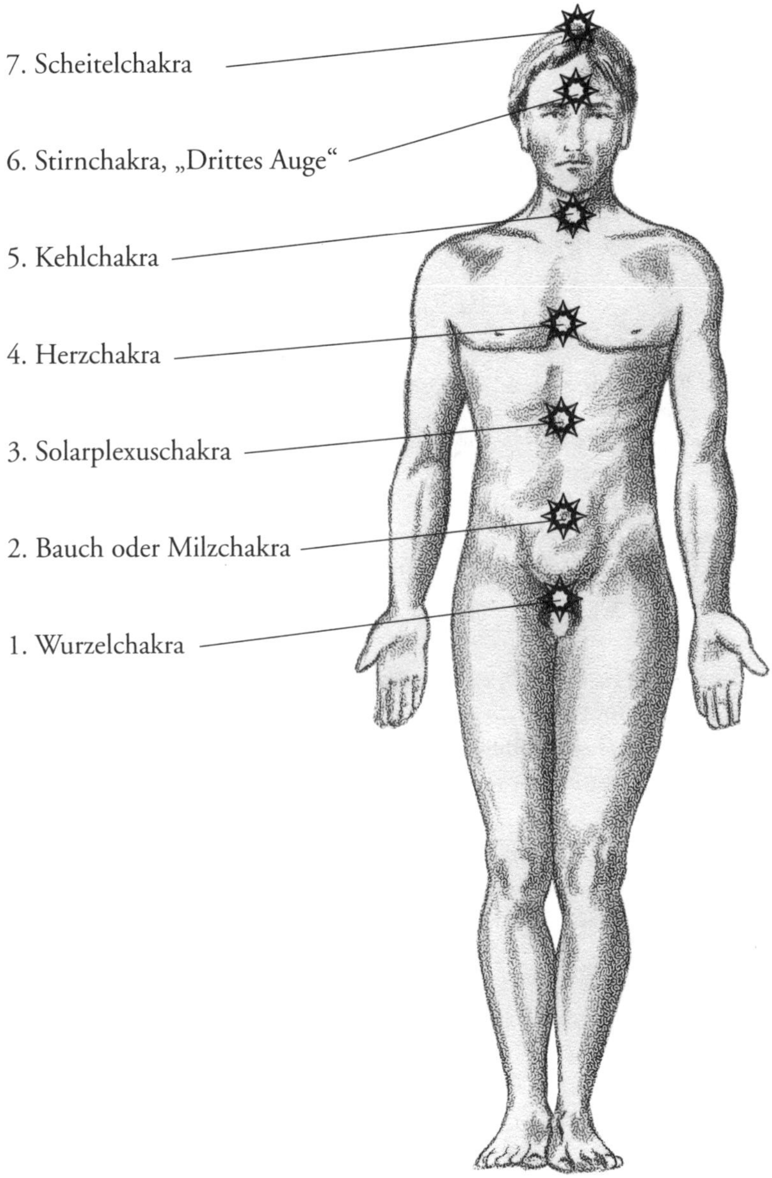

So atme ich … tief ein in den indigogolden leuchtenden Ball, fülle ihn mit der Wärme und dem Licht des Atems. Und dann – die Einatmung ist abgeschlossen, der Punkt der Stille erreicht – atme ich ganz natürlich aus und sehe das indigogoldene Licht die Luft um mich durchdringen. Erneute atme ich in den indigogolden schimmernden Ball hinein. Ganz erfüllt der Atem ihn mit dem Licht meiner intuitiven Bewusstheit, bis diese überfließt, schimmernd und funkelnd die Welt übergießt. So atme ich, entspannt, locker und doch vollkommen gegenwärtig, vollkommen bewusst.

Noch einmal atme ich in das indigogolden leuchtende Chakra hinein. Während ich ausatme, sehe ich den goldenen Lichtball sich langsam aus dem indigo-strahlenden Chakra herauslösen und sich behutsam zur Kehle in das sanft türkis schimmernde Energiezentrum senken. Die Lichter werden eins, erfüllen mein Zentrum der Kommunikation mit der Energie des Atems.

Wenn ich ausatme, strahle ich das Licht und die Liebe meines Kehlchakra an meine Mitmenschen aus und an alle Wesen um mich herum. So atme ich: tief und lang. Beim Einatmen füllt sich der türkisgoldene Ball mit dem Licht und der Energie meines Atems. Beim Ausatmen sehe ich das türkisgoldene Licht ausstrahlen. Jeden berührt es. Keiner ist ausgeschlossen. Alles durchdringt und benetzt es.

Nachdem ich ein letztes Mal tief in diesen Ball eingeatmet und ihn mit dem Licht der Liebe gefüllt habe, sehe ich beim Ausatmen, wie sich der goldene Ball meiner Bewusstheit langsam herauslöst und sacht in den Solarplexus hinabsenkt, in mein Zentrum der Kraft und der Weisheit.

Das goldene Licht verschmilzt, wird eins mit dem strahlend gelben Ball des Solarplexus genau unter dem Brustbein. So atme ich: langsam, sacht, mit großer Freude. Ich beobachte liebevoll, wie mein Atem den jetzt goldgelb schimmernden Ball des Zentrums meiner Kraft und Weisheit immer weiter ausdehnt und mit der Energie der Liebe sättigt. Beim Ausatmen sehe ich das Licht gleißen: Es sendet seine Strahlen der Kraft an alle Mitmenschen, an alle Wesen. Wieder atme ich tief ein, sättige das goldgelbe Zentrum mit der Energie des Atems und fühle beim Ausatmen das Licht und die Wärme meiner Kraft und Weisheit nach außen strahlen: Allen Wesen überträgt es die Kraft der Liebe.

Noch einmal atme ich lang und tief in das goldgelbe Chakra und sehe beim Ausatmen den Lichtball sich scheiden in reines Gelb und reines Gold. Der goldene Ball aber senkt sich langsam herab in das orange leuchtende Chakra, drei fingerbreit unter dem Nabel, so dass er die Lebenskraft Chi im Milzchakra mit dem goldenen Licht meiner Bewusstheit anreichert.

Mit jedem Atemzug spüre ich den Bauch sich füllen mit dem orangegoldenen Licht meines Gefühls und Sexualchakras während ich beim Ausatmen das Gefühl der Liebe auf alle Wesen übertrage – spontan, mühelos, ohne dass ich selbst etwas tue. Weiter atme ich langsam und tief. Ich sättige meinen Bauch mit dem Gefühl der Liebe, die ich als orangegoldenes Licht sich überallhin verbreiten lasse. So sitze ich in Stille, bin zufrieden, atme in den Bauch und fülle ihn mit der Bewusstheit der Liebe. Das orangegoldene Licht glüht beruhigend, denn meine Bewusstheit ruht nun in mir, in meiner Mitte. In Frieden sitze ich, heiter und gelassen, koste diese Bewusstheit aus, bin ganz ergriffen von ihr. So atme ich.

Dann ist der Moment gekommen: Ich atme nochmals tief in den Hara und sehe beim Ausatmen das goldene Licht sich herauslösen, sich langsam zum Steißbein senken, in das rote Wurzelchakra hinab. Wenn die beiden Lichter verschmelzen und eins werden, spüre ich die Hitze des rotgoldenen Lichts mein Becken sättigen und mit dem Licht der Liebe und Fülle segnen. Beim Einatmen fühle ich das rotgoldene Licht sich mit der Bewusstheit der Liebe erfüllen. Dieses Licht verwandelt alle Überlebensangst in die Energie von Reichtum, Fülle, Überfluss. Beim Ausatmen sehe ich das rotgoldene Licht funkelnd und gleißend in die Welt überspringen. In den Lichtwellen strahle ich meine Fülle aus und fühle beim Einatmen dieses Licht zurückkehren und mich mit dem Überfluss des Seins beglücken.

Mit jedem Atemzug spüre ich die Energie des Reichtums und der Fülle meinen ganzen Körper durchdringen. So atme ich, spüre mit jedem Atemzug die Energie des Reichtums und der Fülle meinen Körper sättigen. Im Wurzelchakra beginnt sie. Von dort strahlt sie überallhin. Beim Ausatmen sehe ich das Licht der Liebe und der Fülle aus mir fließen.

Noch einmal atme ich ein, sehe den goldenen Lichtball sich sacht aus dem roten Wurzelchakra herauslösen und ebenso sacht nach oben gleiten, zurück zum Hara, zum orange strahlenden Licht des Zentrums meines Fühlens. Während ich ausatme, werden das orange und das goldene Licht eins.

So atme ich langsam und tief in meine Mitte, bin ganz ruhig, genieße den Frieden. Mit dem Einatmen füllt das orangegoldene Licht mein Dasein mit Liebe. Mit dem Ausatmen fallen verwirrende Emotionen von mir ab. Mit jedem Einatmen fühle ich mich tiefer verwurzelt in meiner eigenen Mitte und lasse die Kraft der Liebe meines Atems meinen Bauch durchfluten. Mit jedem Ausatmen sehe ich den orangegoldenen Lichtball der Kraft meiner Liebe ausströmen, überfließend, während beim Einatmen die Wellen der Liebe und Fülle wieder in mich zurückströmen.

Ich schaue den Frieden und die Stille in meiner Mitte, spüre, wie sich der Energiekanal öffnet, während ich mich eins fühle mit den Menschen und der Welt. Immer mehr entspanne ich mich in meiner Mitte und öffne dann langsam die Augen, sehe, wo ich bin, nehme alles wahr.[25]

[25] Diese Centering Meditation gibt es auch als Musik CD mit den Klängen von Merlins Magic untermalt. Paula Horan & Merlin's Magic, *Centering Meditation*, Aitrang 1991, Windpferd Verlag

Die Übung ist so strukturiert, dass sie Ihnen auf dem Weg zu Ihrer Mitte weiterhilft. Sie lehrt Sie, aus Ihrer eigenen Mitte zu leben. Auf der Reise Ihrer Bewusstheit durch die Chakren kann es vorkommen, dass Sie in einigen Energiezentren Widerstände spüren. In diesem Fall atmen Sie am besten einige Male tief aus, um die „verstopfte Energie" auszuscheiden. Haben Sie einmal Ihre Mitte gefunden und lassen Ihre Gedanken in den Hintergrund treten, können Sie auch eine verkürzte Version dieser Übung ausprobieren:

Atmen Sie zwei oder drei Mal aus und lassen Sie Ihre Bewusstheit sich in Ihren Bauch senken, während Sie sich gleichzeitig in einen Alpha-Zustand versetzen. Damit wecken Sie sofort die beiden positiven Wirkungen der Visualisierung: die Bewusstheit der eigenen Mitte und den Alpha-Zustand.

Wissenschaftliche Untersuchungen mit und an Geistheilern haben gezeigt, dass diese aus dem Alpha-Zustand heraus zu arbeiten scheinen, den der Klient während der Behandlung in einer Art „Osmose" übernimmt. Ich ermutige meine Schülerinnen und Schüler gelegentlich zu einem Experiment: Geht in einen überfüllten Supermarkt oder in ein Kaufhaus, wo Geräusche und Stimmen durcheinander schwirren und versenkt euch für einige Augenblicke tief in eure Mitte.

Wenn Sie dies tun, werden Sie erstaunt feststellen, wie schnell Ihr unmittelbares Umfeld dann ganz ruhig und friedlich wird, und das Stimmengewirr zu leisem Gemurmel abklingt. Dabei müssen wir natürlich eins bedenken: Die Alpha-Wellen beeinflussen die Menschen, nicht wir; unsere Umwelt absorbiert sie ganz automatisch. Mit anderen Worten: Im Alpha-Zustand bin ich der natürliche Kanal für die Energie, so dass sie sich auf die Menschen in meiner Nähe übertragen kann.

Erste Erfahrungen mit diesem Phänomen habe ich schon sehr früh gesammelt. Ich war damals fünfzehn oder sechzehn Jahre alt und habe alles probiert, um meine Epilepsie-Anfälle bei den ersten Anzeichen zu unterbinden. Ich habe mich damals instinktiv an die ruhigen Gehirnwellen eines Menschen in meiner Nähe „eingeklinkt", um mich zu beruhigen, um es beim Vorgefühl zu belassen und den Anfall zu vermeiden. Ruhig fließende und harmonische Gehirnwellen scheinen also tatsächlich gehemmte oder disharmonische Energieformen bändigen und lösen zu können.

Ihr Leben wird friedlicher verlaufen, wenn Sie sich täglich darum bemühen, Ihre eigene Mitte zu finden und sich darin zu verwurzeln. Einmal haben Sie mit neuer Gesundheit und emotionalem Gleichgewicht selbst den größten Nutzen davon, zum anderen werden Sie vielleicht die Energiefelder der Menschen in Ihrer Nähe öffnen und die natürlich heilenden Energien, die durch Sie hindurchströmen, mit ihnen teilen können.

KAPITEL 13

Reiki in Kombination mit anderen Heilmethoden

Reiki lässt sich gut mit einer Reihe von Therapien kombinieren. Im letzten Kapitel haben wir Techniken vorgestellt, die wir bei der Reiki-Behandlung oder zusammen mit einer Eigenbehandlung anwenden können. Eine besonders glückliche Verbindung ist Reiki und Körperarbeit. Ich kenne inzwischen überall auf der Welt Massage-Therapeuten, die Reiki in die verschiedensten Massageformen einfließen lassen, von der klassischen Sport- und Bindegewebsmassage zu *Shiatsu*, Akupressur, *Jin Shin* und *Trigger Point*. Reiki macht auch *Rolfing, Emotional Point Release* und *Polarity* noch wirkungsvoller. Ich selbst wende häufig die folgende Kombination an:

Lassen Sie den Klienten auf den Rücken liegen, so dass sein Gesicht nach oben gekehrt ist. Massieren Sie einige Minuten Hals und Nacken und gehen dann zu einer kompletten Kopf- und Gesichtsmassage über. Im Anschluss behandeln Sie den Kopf mit Reiki, wobei Sie alle relevanten Handpositionen einnehmen, die Sie in der Einführung gelernt haben. Es folgt eine ausführliche Behandlung der endokrinen Drüsen, womit Sie, auf Grund der innigen Verbindung zwischen beiden Systemen, gleichzeitig die feinstofflichen Energiezentren oder Chakren behandeln. Lassen Sie die Hände länger aufliegen, wo immer dies notwendig erscheint. Schließen Sie die Behandlung der Vorderseite des Körpers ab, indem Sie die Hände auf Knie und Füße auflegen.

Die Behandlung der Knie ist sehr wichtig, weil wir in ihnen die Todesangst festhalten, die Angst des alten Selbst oder Ich vor seiner Vernichtung, die Angst vor jeder Veränderung schlechthin (vergleiche hierzu Kapitel 17, S. 154). Da wir alle in der heutigen Zeit, ob bewusst oder unbewusst, tiefgreifende Veränderungen durchlaufen, brauchen die Knie sehr viel Energie. Auf den Füßen wiederum liegen eine Reihe von Punkten, die mit verschiedenen Körperpartien in Verbindung stehen. Deswegen sind sie der geeignete Endpunkt für die Behandlung der Vorderseite des Körpers.

Nun tragen Sie auf den Schultern Öl auf und massieren Brust, Bauch und die gesamte Vorderseite, wobei Sie sich von oben nach unten vorarbeiten. Bei den Füßen angekommen, bitten Sie den Klienten, sich auf den Bauch zu legen. Dann tragen Sie zuerst auf die Rückseite von Füßen und Beinen und schließlich auch auf den Rücken Öl auf. Nach Abschluss der Massage behandeln Sie die gesamte Rückseite des Körpers mit Reiki und lassen die Sitzung mit der gängigen Position zum Energieausgleich der Wirbelsäule ausklingen.

Dies ist nur eine von vielen Kombinationen. Vertrauen Sie als Massetherapeut ganz einfach auf Ihre Intuition, dann werden Sie unzählige Verbindungsmöglichkeiten von Reiki und Massage entdecken.

Auch in Verbindung mit allopathischen Behandlungen lässt sich Reiki erfolgreich einsetzen. Beim Palpieren von Tumoren zum Beispiel kann der Arzt über die universale Lebenskraft spüren, wo die heilende Energie besonders stark eingezogen wird, was ihm Hinweise auf die Diagnose geben mag, während die heilende Energie bereits auf die Krankheit einwirkt. Reiki lindert beim Einrichten von Knochenbrüchen den Schmerz und beschleunigt die Heilung. Selbst der Kinderarzt kann es nutzen. Das wachsende Interesse der Ärzteschaft an der universalen Lebensenergie lässt sich also, wie wir hier sehen, leicht aus ihrer vielseitigen Anwendbarkeit erklären.

Hinzu kommt, dass Reiki die Wirkkraft von Medikamenten erhöht, und natürlich auch das gewöhnliche Handauflegen verstärkt, das Dolores Krieger mit ihrem *Therapeutic Touch* in den Vereinigten Staaten auch in medizinischen Kreisen wieder populär gemacht hat. Krankenschwestern mögen Reiki, weil sie an alternativen Heilmethoden Interesse haben, die den persönlichen Kontakt zum Patienten fördern, und weil sie die Regeneration gern vorantreiben möchten. Auf der Intensivstation kann jeder von einer Reiki-Behandlung profitieren, ganz gleich ob Neugeborenes, Kind oder Erwachsener. Und selbstverständlich trösten und erquicken die Berührung und die Energie den Kranken. Darüber hinaus unterstützt Reiki selbstverständlich alle Naturheilverfahren, ayurvedischen und homöopathischen Behandlungen, potenziert Arzneien, Kräuter und Medikamente. Auch beim Heilfasten lässt es sich wunderbar einsetzen.

Heilfasten ist eine sehr alte Methode. In allen Epochen in der Geschichte der Heilkunst hat man damit eine Vielzahl von Krankheiten kuriert: Arthritis, Asthma, Hautausschläge, Bluthochdruck, Verdauungsbeschwerden, Nieren und Lebererkrankungen. An den meisten seiner Krankheiten ist der Mensch selbst schuld: weil er zuviel isst, nicht das richtige isst und sich nicht ausreichend bewegt, den Körper nicht fordert. Physische Trägheit, seelische Teilnahmslosigkeit und schweres Essen aber sind ein sicherer Weg in die Selbstvergiftung, vor allem wenn alle drei Faktoren zusammenkommen.

Inaktive Drüsen und träger Stoffwechsel lösen dann die Krankheit aus, in Zusammenwirkung mit der durch die Anhäufung toxischer Stoffe in Zellen und Geweben bedingten Schwächung der Ausscheidungsorgane. So ist rheumatische Arthritis zum Beispiel die Folge der Harnsäurekristalle und mineralischen Abfallprodukte, die sich in Gelenken und weichen Geweben abgelagert haben. Stoffwechselreste in Arterien und Blutgefäßen führen zu Bluthochdruck und Stress. Darüber hinaus trägt Wassermangel in den Zellen zu allen degenerativen Krankheiten bei. Heilfasten und ausreichende Versorgung mit Flüssigkeit (vor allem und am besten mit reinem Quellwasser) helfen in allen diesen Fällen. Sie beschleunigen die Ausscheidung alter Schlacken.

Am dritten Fastentag setzt der Selbstverdauungsprozess ein, denn der Körper beginnt nach zweiundsiebzig Stunden ohne Nahrung seine eigenen Schlacken zu verdauen. Als erstes werden dabei grundsätzlich unnötig im Körper gespeicherte Toxine verarbeitet (Zysten, Tumore, Mineralienreste und so weiter). Es folgt die Verdauung überflüssiger Fettgewebe. Gewöhnlich lassen nach dem dritten Tag auch das Hunger- und leichte Schwindelgefühl sowie andere mit dem Fastenbeginn verbundene Schwächen nach. Skandinavische Ärzte sind auch heute noch stark von der Naturheilkunde beeinflusst. Sie verschreiben ihren Patienten häufig Fastenkuren von sieben bis sechzig Tagen, oft mit beeindruckenden Erfolgen. Bei stark angegriffenen Patienten geht dem eigentlichen Fasten allerdings eine Phase des Aufbaus mit kräftigender Diätkost voraus.

Heilfasten ist nicht gleich Heilfasten; die Methoden variieren. Bei einigen nimmt der Patient nur Wasser zu sich, während andere Frucht- und Gemüsesäfte und -brühen miteinander kombinieren. Bei einer Methode wird sogar mit Wasser verdünnter Zitronensaft mit Ahornsirup und Cayenne-Pfeffer verabreicht. Der Schlüssel zum erfolgreichen Fasten sind frische Früchte und Gemüse, die wir am besten unmittelbar vor dem Genuss zu Saft verarbeiten, damit wir lebende, rohe Enzyme aufnehmen können. So hat sich die Max Gerson-Methode heute zur anerkannten Krebsbehandlung gemausert. Ursprünglich angelegt war sie in den zwanziger und dreißiger Jahren des letzten Jahrhunderts auf die Ausheilung der damals häufigen Tuberkulose. Die Methode baut darauf auf, dass rohe, lebendige Nahrung den Körper reinigt und das Immunsystem auf natürliche Weise kräftigt. Albert Schweitzer hatte eine sehr hohe Meinung von der Methode, weil sie seine Frau von schwerer Krankheit heilte.

Beim Fasten sollten wir einige Regeln beachten: Wir müssen viel trinken und täglich mehrere Einläufe vornehmen, damit sich keine toxischen Stoffe in den Därmen festsetzen können. Nach drei Fastentagen beinhalten die Därme zumeist nicht mehr genügend feste Fäkalienrückstände. Die Darmbewegung setzt aus, obwohl sich immer noch Giftstoffe in den Därmen befinden. Wir müssen die Därme also auf andere Weise reinigen, um an unseren eigenen Giften nicht Schaden zu leiden. Weil es beim Fasten also einiges zu beachten gilt, lassen Sie sich für den ersten Versuch am besten von einem an Naturheilverfahren interessierten Arzt beraten. Es gibt auch eine ganze Reihe von Büchern zu diesem Thema, die Ihnen sagen können, wie Sie fasten und wie Sie das Fasten beenden sollten, um Ihrer Gesundheit zu nutzen, anstatt ihr durch falsches Vorgehen zu schaden.[26]

Reiki unterstützt jede Art von Heilfasten optimal. Es mindert die unangenehmen Begleiterscheinungen, die sich in den ersten drei Tagen vielleicht einstellen, und stärkt darüber hinaus über die Lebenskraft das Immunsystem und beschleunigt auch die Ausscheidung. Wer sich auf natürliche Weise selbst heilen möchte, sollte eine Fastenperiode in Verbindung mit Reiki-Behandlungen als wirkungsvolle Alternative in Erwägungen ziehen.

Nun mag Heilfasten den Körper entschlacken und die Toxine ausscheiden, von negativen Emotionen befreien kann es uns nicht. Nach dieser Befreiung sehnen wir uns

[26] Wesentlich ausführlichere Darstellungen von verschiedenen Aspekten der Gesundheitsvorsorge sind auch in zwei weiteren Büchern von mir zu finden, nämlich in Paula Horan und Narayan Chöyin Dorje, *Satsangs der Selbstbefreiung*, Aitrang 2003, Windpferd Verlag und Paula Horan, *Ozon – der unsichtbare Heiler*, Aitrang, 2003, Windpferd Verlag

jedoch vielleicht sogar sehr. Deswegen sollten wir unser System auch von den hochgiftigen Rückständen alter und verbrauchter Emotionen entschlacken, nicht nur den Körper. Stress und Verspannung setzen sich im Körper fest und zwingen ihm mit den Jahren ihre Gestalt auf (vergleiche Kapitel 16), so dass unsere Persönlichkeit in eine bestimmte Form, eine Schablone gepresst wird. Mit dem fortwährenden emotionalen Stress unterwerfen wir uns negativen Reaktionen, die bald zu Mustern erstarren und uns zur zweiten Haut werden. Gegen diesen Trend der emotionalen Verkrustung hilft zum Beispiel eine Bewusstseinstechnik, die in den letzten dreißig Jahren entstanden ist. Sie weicht Verhaltensstrukturen auf, die bis zum Geburtstrauma zurückreichen. Ich spreche vom so genannten Rebirthing. Leonard Orr hat es in den frühen siebziger Jahren des 20. Jahrhunderts entdeckt und dem therapeutischen Ansatz auf der Grundlage bestimmter Atemtechniken aus dem Yoga eine wirksame Form gegeben. Das klassische Rebirthing, wie Leonard Orr es zuerst lehrte, findet in einer Whirlpool-Wanne statt. Das Wasser sollte körperwarm sein, so dass es in tiefen Bewusstseinsschichten die Erinnerung an den Mutterleib wachruft. Während der Klient in der Wanne sitzt, führt der Rebirther ihn in ein entspanntes rhythmisches Atmen hinein, in dem Ein- und Ausatmung sich ununterbrochen aneinanderreihen wie die Glieder einer Kette, es also keine Pausen zwischen Ein- und Ausatmung gibt. Geatmet wird nicht mit dem Zwerchfell, sondern mit Lunge und Brustkorb, je nach Wahl durch Nase oder Mund. Das spielt keine Rolle. Auf jeden Fall aber wird diese Art der Atmung die Körperenergie aufrühren, und das soll sie ja auch. Während des Rebirthing kribbelt und zittert gelegentlich der ganze Körper. Manchmal versteifen sich die Hände, weil lang angesammelte Verspannungen sich plötzlich lösen und der Körper sich unbewusst dem ungewohnten Energiestrom widersetzt. Der Widerstand zeigt an, dass viel Traurigkeit und viele andere unterdrückte Gefühle nach oben drängen, die wir nun fühlen und loslassen können. Während wir rhythmisch weiteratmen, kommen und gehen verschiedene körperliche Symptome in schneller Folge.

Die Aufgabe des Rebirthers entspricht dabei der eines Geburtshelfers. Zuerst ist er da, um uns beim Prozess des kreisenden und niemals unterbrochenen Ein- und Ausatmens zu unterstützen, was wegen der unbewussten Widerstände gegen die aufkommenden und bisher unterdrückten Gefühle manchmal recht schwer durch- und auszuhalten ist. Später kann er uns vielleicht den einen oder anderen Hinweis darauf geben, wie wir die aufkommenden Gefühle noch tiefer und voller erfahren und uns ihnen rückhaltlos überlassen können, bis wir von ihnen überschwemmt werden. Für den Erfolg des Rebirthing ist es nämlich wichtig, dass wir alle aufkommenden Gefühle wirklich fühlen und wirklich in sie hineingehen, bis wir die Kontrolle aufgeben und uns ihnen überlassen. Die Gegenwart eines erfahrenen Begleiters ist dazu unerlässlich, denn gewöhnlich haben wir ja große Angst davor die Kontrolle zu verlieren. Das Paradox beim Rebirthing ist jedoch, dass wir erst mehrmals die Kontrolle über unsere aufbrechenden Gefühle verlieren müssen, bevor sich die liebende und selbst-regulierende Kontrolle einer tieferen Bewusstheit einstellt, die alle Gefühle wahrnehmen kann, ohne sich mit ihnen zu identifizieren – die alles zulassen kann und trotzdem von nichts eingefangen und begrenzt wird.

Mit einer einzigen Rebirthing-Sitzung ist das Ziel der alles einschließenden Bewusstheit sicher nicht zu erreichen. Wahrscheinlich müssen Sie sich in mehreren Sitzungen schrittweise zur so genannten Atembefreiung vorarbeiten. Mit Atembefreiung beschreibt Leonard Orr den entscheidenden therapeutischen Durchbruch im Rebirthing, jenen Augenblick, in dem Sie den ersten Atemzug Ihres Lebens wieder erfahren. Die Atembefreiung setzt unermessliche Heilkräfte im Körpergeist frei, weil nun der Schaden behoben ist, den der Atem gleich im Augenblick der Geburt nahm. Sie atmen wieder frei, und frei leben Sie auch.

Mancher mag durch das rhythmische Atmen des Rebirthing sogar in ein vergangenes Leben zurückgeführt werden. Dafür ist unerheblich, weil eine akademische Frage, ob wir tatsächlich früher schon einmal gelebt haben oder nicht. Wie wir diese Erinnerungen auch definieren mögen, sie existieren tatsächlich. Daran zumindest ist nicht zu zweifeln. Erklärungen mag es viele geben. Allein wichtig ist die kathartische Wirkung dieser „Geschichten". Sie helfen uns, längst verschüttete Emotionen noch einmal bewusst zu durchleben und loszulassen und sie zeigen, warum wir uns in bestimmten Situationen in unserem gegenwärtigen Leben immer wieder unangemessen verhalten. Viele kleine und große Schwierigkeiten unseres Lebens sind an Bilder und Empfindungen aus der Vergangenheit gekoppelt. Kummer und Sorgen verschwinden, wenn wir sie in uns wachrufen und nochmals erfahren.

Nehmen wir an, Sie können nicht lieben, wie Sie lieben möchten, sich Ihrem Partner im Alltag nicht hingeben, nicht mit ihm reden und kämpfen und sich versöhnen. In diesem Fall mag eine Rückführung über rhythmisches Atmen Sie in ähnliche Bilder und Szenen versetzen, die aus irgendeinem Grund in Ihrer Erinnerung gespeichert sind. Indem Sie diese wieder erleben, können Sie sich endlich von ihnen befreien und sie transformieren. Dann können Sie Ihre Lebensprobleme unvoreingenommen wie mit neuen Augen sehen. Sie verstehen, wie die Konditionierungen durch unbewusste Erinnerungsfetzen Ihr heutiges Verhalten mitbestimmen, Sie immer wieder in bestimmte Situationen hineinmanövrieren. Mit anderen Worten, wenn Sie verstehen wie wenig frei Sie unter dem Einfluss unbewusster Konditionierungen leben und handeln können, desto freier wird diese aus der Erfahrung gewonnene Einsicht Sie machen.

Als ich selbst zum ersten Mal Rebirthing ausprobierte, tat ich es mit einer klaren Absicht. Ich wollte meine frühe Kindheit wieder erfahren, denn bei früheren Rückführungen unter Hypnose hatte ich mich einfach nicht an Dinge und Geschehnisse aus meinen ersten beiden Lebensjahren erinnern können. Es war wie verhext, es gab eine Mauer, die ich nicht durchbrechen konnte. Und ich wollte doch so gern meine Geburt und meine ersten Lebensmonate wiedererleben. Da geschah beim Rebirthing das Unerwartete: Ich glitt in ein vergangenes Leben hinüber, zurück zum 6. August 1945, zurück nach Hiroshima, zurück zum Augenblick der Explosion. So traumatisierend bis in die tiefsten Schichten der Psyche diese Erfahrung gewesen war, so viele damit verbundene Emotionen brachen nun zur Oberfläche meines Bewusstseins durch. Ich war wie aufgewühlt. Danach jedoch konnte ich vieles besser verstehen: warum ich dem Leben so und nicht anders begegne, warum ich, besonders in jungen Jahren, viel krank gewesen bin und warum ich diese und nicht jene Krankheiten bekam. Ich verstand auch, dass ich jenes Leben gewählt und die Atombombenexplosion miterlebt hatte, weil ich daraus lernen wollte. Mit dem nochmaligen Durchleben jenes Todes hatte ich auch das Wissen wieder entdeckt, das er mir vermittelt hatte. Es hat mir die Kraft gegeben, der Gegenwart vertrauensvoller und der Zukunft hoffnungsvoller zu begegnen.

Ich habe mit Rebirthing sehr gute Erfahrungen gemacht. Sie haben mich befähigt, lange und tief verschüttete Emotionen bewusst zu erleben und loszulassen. Meine Seele war wieder rein und offen für neue, positive Angebote des Lebens. Auch hat Rebirthing mir geholfen, meine Motive besser zu durchschauen und zu begreifen, warum ich auf bestimmte Situationen auf Grund meiner Konditionierung geneigt bin, immer mit einem ganz bestimmten Verhalten zu reagieren. Diese Bewusstheit ermöglicht sehr viel mehr Freiheit und Spontaneität. So lebt es sich ungezwungener und auch lustvoller.

Rebirthing ist für sich genommen bereits eine sehr bedeutende Form der Heilung von Körper und Geist. Zusammen mit Reiki kann es manchmal scheinbar unvorstellbare Veränderungen einleiten. Dazu ein Beispiel: Auf einer meiner vielen Seminar-Touren im Ausland sprach mich ein junger Mann an, der sehr stark stotterte. Er fragte mich, ob ich ihn behandeln könnte. Mein erster Gedanke war, ihm die Einstimmungen in den ersten Reiki-Grad und nachfolgend regelmäßige Eigenbehandlungen zu empfehlen. Aber da meldete sich meine innere Stimme und ermutigte mich, ihm direkt zu helfen. Wir vereinbarten einen Termin. Er kam zu einer Reiki-Behandlung, und ich legte meine Hände in den vorgeschriebenen Positionen auf seinen Kopf auf. Als ich die Hände dann auf sein Kehlchakra auflegte, kam es zum Spasmus; Arme und Hände zuckten krampfhaft. Sein Körper wand sich unter den Konvulsionen heftiger Energieschübe, und ich erkannte intuitiv, dass ich ihn nun in ein bewusstes rhythmisches Atmen hineinführen musste. Bei diesem Atmen steigerte sich das Tempo seiner unwillkürlichen Bewegungen und er zeigte Reaktionen, die in der Bioenergetik häufig zu beobachten sind. Nachdem dieser Prozess natürlich verebbt war, erinnerte sich der junge Mann plötzlich an einen Vorfall aus einem vergangenen Leben, der unmittelbar mit seinem Stottern zusammenhing. Am Ende unserer Sitzung hatte er zwar nicht aufgehört zu stottern, sein Stottern war jedoch merklich schwächer geworden. Er fühlte sich befreit, eine große seelische Erleichterung. Ich gab ihm einige Visualisierungsübungen, mit denen er weiter an sich arbeiten sollte, sowie eine Reihe von Affirmationen, um sich endgültig von den seelischen Strukturen zu lösen, die das Stottern zwanghaft hervorgerufen hatten. Ein paar Tage später sah ich ihn wieder. Er redete bereits viel flüssiger. Da er bereit war, sich aktiv für die eigene Heilung einzusetzen, veränderte die Kombination von Reiki und Rebirthing sein Leben. Wer ähnliche Bereitschaft aufbringt, wird mit der Kombination von Reiki und Rebirthing ähnliche Erfahrungen machen. Er wird erfahren, wie gut diese Bewusstseinstechniken bei der Heilung von Körper und Seele zusammenwirken.

Auch viele andere Therapien lassen sich gemeinsam mit der Reiki-Kraft anwenden. Seien Sie experimentierfreudig und ein bisschen wagemutig. Probieren Sie Reiki einfach einmal zusammen mit Ihren eigenen speziellen Techniken, mit denen Sie sonst auch arbeiten.

KAPITEL 14

Die Gruppenbehandlung

In der Gruppenbehandlung können wir universale Lebensenergie mit Freunden teilen. Das ist ein schönes Erlebnis, das jeder empfehlen wird, der es schon einmal mitgemacht hat. Gruppenbehandlungen sind gewöhnlich kürzer als eine normale Behandlung, weil ja gleichzeitig mehrere Menschen den Körper Lebensenergie einziehen lassen. Außerdem sind Gruppenbehandlungen ein Genuss. Es ist nämlich ein wunderbares Gefühl, zehn oder zwölf Hände auf dem eigenen Körper aufliegen zu spüren! Da bei der Gruppenbehandlung gleichzeitig mehrere geöffnete Kanäle beteiligt sind, strömt die Energie noch intensiver als in der Einzelbehandlung.

Die Gruppenbehandlung ist ein wichtiger Bestandteil der Einführung in den ersten Grad: Dazu stellen wir sechs Stühle um einen Massagetisch (oder einen Tisch von vergleichbarer Größe, mit Decken oder Kissen gepolstert). Ein Stuhl steht am Kopf, ein anderer am Fußende; zwei Stühle stehen auf jeder Seite. Das heißt, wir brauchen sieben Teilnehmer: einer auf dem Tisch und sechs, die ihn behandeln. Der Teilnehmer am Kopf übernimmt die Führung. Er gibt das Tempo vor und wenn er die Handposition wechselt, tun es auch die anderen. Ich halte die erste Behandlung grundsätzlich sehr kurz. Jeder Teilnehmer darf einmal auf dem Tisch liegen und sich zehn Minuten von der Gruppe mit Reiki behandeln lassen (Rücken und Vorderseite jeweils fünf Minuten). Während dieser zehnminütigen Behandlung führt jeder der Behandelnden mit seinen Händen drei Reiki-Positionen aus.

Nach Abschluss der Behandlung legt sich ein anderer auf den Tisch und die Behandelnden spielen „Reise nach Jerusalem", das heißt, sie rücken gegen den Uhrzeigersinn auf den nächsten Stuhl vor. So bekommt jeder die Gelegenheit, verschiedene Stellen am Körper zu behandeln. Dabei kann jeder feststellen, dass sich jeder Körper anders anfühlt. Da wir bei dieser ersten Gruppenbehandlung die Hände jeweils nur eineinhalb Minuten in einer Position aufliegen lassen, werden die Teilnehmer wahrscheinlich merken, dass nicht jede Stelle am Körper genug Energie abbekommt, denn sie zieht vielleicht auch bei Veränderung der Handposition noch Energie ein. Am nächsten Tag werden Sie dann eine andere Erfahrung machen. Bei der einstündigen Partnerübung werden Sie spüren, dass die verschiedenen Körperstellen bei der Behandlung sich unterschiedlich heiß anfühlen. Die erste Schnellbehandlung hingegen vermittelt ein erstes kinästhetisches Gespür für den Körper. Die Kommentare und Beobachtungen der anderen Teilnehmer werden Ihre Erfahrung bestätigen und erklären. Sie bekommen bestätigt, dass Ihre Hände sich erhitzen, wann immer große Energiemengen eingezogen werden, und lernen durch diese Bestätigung, an Ihre eigene Erfahrung zu glauben.

Ist das kinästhetische Gespür nach der ersten Behandlung gewachsen, wird für die nächste Gruppenbehandlung mehr Zeit anberaumt. Sie können die Hände dann drei bis fünf Minuten oder nach Wunsch auch länger in einer Reiki-Position aufliegen lassen, bevor Sie zur nächsten weitergehen. Gruppenbehandlungen sind äußerst heilsam, vor allem bei schweren Krankheiten wie Krebs oder AIDS. Aus diesem Grund hat die Reiki-Alliance zum Beispiel 1987 in Santa Fé/New Mexico *La Casa de Corazon* (das „Haus des offenen Herzens„) gegründet, wo man sich auf die Behandlung von AIDS-Kranken konzentrierte. Hauptziel ist es, den Zustand der Klienten zu stabilisieren, was man mit zwei bis drei Gruppen- oder Individualbehandlungen pro Tag zu erreichen versucht. *La Casa de Corazon* könnte ein Ansporn sein, ähnliche Gruppen zu bilden. Reiki-Heilerinnen und -Heiler könnten sich überall zu Behandlungsgruppen für Krebs und AIDS-Kranke zusammenschließen. Das braucht auch nicht unbedingt publik gemacht zu werden, denn es geht darum zu helfen, nicht um Eigenwerbung. Wo immer die Krankenhäuser die direkte Behandlung mit Handauflegen erlauben, sollten die Gruppen diese Chance nützen. Wo dies nicht geht, sind zumindest Fernheilungen über die Techniken des zweiten Grades möglich.

Gruppenbehandlungen mit den Techniken des zweiten Grades können vielen Zielen dienen; sie müssen sich nicht auf die Behandlung eines einzelnen Menschen beschränken. Wir können mit ihnen Gedankenwellen des Friedens in die Kriegsschauplätze der Erde ausstrahlen lassen, oder die Reiki-Kraft von einem Katastrophengebiet einziehen lassen. Wir können die Ozonschicht an ihren heilenden Energien partizipieren lassen. Sie sehen, Reiki hat so viele verschiedene Anwendungsmöglichkeiten, wie es Probleme auf der Welt gibt. Es kann die Erde bei ihren kontinuierlichen Prozessen der Selbstheilung und Ausgleichung helfen. Wie bitter notwendig dies ist, weiß mittlerweile jeder.

Die Erde braucht unsere Aufmerksamkeit, und wir können ihr auch helfen. indem wir uns der Reiki-Kraft öffnen und ein Reiki-Kanal werden, das heißt regelmäßig Reiki praktizieren. Schon dies allein setzt unbeabsichtigt viele positive Nebenwirkungen frei, von denen indirekt die ganze Welt profitiert.

Unser Planet gibt uns alles, was wir brauchen. Wir können uns mit unserer Öffnung für die universale Lebensenergie des Reiki für seine Fülle erkenntlich zeigen. Wir alle profitieren von der Heilung, ganz gleich ob unsere Gruppenbehandlung einem Menschen gilt, einer bestimmten Krisenregion der Erde oder dem ganzen Erdball. Damit der Einzelne ganz und in tieferem Sinne gesund sein kann, müssen alle und alles gesund sein – eine Wahrheit, die auch in der Umkehrung wahr bleibt: Damit wir alle ganz und in tieferem Sinne gesund sein können, muss jeder Einzelne, muss jedes Wesen heil und gesund sein.

Anders als bei der Erstausgabe dieses Buches kann Reiki mittlerweile bei uns hier im Westen auf eine bewegte und auch erfolgreiche Geschichte zurückblicken, und deswegen gibt es viel mehr praktische Beispiele für alle Arten von Anwendungsmöglichkeiten – und für viele davon zumindest eine anekdotische Erfolgsstory.

KAPITEL 15

Die Behandlung von Säuglingen, Pflanzen, Tieren, Lebensmitteln und unbelebten Gegenständen

Schwangere lassen sich sehr gern mit Reiki behandeln, weil seine Kraft ihre kleineren und größeren Beschwerden lindert – in den ersten drei Monaten das Unwohlsein am Morgen und später die Kreuzschmerzen. Wobei man an dieser Stelle nochmals an die Bedeutung der richtigen Flüssigkeitszufuhr erinnern sollte. Gerade in der Schwangerschaft ist es wichtig, viel und vor allem reines Quellwasser zu trinken. Man kann immer wieder feststellen, wie dadurch die typische Übelkeit am Morgen praktisch aufhört. Auch die von der kräftigeren Hormonausschüttung bedingten Stimmungsschwankungen gleichen sich aus, dies jedoch am meisten bei regelmäßigem Reiki. Viele meiner Reiki-Schülerinnen, die inzwischen Mütter geworden sind, können dies bestätigen.

Dem Baby selbst scheint Reiki ebenfalls zu gefallen. Viele Reiki-Babys sind Prachtbabys und entwickeln sich etwas anders und vielleicht auch schneller als andere Säuglinge. Es gibt dazu noch keine verlässlichen Statistiken, nur sehr viel anekdotisches Material. So habe ich zum Beispiel meine Schwester während zwei Schwangerschaften regelmäßig mit Reiki behandelt. Die Behandlungen schienen das Ungeborene jeweils zu beleben und ihm einen Energieschub zu geben, denn es begann im Mutterleib zu strampeln und mit den Ellbogen zu stoßen. Auch veränderte es während der Behandlung fortwährend seine Lage, zumindest so lange dafür im Bauch noch genug Platz war. Schließlich haben wir meine Schwester während der Entbindung und meine beiden Nichten unmittelbar nach ihrer Geburt und auch später noch viel mit Reiki behandelt. Ob es daran liegt, dass die inzwischen zu Teenager herangewachsenen Mädchen so selbständig, emotional reif und verlässlich sind?

Sie sind in der Schule Extraklasse und zeigen sowohl Verstand als auch eine außergewöhnlich schnelle Auffassungsgabe. Außerdem treten sie emotional reif und ausgeglichen auf, und das trotz einer dramatischen und konfliktreich ausgetragenen Scheidung ihrer Eltern und anderer Stürme, die sie im Verlauf ihrer Kindheit erleben mussten, wie viele andere Kinder ihrer Generation. Weil man ähnlich positive Entwicklungen inzwischen auch aus den Geschichten anderer Reiki-Kinder kennt, ist man geneigt, es der universalen Lebensenergie und ihrer harmonisierenden Wirkung zuzuschreiben. Deswegen wäre es für die Zukunft sicher aufschlussreich, einmal die emotionale und intellektuelle Entwicklung von Reiki-Kindern vom Säuglingsalter bis etwa zum achtzehnten oder zwanzigsten Lebensjahr zu verfolgen und zu dokumentieren. Ich bin sicher, im Vergleich zur Kontrollgruppe werden dann einige sehr aufschlussreiche Unterschiede sichtbar werden.

•••

Wer gern gärtnert, wird bald feststellen, wie gern die Pflanzen in seinem Garten sich mit Reiki behandeln lassen. Sie gedeihen danach nämlich besonders prächtig. Vor dem Einpflanzen behandelte Samen entwickeln sich zu gesünderen und kräftigeren Gewächsen als unbehandelte Samen. Halten Sie die Samen zu diesem Zweck einfach zwischen den Handflächen, bis sie die Energiemenge eingezogen haben, die sie benötigen. Keimlinge können Sie behandeln, indem Sie die Hände darüber halten. Die regelmäßige Behandlung Ihres Gemüsegartens wird Sie mit einer Fülle gesunder, kraftvoller Pflanzen belohnen. Blumen und Büsche profitieren nicht weniger sichtbar von der universalen Lebensenergie des Reiki. Sie tragen mehr größere und schönere Blüten und wachsen rascher. Topfpflanzen im Zimmer gedeihen und Schnittblumen welken nicht so schnell wie gewöhnlich.
Und noch ein Nebeneffekt stellt sich ein, der auch andere Bereiche Ihres Lebens positiv beeinflussen und zu Ihrem allgemeinen Wohlgefühl beitragen wird. Sobald Sie sich nämlich aufraffen, Ihre Pflanzen im Garten oder in der Wohnung regelmäßig und ganz liebevoll mit Reiki zu behandeln, werden Sie sehr bald feststellen, dass auch Sie selbst sehr viel liebevoller und aufmerksamer werden. Sie nehmen sich selbst und alle so genannten Kleinigkeiten in Ihrer Umgebung mit den Augen der Liebe sehr viel klarer und deutlicher wahr. Da der Fluss der Wahrnehmung nun ausgeglichener fließt, kann es geschehen, dass Sie sich nicht nur ausgeglichener fühlen, sondern auch Ihr Leben entspannter und freudvoller wird.

Dass Pflanzen generell positiv auf Reiki ansprechen, kommt nicht überraschend, wenn man es im Zusammenhang mit anderen Dingen sieht, die wir inzwischen über das geheime Leben der Pflanzen wissen. So hat man vielfach wissenschaftlich untersucht und auch nachweisen können, wie Pflanzen auf unsere Gefühle und auf Musik reagieren. Und man hat entdeckt, dass man eine gesunde und kräftige Pflanze erhält, wenn man nur regelmäßig mit ihr spricht. Mein Partner und ich haben das sehr schön an der Entwicklung unseres eigenen großen Gemüsegartens beobachten können als wir noch auf dem Land in der Nähe von Seattle wohnten. Dort behandelten wir Samen, Keimlinge und Pflanzen nicht nur mit Reiki, sondern probierten zusätzlich noch eine andere Methode: Wir besprühten die Beete allmorgendlich mit einer Mischung aus reinem Quellwasser und feinen Mineralien und berieselten sie dann mit den Klängen von Vivaldis „Primavera" aus den *Vier Jahreszeiten*, die wir per Lautsprecher in den Garten übertrugen. In der Abenddämmerung begleiteten wir sie dann ebenfalls per Lautsprecher mit einem indischen Sitar-Abendraga in die Nacht. Das Wachstum und die Fülle kannten keine Grenzen. Selbst die schier unersättliche Schar der Schnecken kam nicht dagegen an. Und lecker waren unserer eigenen Salate und Gemüse wie wenige, die wir seitdem kosten durften!

In dieser Hinsicht ist auch das folgende Experiment aufschlussreich, das ein Gemüsebauer auf dem Münchener Viktualienmarkt durchgeführt hat. Eine Reiki-Freundin aus München verwies mich darauf, und die Geschichte ist so gut, dass ich sie erzählen möchte. Dabei geht es um etwas so Gewöhnliches wie Radieschen. Eines schönen Morgens an einem Samstag im Juni 2004 erntete der Bauer, den wir einfach Sepp nennen wollen, zweitausend Bunde Radieschen und teilte sie in zwei gleich große Mengen, nämlich jeweils eintausend Bunde. Bevor sie vom Hof nach München transportiert wurden, wurde eine Hälfte der Lieferung mit Reiki behandelt, die anderen eintausend Bunde erhielten kein Reiki. Auf dem Markt angekommen, wurden die beiden Mengen an benachbarten Ständen, aber zu sehr unterschiedlichen Preisen verkauft. Die eintausend unbehandelten Bunde kosteten die auf dem Markt üblichen 40 Cent. Die eintausend mit universaler Lebenskraft aufgeladenen waren hingegen sehr viel teurer. Auf dem Preisschild stand zu lesen: „Feinstofflich energetisiert unter AGBP-Kontrolle – Euro 1,25". Es passierte etwas Erstaunliches: Die mehr als drei Mal so teuren „energetisierten" Radieserl waren bereits vor elf Uhr morgens ausverkauft, während von den nicht mit Reiki behandelten selbst um 13:00 Uhr noch 250 Bunde übrig waren. Der Knüller aber ereignete sich am Montag, als viele Kunden an Sepps Stand vorbeischauten und sich erkundigten, wann es denn wohl wieder diese besonderen Radieschen geben würde, die so unglaublich lecker geschmeckt hatten.

Nun lässt sich die Geschichte auf verschiedene Weise deuten. Zuerst kommt vielen wohl die zynische Lesart in den Sinn. Das heißt man geht davon aus, dass die Menschen sich nur allzu gern für dumm verkaufen lassen und immer bereit sind, ihr schwer verdientes Geld für irgendwelche Hirngespinste auszugeben – weil ja bekanntlich eine Lüge nur groß genug sein muss, um geglaubt zu werden. Jeder gewöhnliche Kommentator einer Tageszeitung würde es so sehen. Aber dieser Zynismus zeigt nur, dass die eigenen feinen Antennen verkümmert sind, denn wenn unsere Sinne nicht abgestumpft wurden, haben wir Menschen sehr feine Werkzeuge der Wahrnehmung und können vorbewusst auch feinstoffliche Energien sehr konkret spüren.

Vergegenwärtigen wir uns noch einmal die Tatsache, dass alle lebenden Organismen und Gewebe durch die sogenannten Biophotonen tatsächlich Licht aus ihren Zellen abstrahlen. Dies wurde schon Mitte der 70er-Jahre in Versuchen an der Universität Marburg einwandfrei erkannt und aufgezeichnet. Man konnte damals an Gurken- und Kartoffelkeimen nachweisen, dass diese unter bestimmten Bedingungen Licht im Bereich von etwa 380 bis 800 Nanometer abstrahlen. Mit demselben Versuchsaufbau konnte dasselbe Ergebnis durch viele andere Messungen bestätigt werden.

Später kam die Einsicht hinzu, je frischer und je natürlicher diese Organismen oder Gewebe gewachsen sind, desto stärker ist auch ihre Eigenstrahlung, desto mehr Licht geben sie aus ihren Zellen ab. Fremdstoffe und Manipulationen dämpfen hingegen die Biophotonen. Natürlich hat man sich dieses Faktum zur Qualitätsbestimmung von Lebensmitteln inzwischen praktisch nutzbar gemacht. Zum Beispiel hat das Magazin *Öko-Test* 1991 eine Biophotonen-Analyse von mehr als 22 handelsüblichen Sonnenblumenölen in Auftrag gegeben. Durch einen vielschichtigen und viele Faktoren berücksichtigenden Versuchsaufbau wurde unter anderem eine Übereinstimmung zwischen der Lichtleitfähigkeit der Pflanze und der Lichtleitfähigkeit des Lebensmittels gezeigt: *„Die Sonnenblume überträgt ihre Eigenheit, Licht zu speichern, auch auf das*

Öl … Damit bleibt die Besonderheit, Lebensmittel und nicht allein Nahrungsmittel zu sein, weitgehend erhalten."

Gleichzeitig deckte die Versuchsreihe mit den Sonnenblumenölen auch die Grenzen der Biophotonenanalyse auf. Prof. Fritz Albert Popp, der Begründer dieser neuen Richtung in der Forschung beschreibt sie folgendermaßen: *„Die Biophotonenanalyse ersetzt nicht die Analytik der Inhaltsstoffe! Sie kann „nur" ganzheitliche Qualitätskriterien liefern. Sie untersucht die Vorgeschichte der untersuchten Lebensmittel, ihre ganzheitliche Tauglichkeit, legt uns nahe, welche Auswahl wir nach den bestmöglichen objektiven Verfahren treffen könnten, deutet uns an, wie unser Körper auf das Lebensmittel reagieren wird, ob die Nahrung eine frohe Botschaft liefert, aromatisch ist oder „nur" unsere innere Ordnung aufbauen kann, ob das Preis-Leistungs-Verhältnis stimmt, ob die Ware bereits vergammelt oder ranzig ist.* "[27]

Genau diese Zusammenhänge kommen wahrscheinlich bei den oben erwähnten Radieschen zum Tragen. Das Experiment von Bauer Sepp auf dem Viktualienmarkt in München scheint zu suggerieren, dass die Bestrahlung von Lebensmitteln mit der universalen Lebensenergie des Reiki vielleicht die Lichtleitfähigkeit in den Zellen und Geweben seiner Radieschen erhöht hat. Worauf die Kunden damit reagierten, dass sie diese Radieschen bevorzugt kauften, obwohl sie sehr viel teurer waren. Das ist gar nicht so verwunderlich und hat auch wenig damit zu tun, dass die lieben Leute einem Geschaftlhuber aufgesessen sind. Vielmehr dürfen wir davon ausgehen, dass sie intuitiv den höheren „Licht"- und „feinstofflichen Energiegehalt" und damit Ordnungsgehalt der angebotenen Ware erkannten, weswegen sie ihr den Vorzug gaben. Hier wird der normale Leser wahrscheinlich stutzig und fragt sich: Was hat der Begriff der „Ordnung" oder des „Ordnungsgehalts" mit Lebensmitteln zu tun? Geht es bei Nahrungsmitteln nicht bloß um Inhaltstoffe und chemische Zusammensetzung, die ihren Wert für unsere Ernährung bestimmen? Und bestätigen nicht 1000 Diät- und Gesundheitsbücher diese Meinung?

So lautet also zumindest die gängige Ansicht. Der Nobelpreisträger Erwin Schrödinger kam jedoch zu einem ganz anderen Schluss, den er in seinem 1945 erstmals veröffentlichten Buch *Was ist Leben?* lapidar formulierte:[28] *„Der Kunstgriff, mittels dessen ein Organismus sich stationär auf einer ziemlich hohen Ordnungsstufe (einer ziemlich tiefen Entropiestufe) hält, besteht in Wirklichkeit aus einem fortwährenden Aufsaugen von Ordnung aus seiner Umwelt.*" Manfred Eigner hat dann 1976 Informationsfluss und -austausch als jene Größe oder Wirkkraft erkannt, die zum Fließgleichgewicht

[27] Siehe: Fritz Albert Popp, *Die Botschaft der Nahrung*, Frankfurt, 1999, Verlag Zweitausendeins, S. 95

[28] Die erste deutsche Übersetzung von 1951 dieser sogenannten Dubliner Vorlesungen von Schrödinger (denn dort wurden sie gehalten) wurde 1989 wieder aufgelegt und gilt inzwischen als eines der relativ dünn gesäten allgemein verständlichen Meisterwerke der naturwissenschaftlichen Literatur. Aber die wissenschaftliche Wirkung des Buches nach seinem Erscheinen war noch sehr viel weitreichender als seine heutige Beliebtheit ahnen lässt. Mit seinen provozierenden Fragestellungen inspirierte Schrödinger die Arbeiten von Crick und Watson, die 1953 zur Entdeckung der Doppelhelix des genetischen Code führten. Siehe Erwin Schrödinger, *Was ist Leben? – Die lebende Zelle mit den Augen des Physikers betrachtet*, München 1987, Piper Verlag

lebendiger Systeme beiträgt. Er konstatierte: „*Wenn man einem System, das die Fähigkeit hat, sich mit geringer Fehlerrate selbst zu reproduzieren, kontinuierlich Energie und Materie zuführt, dann existiert in diesem offenen System eine Umsatzgröße, die einem Maximum zustrebt.*" Mit anderen Worten: Je höher und verfeinerter der Informationsaustausch in einem System ist, desto stabiler kann es sein Fließgleichgewicht in ständigen Wandel aufrechterhalten.

Der wissenschaftliche Laie fragt sich, worauf Schrödinger und Eigner mit ihren Ausführungen ahnungsreich gezielt haben könnten, auch wenn sie diese Schlussfolgerung auf der Grundlage ihres damaligen Wissenstandes noch gar nicht ziehen konnten? Und was bedeuten sie aus der Perspektive der universalen Lebensenergie des Reiki? Vielleicht dürfen wir sie hypothetisch mit der oben angesprochene Eigenschaft lebender Organismen und Gewebe verknüpfen, Licht in sich zu speichern und dann auf das aus ihnen gewonnene Lebensmittel zu übertragen.

Licht repräsentiert ein dynamisches Ordnungsprinzip – als Welle wie als Partikel. Und es ist ein Prinzip der Kommunikation, denn Licht verbreitet sich schneller und gibt seine Informationen schneller weiter als jede chemische Reaktion. Deswegen ist das Licht in unseren Zellen ja gerade so wichtig, weil es die schnellste Form der intrazellulären und interzellulären Kommunikation ermöglicht. Das Prinzip der Ordnung könnte aber auch in anderem Sinne verstanden werden, nämlich als die Gesamtheit des evolutionär gewachsenen Aufbaus eines Organismus in allen seinen Strukturebenen – von der Biochemie bis zur Lichtspeicherung. Mit anderen Worten, je tiefer ein Lebensmittel in seiner eigenen natürlichen Ordnung verwurzelt ist, desto nachhaltiger verstärkt sein Genuss die natürliche Ordnung, die dem Konsumenten zueigen ist. Warum, dürfen wir uns fragen, verzehren Wildtiere nur bestimmte Gräser und Kräuter und verschmähen andere, die auf Grund ihres chemischen Aufbaus ebenfalls eine geeignete Nahrung abgeben würden? Warum spezialisieren sich Raubtiere auf bestimmte Arten der Beute? Doch wohl, weil ein objektiv schwer nachweisbarer übergreifender Zusammenhang besteht zwischen der Ordnung des jeweiligen Lebensmittels und der inneren und äußeren Ordnung dessen, der es verzehrt.

Dies sind sehr weitreichende, grundsätzliche Überlegungen. Wir brauchen sie keineswegs auf die Spitze zu treiben oder gar bis zum letzten Beweis zu Ende zu denken. Selbst die größten Wissenschaftler haben das noch nicht geschafft. Trotzdem sind solche Fragen und Gedankenexperimente wichtig, weil sie uns auf eine Lösung einstimmen, selbst wenn sie uns diese im Sinne eines fertigen Endprodukts schuldig bleiben. Immerhin stellen diese wissenschaftlichen Findungen und Hypothesen unsere Reiki-Praxis in den großen Bezugsrahmen der Vernetzung alles Lebendigen, denn sie lässt uns spürbar erfahren, was die Theorien andeuten. Auf den Punkt gebracht, können wir von der folgenden Verkettung von Fakten ausgehen:

1. *Leben kann nur bestehen, wenn es sich in einer ihm gemäßen Ordnung entfaltet.*
2. *Lebendige Ordnung beruht auf einem hohen Niveau der Kommunikation. Je mehr und je schneller Informationen weitergeleitet werden, desto in sich stabiler ist ein Organismus oder Gewebe.*

3. *Der schnellste Weg des Informationsaustausches vollzieht sich mit Lichtgeschwindigkeit.*

4. *Je höher und kräftiger die Biophotonen in den Zellen eines Organismus strahlen, desto besser werden die diesem Organismus eigenen Informationen auch über seine Grenzen hinaus übermittelt (zum Beispiel durch die Nahrungsaufnahme).*

5. *Die universale Lebensenergie des Reiki, so darf man annehmen, verstärkt die Eigenstrahlung der Zellen und erhöht damit über die potentielle Verstärkung der intra- und interzellulären Kommunikation auch Vitalität und Stabilität eines Organismus.*

Also ist es gut, wenn wir Pflanzen Reiki einziehen lassen, wenn wir Felder und Wälder mit Reiki behandeln – und wenn wir unsere Reiki-Hände über das Essen vor uns auf unserem Teller halten. Indem wir die den Lebewesen und Dingen eigene Ordnung mit der universalen Lebensenergie des Reiki unterstützen, verstärken wir unsere eigene – was sich in Form besserer Gesundheit und Vitalkraft manifestiert.

• • •

Auch Tiere lieben die Berührung mit der Reiki-Kraft, und werden im Verlauf einer Reiki-Behandlung zumeist immer ruhiger. Nur sehr selten werden Sie einmal ein Tier treffen, das Reiki ablehnt. Und dies müssen Sie respektieren. Im Allgemeinen jedoch haben Tiere den gleichen Nutzen von einer Behandlung wie der Mensch. Demnach scheinen Glaube und Weltbild für den Heilvorgang unwichtig zu sein; zumindest könnten wir dies annehmen, wenn selbst Tiere auf die Reiki-Kraft ansprechen. Damit möchte ich allerdings nicht ausschließen, dass Sie eher wieder gesund werden, wenn Sie daran glauben und fest davon überzeugt sind.

Alle Tiere, vor allem aber die höheren Säuger, sind anatomisch ähnlich gebaut wie der Mensch. Wenn Sie an einem Tier ein bestimmtes Organ heilen möchten, brauchen Sie also nur von der Lage dieses Organs in Ihrem eigenen Körper auszugehen. Achten Sie wie bei jeder Behandlung vor allem auf Körperstellen, die besonders viel Energie einziehen. Ich empfehle Ihnen ferner, die endokrinen Drüsen des Tieres zu behandeln, wo immer dies möglich ist.

Ein ruheloses, aufgeregtes Tier können Sie Reiki über eine Fernbehandlung einziehen lassen; dies gilt auch für Tiere, die zu berühren gefährlich scheint. Vielleicht lässt sich das Tier beruhigen. Streicheln Sie es; sprechen Sie es liebevoll an. Alles in allem werden Sie sehen, dass Reiki für die Gesundheit ihrer Haustiere eine große Hilfe darstellt.

• • •

Sie können mit der Reiki-Kraft alle möglichen Gegenstände und Objekte energetisch aufladen und reinigen. Kristalle haben wir in diesem Zusammenhang schon an anderer Stelle ausführlich erwähnt. Mit Edelsteinen und Schmuckstücken können Sie ähnlich verfahren. Was meinen Sie? Dies klingt zu weit hergeholt? Bedenken Sie, dass alle Materie eigentlich Schwingung ist, Schwingung von verschiedener Dichte und

Frequenz. Was es auf der physischen Ebene auch an Dingen und Wesen geben mag, sie alle verkörpern die universale Lebenskraft, nur eben auf verschiedenen Stufen der Entwicklung.

Da alle Materie eigentlich Schwingung ist, kann Reiki sie überall durchdringen, ähnlich den feinstofflichen Ebenen Ihres eigenen Körpers, die weit in Ihr Umfeld hinausreichen und es durchdringen. Wenden Sie diese Wahrheit nutzbringend an, wenn Sie das nächste Mal ein Hotelzimmer betreten, das Ihnen mit negativer Energie gefüllt scheint: Reinigen Sie mit Reiki mühelos die Atmosphäre.

Sie können mit Reiki selbst die alltäglichsten Dinge behandeln: Autos, Motorboote, Segelboote, was Sie nur wollen. Alle diese Dinge absorbieren die feinstoffliche Energie ihres Besitzers und reagieren auf seine Stimmungen und Launen. Vielleicht ist Ihnen auch bereits aufgefallen, dass Ihr Wagen eher zu einer Panne neigt, und die Segel am Boot leichter reißen, wenn Sie selbst in einem Energie-Tief stecken? Für Segler und Seeleute hat das Schiff eine Persönlichkeit; sie betrachten es eher als eigenständiges Wesen denn als Ding. Maschinen und Apparate, die wir häufig benutzen, spiegeln unsere Verfassung wider, denn mit der Zeit haben sie unsere Schwingungen absorbiert, sich mit unserer Energie voll gesaugt. Unserer Anima werden sie zum Animus oder unserem Animus zur Anima. Jede Disharmonie zwischen uns und den täglichen Gebrauchsgegenständen ist eine stumme Aufforderung zu einigen Reiki-Behandlungen. Sie bewahren uns vor unerwünschten Pannen und Betriebsstörungen.

• • •

Wir wollen dieses Kapitel mit einer besonders wichtigen Feststellung beschließen: Die Reiki-Behandlung erhöht den Nährwert aller Speisen. In den meisten Ländern der Erde essen die Menschen wesentlich mehr gekochte oder „tote“ als rohe Speisen. Die Ernährung des durchschnittlichen Nordamerikaners zum Beispiel besteht zu 75 % aus gekochten und nur zu 25 % aus rohen Speisen. Wo das Verhältnis umgekehrt ist, gibt es überdurchschnittlich viele Hundertjährige: in Teilen der UdSSR, Bulgariens, Mexikos und dem Tal der Hunza in Pakistan. Dort besteht der Speiseplan im Durchschnitt zu 73 % Prozent aus rohen und nur zu 27 % aus gekochten Speisen. Rohe Speisen geben uns die lebenden Enzyme, die den Körper jung und gesund erhalten; außerdem beugen sie den typischen Verfallserscheinungen und damit vorzeitigem Altern vor. Rohkost macht also gesund; zumindest ist sie für die Gesundheit ein wichtiger Faktor.

Natürlich können Sie aus verschiedenen Gründen einmal in die Lage kommen, dass Sie nicht genügend rohe, lebendige Speisen erhalten. In diesem Fall sollten Sie Ihre Nahrung mit Reiki behandeln und auf diese Weise mit universaler Lebensenergie sättigen. Halten Sie vor dem Essen Ihre Hände über den Teller und behandeln Sie nach der Mahlzeit zur Förderung der Verdauung Ihren Bauch.

Noch einmal: Alle Materie ist universale Lebensenergie, allerdings je nach Dichte mit ganz unterschiedlicher Frequenz schwingend. In Reiki ist diese gebündelt, deswegen intensiv. Und aus diesem Grund können Sie mit Reiki neben Lebewesen auch „undurchlässige“ Materie mit neuer Energie aufladen. Lassen Sie Ihrer Phantasie freien Lauf und gestatten Sie Ihrer Intuition, die wahrhaft unendlichen Möglichkeiten zu erkunden.

Der Bach der Tränen
klärt den Tümpel des Bedauerns.
Nari

KAPITEL 16

Die Behandlung spezifischer Beschwerden

Wenn wir spezifische Beschwerden mit der Reiki-Kraft behandeln wollen, müssen wir zwei Dinge beachten, weil die meisten Krankheiten sich einer von zwei Kategorien zuordnen lassen: akute und chronische Krankheiten. Akute Beschwerden sind definiert als Krankheit, die erst seit kurzem besteht. Sie sprechen anders auf eine Reiki-Behandlung an als chronische Beschwerden, die der Klient seit langem mit sich herumschleppt. Hauptunterscheidungsmerkmal zwischen den beiden ist die krisenartige Zuspitzung der Krankheit vor der endgültigen Genesung, die wir als heilende Krise bezeichnen. Akute Krankheiten manifestieren sie in Reaktion auf die Reiki-Kraft sofort, und zwar in der Mobilisierung der Toxine. Chronische Krankheiten manifestieren eine entsprechende Heilkrise, wenn überhaupt, erst im späteren Verlauf der Behandlung.

Nehmen wir an, Sie behandeln einen Klienten, der mit Arthritis zu Ihnen kommt, einer chronischen Krankheit also. Sie beginnen mit Ihren Reiki-Behandlungen, und seine Schmerzen lassen durch die ersten Sitzungen stetig und rasch nach. Setzen Sie die Behandlungen über mehrere Wochen kontinuierlich fort, nehmen Schmerz und Schwellung ebenso kontinuierlich ab, bis der Genesungsprozess die letzten Toxine mobilisiert. An diesem Punkt mag der Klient einen Rückfall erleben und die Krankheit sogar noch stärker spüren als vor Behandlungsbeginn – ein Zeichen, dass Sie bis zum „harten Kern", dem letzten „Bollwerk" der Krankheit durchgestoßen sind und es nun von innen aufbrechen. Die universale Lebensenergie des Reiki und der letzte Rest der Giftstoffe reiben sich aneinander wie Zündholz und Reibefläche und produzieren auch eine ähnliche Reaktion: Die sich plötzlich entzündende Flamme verbrennt den Kopf des Zündholzes. Reiki entgiftet den Körper mit einer großen Dosis Lebensenergie endgültig von der Krankheit.

Die von der Mobilisierung toxischer Reste ausgelösten Symptome mögen zwar unangenehm sein, sie sind jedoch in jedem Fall ein gutes Zeichen. An diesem Punkt müssen Sie Ihrem Klienten das Geschehen erklären und bis zur Überwindung der Heilkrise zusätzlich behandeln. Zu beachten ist ferner, dass die Heilkrise bei chronischen Krankheiten nicht zwangsläufig auftreten *muss.* Die Symptome können sich stattdessen auch ohne dramatische Zuspitzung ganz allmählich verflüchtigen. Da sie sich vielleicht gar nicht zeigt, brauchen Sie bei der Behandlung einer chronischen Krankheit den Klienten nicht im Voraus auf die Mobilisierung der Toxine hinzuweisen.

Bei akuten Krankheiten liegt der Fall anders. Der Kranke kommt mit Schmerzen zu Ihnen, und seine Beschwerden sind ihm neu. Auch hat er hoffentlich bereits einen Arzt konsultiert, so dass Ihre Aufgabe als Reiki-Heilerin oder -Heiler nur darin besteht, die Genesung zu beschleunigen. Hat der Klient trotz ernsthafter Beschwerden noch keinen Arzt aufgesucht, tun Sie ihm und sich den größten Gefallen, wenn Sie ihm einen guten Arzt oder Heilpraktiker empfehlen. Bei der Behandlung akuter Beschwerden verstärkt die Reiki-Kraft den Schmerz gewöhnlich zuerst, weil die heilende Energie sehr abrupt in hoher Potenz eingezogen wird und damit den Innendruck an den erkrankten Stellen erhöht. Die Symptome verschwinden im Allgemeinen nach zwei bis drei Tagen. Nach dem dritten Tag ist der Klient gewöhnlich beschwerdefrei. Dieses Reaktionsmuster können wir im Übrigen nicht nur bei der Reiki-Behandlung beobachten; es zeigt sich auch bei einer ganzen Reihe anderer Heilmethoden.

Vor vielen Jahren studierte ich bei Sarita, einer mexikanischen Geistheilerin, und assistierte ihr in ihrer kleinen Praxis. Da wurde einmal eine Frau zu uns gebracht, die einige Tage zuvor entbunden hatte. Sie und ihr Mann waren sehr arm. Sie hatten sich weder einen Krankenhausaufenthalt noch eine Hebamme leisten können, und deswegen war ihr Kind zuhause geboren worden. Kurze Zeit später bekam die Frau jedoch eine heftige Entzündung, hervorgerufen wahrscheinlich von Resten der Nachgeburt im Uterus. Auch diesmal verweigerte das Krankenhaus Aufnahme und Behandlung, und so kam sie schließlich zu uns. Sie litt unter schlimmen Schmerzen, konnte nicht einmal mehr laufen, so dass ihr Mann sie in die Klinik tragen musste. Sarita behandelte sie sofort und sagte ihr danach, dass sie in den nächsten Tagen heftigere Schmerzen bekommen, sich am dritten Tag aber bestimmt viel besser fühlen würde.

Bei meiner eigenen Arbeit entdeckte ich später, dass sich zwischen die Heilung des feinstofflichen Energiekörpers und des physischen Körpers eine Übergangszeit von etwa zwei bis drei Tagen schiebt. Diese Regel gilt für die meisten Arten des Geistheilens. Bei Reiki ist die Dauer dieser Übergangszeit jedoch nicht kalkulierbar, weil die universale Lebensenergie bei den Behandlungen gleichzeitig in feinstofflichen *und* physischen Körper einfließt. Da der Klient die Energie selbst einzieht, bestimmt er auch die Dauer der Behandlung selbst.

Wenn Sie also eine akute Krankheit mit Reiki behandeln, sollten Sie Ihren Klienten in jedem Fall vorwarnen, ihn darauf vorbereiten, dass die nächsten beiden Tage recht unangenehm werden könnten, und die Symptome erst danach verebben würden. Im Gegensatz zu den chronischen Krankheiten scheinen die akuten Fälle die Genesung mit heftigeren Symptomen einzuleiten. Der Klient muss dies wissen und muss auch erfahren, dass die Symptome in diesem Fall eine ganz normale Begleiterscheinung des Heilungsprozesses sind.

Sie werden im Laufe Ihrer Arbeit natürlich viele andere Erfahrungen sammeln. Zum Beispiel wird sich wahrscheinlich irgendwann einmal ein Klient nach einer Reiki-Behandlung bei Ihnen über Beschwerden oder Symptome beklagen, die er bisher noch niemals gekannt hatte, war er doch vor der Reiki-Behandlung stets kerngesund gewesen. Wie kann dies geschehen? Die meisten Krankheiten bilden sich sehr langsam im Körper heran. Wir merken davon nichts. Die Reiki-Behandlung ändert das Bild.

Der langsam sich bildende Krankheitsherd zieht sofort Ihre heilenden Energien in sich ein; ihr Zusammenprall mit der Krankheit erzeugt Schmerz und Unwohlsein. Ich habe dieses Phänomen gleich nach meiner Einführung in den ersten Reiki-Grad auf recht dramatische Weise kennen gelernt.

Und zwar hatte ich Besuch von einer guten Freundin aus Übersee, die ich früh am Morgen mit Reiki behandelt habe. Am Abend ging ich dann zur Arbeit und erhielt dort einen Anruf vom Notarzt. Meine Freundin hatte plötzlich starke Schmerzen bekommen und sich von einer gemeinsamen Bekannten ins Krankenhaus fahren lassen. Nach der ersten Fehldiagnose „Gebärmutterentzündung“ entdeckte man den richtigen Befund: Meine Freundin hatte Nierensteine.

In Einleitung der Genesung hatte die Reiki-Behandlung die Steine in den Nieren hin und her bewegt, so dass meine Freundin sie dadurch überhaupt erst bemerkte. Die Krankheit war bis zu diesem Zeitpunkt verborgen geblieben. Zum besseren Verständnis der Situation müssen wir nochmals in Erinnerung rufen, dass Reiki ja niemals gesendet, sondern immer vom Körper je nach Bedarf einzogen wird. Ergo: der Körper steuert seine eigene Genesung. Natürlich tat mir meine Freundin leid. Schmerzen hatte ich ihr gewiss nicht zufügen wollen. Trotz allem war der Schmerz an sich heilsam. Meine Freundin hatte gleich in der ersten Behandlung genug Reiki-Kraft absorbiert, um die Genesung von ihrer bisher unerkannten Krankheit einzuleiten. Letztlich hatte dieses Erlebnis sogar sehr positive Konsequenzen. Ihr wurde nämlich bewusst, wie falsch sie sich bisher ernährt hatte. Sie stellte nun ihre Eßgewohnheiten um und fand in allen Bereichen ihres Daseins zu einem neuen, gesünderen Lebensstil.

Ich erkläre das Auftreten unangenehmer Symptome nach der Reiki-Behandlung häufig am Beispiel einer Schnittwunde, die sich zu entzünden beginnt. Bei jeder Entzündung eilen die weißen Blutkörperchen sofort zum Infektionsherd und fressen die eindringenden Bakterien. Der Heilvorgang erzeugt Druck, der Druck Schmerzen. Sie sehen also, unangenehme physische Symptome kündigen häufig nur an, dass der Körper seine Funktionen erfüllt und von selbst alles unternimmt, um den Genesungsprozess zu einem erfolgreichen Ende zu führen.

Bei der Behandlung spezifischer Symptome gilt überdies generell zu bedenken, dass die universale Lebensenergie des Reiki Tuch, Holz oder sogar Stahl durchdringen kann, demnach selbstverständlich auch einen Gipsverband. Allerdings sollten Sie einen Knochenbruch erst nach Einrichtung der Knochen direkt mit Reiki behandeln.

Selbst eine Abneigung des Klienten gegen Körperkontakt und jedwede Berührung ist kein Hindernis. Anstatt sie aufzulegen, halten Sie dann die Hände einige Zentimeter über die zu behandelnden Stellen. Ich empfehle aber dieses Vorgehen nicht unbedingt. Der Grund ist einfach. Auch wenn mancher auf Grund seiner Vorstellungen und Konditionierungen oder vielleicht auch wegen eines alten Traumas den direkten Körperkontakt scheut, sehnt der Körper selbst sich doch gerade nach Kontakt und Berührung. Es gibt weltweit genügend statistische Untersuchungen, die beweisen, wie wichtig Körperkontakt und Berührung zum Beispiel für ein gut funktionierendes Immunsystem sind. Darüber hinaus dürfen wir sie sogar als eine Grundvoraussetzung für jede gesunde menschliche Entwicklung betrachten. So entwickeln sich Säuglinge und Kleinkinder, die man massiert und mit viel Liebe berührt, sehr viel besser als ansonsten mit gleicher Sorgfalt in Bezug auf Nahrung und Kleidung behandelte Säuglinge und Kleinkinder, denen diese Form menschlicher Wärme und Kommunikation vorenthalten wird. Am besten ist also, wenn wir dem zu Behandelnden mit Einfühlungsvermögen und Fingerspitzengefühl jegliche Scheu vor der Berührung durch unsere Hände nehmen. Dafür gibt es keine Regeln. Man lernt es mit der Zeit. Grundsätzlich jedoch lässt sich feststellen, dass der Klient stets auf unsere eigenen unbewussten Vorbehalte und Hemmungen reagiert. Das heißt, je natürlicher und angenehmer menschliche Berührung für uns selbst ist, desto bereitwilliger wird sich der Klient auch von uns berühren lassen.

Reiki-Behandlungen sind überdies bei jedem chirurgischen Eingriff zu empfehlen. Optimal ist eine Behandlung jeweils unmittelbar vor und nach der Operation, weil Reiki im ersten Fall die Reaktion auf die Narkose und im zweiten Fall ihre Ausscheidung aus dem Körper beschleunigt. Aber im Grunde gibt es keine Einschränkungen. Viele meiner Schüler und Schülerinnen haben zum Beispiel festgestellt, dass Fernbehandlungen bei ihren Lieben und Verwandten zu einem positiven Verlauf der Operation beitragen konnten. Mit anderen Worten: Reiki selbst wird niemals einen Fehler machen. Als universaler Lebensenergie wohnt ihm eine eigene Intelligenz inne, die sich nur positiv auswirken kann – so wie es den tiefsten Bedürfnissen einer Situation oder eines Menschen entspricht.

• • •

Frau Takata lehrte eine einfache Folge von Handpositionen, die den endokrinen Drüsen folgen. Häufig erweiterte sie die Behandlung um einige Griffe, die sie selbst aus Dr. Usuis Lehren weiterentwickelt hatte, wie es jeder Reiki-Lehrer, mich selbst eingeschlossen, mit der Zeit tut. Sie können Frau Takatas Positionsfolge bei der Eigenbehandlung und bei der Behandlung von Klienten einsetzen, je nach Bedarf. Dabei gehen Sie folgendermaßen vor:

Legen Sie Ihre Hände mit der ersten Position so über die Augen, dass auch die Nasennebenhöhlen bedeckt sind. Mit der zweiten Position bedecken Ihre Hände die Schläfen, mit der dritten die Ohren, während Sie mit der vierten die Hände auf die Hinterhauptslappen an der Schädelbasis auflegen. Damit behandeln Sie Zirbeldrüse, Hirnanhangdrüse und den Boden des Zwischenhirns und lindern Kopfschmerzen, Stress und Verspannungszustände.

Mit der nächsten Position behandeln Sie die Kehle. Sie können die Hände dazu entweder beidseitig auf den Hals auflegen oder, was ich selbst vorziehe, eine Hand quer oben über den Nacken und die andere ganz sanft ebenfalls quer direkt auf die Kehle legen. Mit dieser Variante ziehen Sie die vielen Lymphgefäße unter dem Unterkiefer und zu beiden Seiten der Luftröhre unmittelbar in die Behandlung ein.

Mit der siebten Position bedecken Sie Schild und Thymusdrüse, anschließend das Herz und den Solarplexus (Adrenalindrüsen). Hier nun weiche ich von der Grundstruktur ab und folge Frau Takatas Methode, indem ich weitere innere Organe in die Behandlung einbeziehe: die Leber unter dem rechten Rippenbogen; die Bauchspeicheldrüse in gleicher Höhe auf der linken Körperseite; und beide Lungenflügel, auf die ich je eine Hand auflege. Dann komme ich zum Grundmuster zurück, behandle den Hara- oder Chi-Punkt drei Fingerbreit unter dem Nabel. Als letztes behandle ich die Geschlechtsdrüsen: bei Frauen die Eierstöcke unmittelbar über dem Schambein, bei Männern die Hoden – und zwar indem ich meine Hände auf die Lymphgefäße ganz oben auf den Innenseiten der Oberschenkel auflege.

Damit ist die Behandlung jedoch noch nicht beendet. Legen Sie Ihre Hände nun auf die Knie, in denen unsere Angst vor Veränderungen und dem Ich-Tod gespeichert ist. Wenn Sie möchten, können Sie danach nochmals die ganze Vorderseite des Körpers bis hinab zu den Füßen behandeln und dann den Rücken von den Schultern bis zum Kreuzbein. Der energetische Ausgleich der Wirbelsäule schließt die Behandlung endgültig ab.

Sie können natürlich auch andere Körperpartien in die Behandlung einbeziehen. Wenn Sie nicht zusätzlich die Vorschläge von Usui und Hayashi studieren möchten, können Sie ebenso gut auch auf Ihre Intuition vertrauen und die Hände dort auflegen, wohin sie sich von selbst bewegen.[29]

• • •

Generell dürfen wir sagen: Bei spezifischen Krankheiten behandeln Sie vor allem jene Organe mit Reiki, die von der Krankheit besonders betroffen sind: bei Diabetes die Bauchspeicheldrüse, bei einem Herzleiden das Herz und so weiter. Ideal ist, wenn Sie böse Krankheitsherde wie etwa einen Tumor jeden Tag dreißig Minuten lang universale Lebensenergie einziehen lassen, und zwar nachdem Sie zuvor eine Ganzkörperbehandlung durchgeführt haben. Behandeln Sie bei einer Krebserkrankung in jedem Fall die endokrinen Drüsen, vor allem die Thymusdrüse, weil diese eng mit dem Immunsystem des Körpers zusammenhängt.

Folgen Sie wie immer Ihrer Intuition und legen Sie die Hände auf Stellen auf, die besonders „hungrig" auf Reiki zu sein scheinen. Verschiedene Zeichen kündigen Ihnen an, wann Sie die Handpositionen wechseln sollten. Vielleicht stößt der Klient einen Seufzer der Erleichterung aus, oder Sie spüren die Hitze in Ihren Händen nachlassen, das Kribbeln und Pulsieren allmählich verebben. Also, keine Angst. Sie werden wissen, wann Sie aufhören müssen. Ihre Intuition lässt sich nicht täuschen. Wenn Sie diesen Rat beherzigen, werden Sie Ihre Hände durchschnittlich drei bis fünf Minuten in einer Position aufliegen lassen, bevor Sie zur nächsten übergehen. Natürlich kann es, wenn notwendig, im Einzelfall auch einmal etwas länger dauern.

29 Weitere zweckdienliche Informationen zu möglichen Behandlungsprotokollen und Vorgehen beim Reiki entnehmen Sie bitte zwei in dieser Hinsicht besonders aufschlussreichen Büchern:
Dr. Mikao Usui und Frank Petter, *Original Reiki-Handbuch des Dr. Mikao Usui – Alle Usui-Behandlungspositionen*, Aitrang, 1999, Windpferd Verlag und Petter, Yamaguchi und Hayashi, *Die Reiki-Techniken des Dr. Hayashi*, Aitrang, 2003, Windpferd Verlag

Wichtig ist vor allem dies: Wie tief Sie sich einem Klienten auch emotional verbunden fühlen mögen, an den Ergebnissen Ihrer Heilung haften dürfen Sie nicht. Sie dürfen auf keinem Fall gedanklich oder in Ihrer Hoffnung ein bestimmtes Ergebnis vorwegnehmen. Ich konnte das zu Beginn nur schwer akzeptieren. Es war nicht leicht zu lernen, dass ich über die *Form*, in der sich die Heilung äußern möchte, keinerlei Entscheidungsgewalt habe. Ich kann eine noch so gute Heilerin sein, in jedem Fall entscheidet der Klient (oder unbewusste karmische Tendenzen im Klienten) selbst, ob er genesen oder krank bleiben, ob er leben oder sterben möchte.

Kurz nach meiner Einweihung in Reiki erkrankte meine Mutter an Krebs. Ich ließ sie sofort über Fernbehandlungen universale Lebensenergie einziehen, und diese schien unmittelbar nach der Operation gut anzuschlagen, denn meiner Mutter ging es besser. Wenig später entschloss sie sich zur Chemotherapie in Verbindung mit makrobiotischer Ernährung und der Max Gerson-Methode, und ich setzte meine Fernbehandlungen von Kalifornien nach Deutschland fort. Ich bin sehr emphatisch veranlagt und kann deswegen häufig die Symptome anderer Menschen deutlich in meinem eigenen Körper spüren. So wusste ich jedes Mal, wenn meine Mutter wieder in Chemotherapie war. Ich hatte sie behutsam zu überreden versucht, die starken Chemikalien nicht einzunehmen, denn ich hatte bei Freunden schon häufiger mitansehen müssen, dass die Chemotherapie zwar den Krebs besiegte, die Behandelten jedoch wenig später an den Nebenwirkungen der Medikamente starben. Als ich aber an ihrem Widerstand erkannte, dass sich meine Mutter nicht umstimmen lassen wollte, unterstütze ich sie auf dem von ihr gewählten Weg nach Kräften. Sie brauchte alle positive Energie, die sie bekommen konnte. Das war deutlich zu spüren.

Zwei Monate später wollte ich nach Brasilien fliegen, um dort mit einigen Geistheilern zu arbeiten, die magische Chirurgie betrieben und später von Shirley McLain und Wyne Dyer berühmt gemacht wurden. Vor dem Abflug rief ich meine Mutter an und lud sie wiederholt ein, doch mit mir mitzukommen. Auch dies lehnte sie beharrlich ab. Sie wollte in Süddeutschland lieber eine weitere und damals noch sehr neue Form der Chemotherapie ausprobieren. Ich sah sie niemals wieder, denn sie verstarb, während ich noch in Brasilien war. Während ihres Todes nahm ihr Bewusstsein dort Verbindung mit mir auf, und über die Techniken des zweiten Reiki-Grades konnte ich sie aus 10.000 Kilometer Entfernung durch den Sterbeprozess begleiten. Ich werde diese Augenblicke niemals vergessen, denn es waren Momente tiefsten spirituellen Erlebens, wie ich sie in dieser Intensität in meinem Leben nur selten erfahren durfte.

In die Trauer und den Kummer über den Verlust der physischen Gegenwart meiner Mutter mischten sich andere, sehr gegensätzliche Empfindungen. Ich wusste, dass nicht sie gestorben war, sondern ihr Körper. Das Bewusstseinskontinuum hatte einfach die Erscheinungsform gewechselt. Vor meinem Abflug hatte ich mir sehr gewünscht, dass wir das Abenteuer Brasilien gemeinsam würden erleben können. Und dies geschah tatsächlich, wenn auch nicht so wie ich es mir vorher vorgestellt hatte. Meine Mutter verweilte einige Wochen im Astral-Körper, bis sich die ganze Familie in den Vereinigten Staaten traf, um den Kummer zu teilen und sich schließlich von ihr zu lösen. Am Ende wünschten wir ihr alles Gute für ihren weiteren Weg.

Es war eine tief spirituelle Erfahrung, einen Menschen mit Reiki beim Sterben zu begleiten, Auszeichnung und Privileg. Nie werde ich das Erlebnis missen wollen, meiner Mutter bei diesem Übergang beigestanden zu haben. Nur mit einem anderen Erlebnis kann ich es noch vergleichen: die Geburt meiner beiden Nichten. Geburt und Tod – zwei Übergänge und beide einschneidend und erschütternd. So viel Liebe ist in ihnen enthalten, und so überwältigend ist diese Liebe, dass Worte vor der Tiefe des Gefühls versagen. Man kann es nicht näher erklären. Vielleicht liegt das Bewegende gerade daran, weil wir in Geburt und Tod dem vollkommenen Menschen begegnen, ihn in seinem wahren Wesen und nicht in seinen konditionierten Reflexen erleben. Das Baby ist vollkommen, wenn es unsere Welt betritt, und vollkommen ist auch der Sterbende. Alter Ballast fällt von ihm ab, und er offenbart uns im Übergang zu einer anderen Seinsform seine ureigene Schönheit – eben den wahren Menschen.

Mit der Gabe der universalen Lebensenergie sind wir Heilerin und Heiler geworden und als solche müssen wir wissen: Wen wir auch behandeln, er ist ein vollkommenes Wesen, der wahre Mensch. Alle Trübungen und Störungen dieser Vollkommenheit sind nur Täuschung. Sie werden abfallen, wenn der Mensch gelernt hat, was die Krankheit ihn lehren wollte. Wir Heilerinnen und Heiler haben eine einzige Aufgabe: Wir sollen anderen Mut geben und sie unterstützen in dem Prozess ihrer Genesung, ihrer Ganzwerdung, der uns Ehrfurcht einflößt und staunen macht.

Unsere Aufgabe ist unser Privileg, denn wir können hinter der Maske der Krankheit oder seelischen Zerrissenheit den wahren Menschen erschauen – in jedem Menschen. Wir wollen ihm helfen, dieselbe Vollendung zu sehen. Reiki hilft uns dabei.

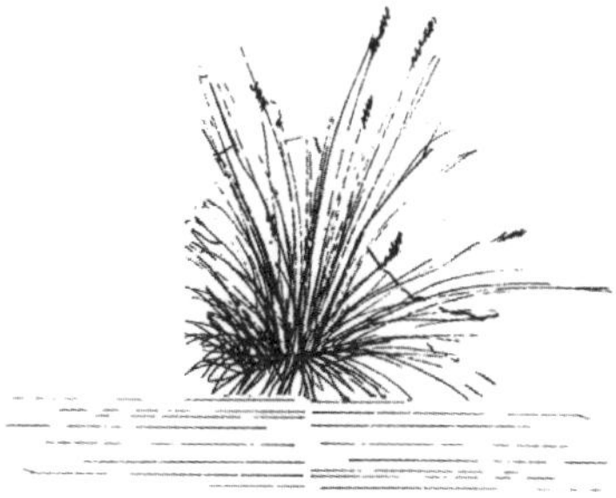

Ein Erwachen ist der Tod
aus den Träumen der Nacht.
Die Seele findet zurück
zum Licht.

Nari

KAPITEL 17

Der Körper ist der Übersetzer der Seele ins Sichtbare – Wo die Emotionen sich stauen, lassen sie sich auch am besten auflösen

Vor Beginn ihres Studiums betrachten wohl alle angehenden Psychologen das Gehirn als die Schaltzentrale der emotionalen und motorischen Funktionen. Ohne Zweifel zu Recht: Das Gehirn nimmt Gedanken, Sinneseindrücke und Erinnerungen wahr und speichert sie wie ein den Körper steuernder Computer. Aber Gehirn ist nicht gleich Psyche. Im Sinne der umfassenden Körperseele, jener untrennbaren Einheit von Bewusstsein und physischer Manifestation, arbeitet die Psyche über den gesamten feinstofflichen Energiekörper oder Bioplasma-Körper und erstreckt sich damit ebenfalls über den ganzen physischen Körper. Letztlich ist sie von der physischen Struktur nicht zu trennen, denn feinstofflicher Körper und physischer Körper sind eine Einheit.

Sie haben wahrscheinlich schon einmal den Spruch gehört: „Der Mensch ist, was er isst." Wir können ihn zutreffend erweitern und feststellen: „Der Mensch ist die Summe seiner unbewussten und bewussten Gedanken und Intentionen." Mit anderen Worten: Was wir unserem Körper über die Nahrung an Materie zuführen, hilft unsere physische Struktur mitzugestalten. Über dieselbe Art von Wechselbeziehung beeinflussen die emotionalen Reaktionen, die unseren Körper durchlaufen, seine Form und seinen inneren Aufbau. Sie setzen sich in jeder einzelnen Zelle fest. Deswegen bestimmt die Art und Qualität unserer Gedanken die Art und Qualität unserer Lebenserfahrung durch unseren Körper.

Der Körper ist ein Spiegelbild der Psyche, wie auch die Psyche den Körper spiegelt. Wenn der Körper in seinen Geweben verhärtet ist, ist auch die Seele verhärtet. Die Gewebe werden sich in Struktur und Größe den Emotionen und Gedanken nachbilden, die durch sie hindurchfließen. Positive Energie wird den Körper flexibel und geschmeidig erhalten, während unterdrückte Handlungsimpulse und Wünsche zuerst im feinstofflichen und dann im physischen Körper Blockaden errichten und Sperren aufbauen. Gestaute Energie macht die Gewebe starr. Diese Starrheit verfestigt sich in immer dickeren Schichten, bis der Mensch sich einen „Charakterpanzer" zugelegt hat. Mit diesem Begriff bezeichnete Wilhelm Reich das überflüssige Gewebe, das sich wie ein Schutzwall für die Psyche um den Körper legt und uns in die Zwangsjacke „starrsinniger" emotionaler Reaktivität steckt. Der Charakterpanzer raubt und demzufolge nicht allein unsere Handlungsfreiheit, sondern auch die Fähigkeit, das eigene Leben mit Lust zu erfahren. Wir sind dann immer unterschwellig depressiv, ohne es auch nur zu merken, weil es nun einmal für uns der Normalzustand geworden ist.

Wenn Sie regelmäßig andere mit Reiki behandeln, werden Sie wahrscheinlich wissen, wovon die Rede ist; des gleichen, wenn Sie viel massieren. Ihre Hände begegnen täglich den Verhärtungen im Kapuzenmuskel, wo wir die „Last der Welt" auf unseren Schultern tragen, nicht etwa im Sinne einer Metapher, sondern tatsächlich im wahrsten Sinne des Wortes. Indes, der Kapuzenmuskel ist nur eine typische und keineswegs die einzige Stelle, wo sich die Gewebe verhärten können. Dies kann überall im Körper geschehen. Jede Stelle unseres Körpers kann uns ihre eigene Geschichte erzählen, und diese hängt von der Rolle ab, die sie im Körper gewordenen Bewusstsein spielt. Die Abbildungen auf den Seiten 154 bis 157 veranschaulichen, welche Emotionen wo im Körper gespeichert sind. Wenn Sie sich diese näher anschauen, werden Sie vielleicht feststellen, dass auch zwischen den sieben Hauptenergiezentren und den in ihrem Umfeld gespeicherten Emotionen eine Verbindung besteht. Der feinstoffliche Energiekörper der Chakren ist in enger Wechselwirkung mit dem endokrinen System verbunden.

Die zwei sich daran anschließenden Abbildungen verdeutlichen, dass sich im Körper Psyche und Emotionen ausdrücken; der Körper gibt ihnen die entsprechende Gestalt. Oder wie wir es in der von Christian Morgenstern geborgten Kapitelüberschrift formuliert haben: *Der Körper ist der Übersetzer der Seele ins Sichtbare.* Natürlich: Erbfaktoren, Umwelt, Ernährung und körperliche Betätigung formen den Körper ebenfalls. Aber die Emotionen und Gedanken, die durch ihn hindurchströmen, geben ihm seine endgültige Gestalt. Sie bestimmen entscheidend die Qualität seiner Gewebe, seine Haltung, seine Gesamterscheinung – eben das Lebensgefühl, das der Körper dem vermittelt, der in ihm steckt, und den anderen, die ihn von außen sehen. Deswegen heißt es ja auch, dass über vierzig jeder für sein Aussehen selbst verantwortlich ist, weil nämlich seine Handlungen und Entscheidungen, also die Summe seiner Lebenserfahrung, die physische Erscheinung bestimmen.

Unabhängig von Wilhelm Reich, doch einem ähnlichen Gedankenansatz folgend, fand Ida Rolf heraus, dass am körperlich und psychisch gesunden aufrecht stehenden Menschen die Ohren in gerader Linie über den Knien, die Knie mitten unter den Schultern und über den Fußgelenken und die Schultern über den Hüften liegen. Ist diese Ausrichtung irgendwo gestört, können wir daraus Rückschlüsse auf Charakter und Persönlichkeit ziehen. Ida Rolf war von Haus aus Biochemikerin und Physiologin. Sie beschäftigte sich lange Jahre mit dem Muskelaufbau und der Gestalt des menschlichen Körpers und entdeckte, dass emotionale und physische Traumata das Muskelgewebe und die dünnen Muskelhäutchen kontrahieren und verfestigen ließen. Wenn Angst, Trauer und Wut in den Körper einströmen, nehmen seine Muskeln verschiedene Schutzhaltungen ein. Nach einigen Wiederholungen verfestigen sich die Schutzhaltungen. Damit aber geht die natürliche Ausrichtung des Körpers verloren. Er wird starr und verliert sein natürliches Gleichgewicht, und die Pose verfestigt sich durch Gewöhnung zur rigiden psychophysischen Struktur, eben dem von Reich so genannten „Charakterpanzer".

Es gibt eine Reihe von typischen Brüchen und Trennungen zwischen den Regionen des Körpers, die das Verständnis der Psychologie des Körpers vereinfachen. Die fünf Abbildungen auf den Seiten 158 bis 162 sind von Ken Dychtwalds Buch *Körperbewusstsein* inspiriert. Ich empfehle es jedem, der sich mit diesem Thema näher befassen möchte.

Ida Rolf entwickelte aus ihren wissenschaftlichen Untersuchungen und Beobachtungen schließlich die Technik des *Rolfing*, um Fehlhaltungen und die falsche Ausrichtung der einzelnen Abschnitte des Körpers zu korrigieren. In den zehn jeweils einstündigen *Rolfing*-Sitzungen behandelt der Rolfing-Therapeut mit festen Griffen die tiefen Muskelschichten, damit der Körper nach Aufweichung ihrer Verhärtungen wieder zu einer harmonischen, natürlichen Ausrichtung findet. Mit zunehmender Praxiserfahrung erkannte Ida Rolf überdies, dass ihre Klienten bei der Manipulation tiefer Gewebeschichten sich nicht nur von ihren Haltungsfehlern, sondern auch von seelischen Traumata befreien konnten. Dies bedeutet, dass Rolfing den Charakterpanzer auflöst. Die Manipulation tiefer Gewebeschichten beim *Rolfing* weicht rigide Strukturen und falsche Posen auf und befreit die im Körper gespeicherten Emotionen. Von den Schlacken negativer Erfahrungen der Vergangenheit befreit, fühlt sich der Mensch wie neugeboren, kann endlich die unerklärliche Leichtigkeit seines Daseins genießen. Mit anderen Worten: Er kann endlich lustvoll leben.

Mit ihrer Pionierleistung inspiriert Ida Rolf seit nunmehr vier Jahrzehnten neben Physio- und Massage-Therapeuten auch zunehmend die neuen Strömungen in der Psychologie: *Psychostructural-Balancing, Aston-Patterning* und *Hellerwork* sind nur drei Beispiele für neue Formen der Psychotherapie, die sich aus Ida Rolfs Arbeit entwickelt haben. Neben dem *Rolfing* hat sich inzwischen auch die Akupressur durchgesetzt und die alternativen Heilmethoden mit neuen Techniken zur Befreiung von alten Emotionen bereichert. Eine ganze Reihe von westlichen Lehrern hat überdies die Stimulierung bestimmter Punkte entlang der Akupunktur-Meridiane für die Entschlackung von alten Emotionen mit neuen Ansätzen nutzbar gemacht, während die Wechselwirkung zwischen Meridianen und Emotionen in den östlichen Kulturen schon seit Jahrtausenden bekannt ist. Man hat sie dort zur Heilung von vielen Leiden eingesetzt, auch wenn die verschiedenen Systeme die Vorgänge jeweils mit anderen Worten und in einem anderen Begriffs- und religiösen oder feinstofflich-physiologischen Bezugssystem beschreiben.

Auch herrschte zwischen diesen Kulturen schon seit Jahrtausenden ein reger Austausch, durch den sie sich wechselseitig befruchteten. In diesem Zusammenhang hat man inzwischen zum Beispiel eine ganze Reihe von Indizien gefunden, die allesamt auf indische Einflüsse, auf die chinesischen Formen der Kampfkünste und auf die Zusammenhänge zwischen dem südindischen *Kalaripariyattu* und der *Shaolin*-Tradition hinweisen. Für die chinesischen Kampfkünste ist eine Reihe von Druckpunkten wichtig, zum Beispiel zur zeitweiligen Lähmung des Gegners. Diese sind mit den *Marma*-Punkten der dravidischen *Siddha*-Medizin aus Tamil Nadu und Kerala in Südindien identisch, woher ja auch der berühmte Bodhidhara stammt, der Zen-Patriarch, der das Kloster von Shaolin begründete. *Siddha*-Ärzte stimulieren durch Massage dieselben *Marma*-Punkte zum Zwecke der Entschlackung und Entgiftung des Körpers.

Nase veranschaulicht:
Zustand unseres Herzens
(durch Farbe und Knollenform)
Geruchssinn und allgemeines Wahrnehmungsvermögen
Sexualtemperament
Selbstwertgefühl

Mund veranschaulicht:
Grad der Überlebensfähigkeit
Nahrungsaufnahme im konkreten wie übertragenen Sinn
Grad der Sicherheit im Leben
Grad der Offenheit für neue Ideen

Stirn:
intellektuelles Ausdrucksvermögen

Hals:
Wechselbeziehung zwischen Gedanken und Emotionen
Starre, bedingt durch nicht geäußerte Gedanken

Unterkiefer:
Blockierung im Ausdruck von Worten und Gefühlen
Hemmung oder Ungehemmtheit im Ausdruck

Arme und Hände:
die persönliche Qualität von Liebe und Mitgefühl
(denn in ihnen setzt sich das Herzzentrum nach außen fort)

Solarplexus (Zwerchfell):
Grad und Art der Kontrolle über die Gefühle
persönliche Ausstrahlung
Entwicklungsstufe unserer Macht und Weisheit

Geschlechtsorgane:
Verbundenheit zum Wurzelchakra
Kundalinikraft
Lebensangst
Überlebenstüchtigkeit

Knie:
Todesangst
Angst vor dem Ich-Tod
Angst vor Veränderungen

Gesicht:
die verschiedenen Masken unserer Persönlichkeit
wie wir der Welt begegnen

Augen:
wie wir die Welt sehen
Kurzsichtigkeit bedeutet: Introversion
Weitsichtigkeit bedeutet: Extraversion
die Fenster unserer Seele

Ohren:
unsere Fähigkeit zuzuhören
(enthalten Akupunktur-Punkte für den ganzen Körper)

Augenbrauen:
Zustand unserer Intuition
Gefühlsausdruck

Brust:
Intensität der mitmenschlichen Beziehungen
Liebesfähigkeit
Zustand von Atmung und Blutkreislauf

Bauch:
unsere tiefsten Gefühle
unsere Sexualität
Zustand unseres Verdauungsapparates

Oberschenkel:
Grad unseres Standvermögens
den Glauben an die eigenen Fähigkeiten
Versagensangst

Füße:
ob wir auf unseren eigenen Füßen stehen können
unsere Ziele erreichen können
Erfolgsangst

Psyche und Emotionen im Körper

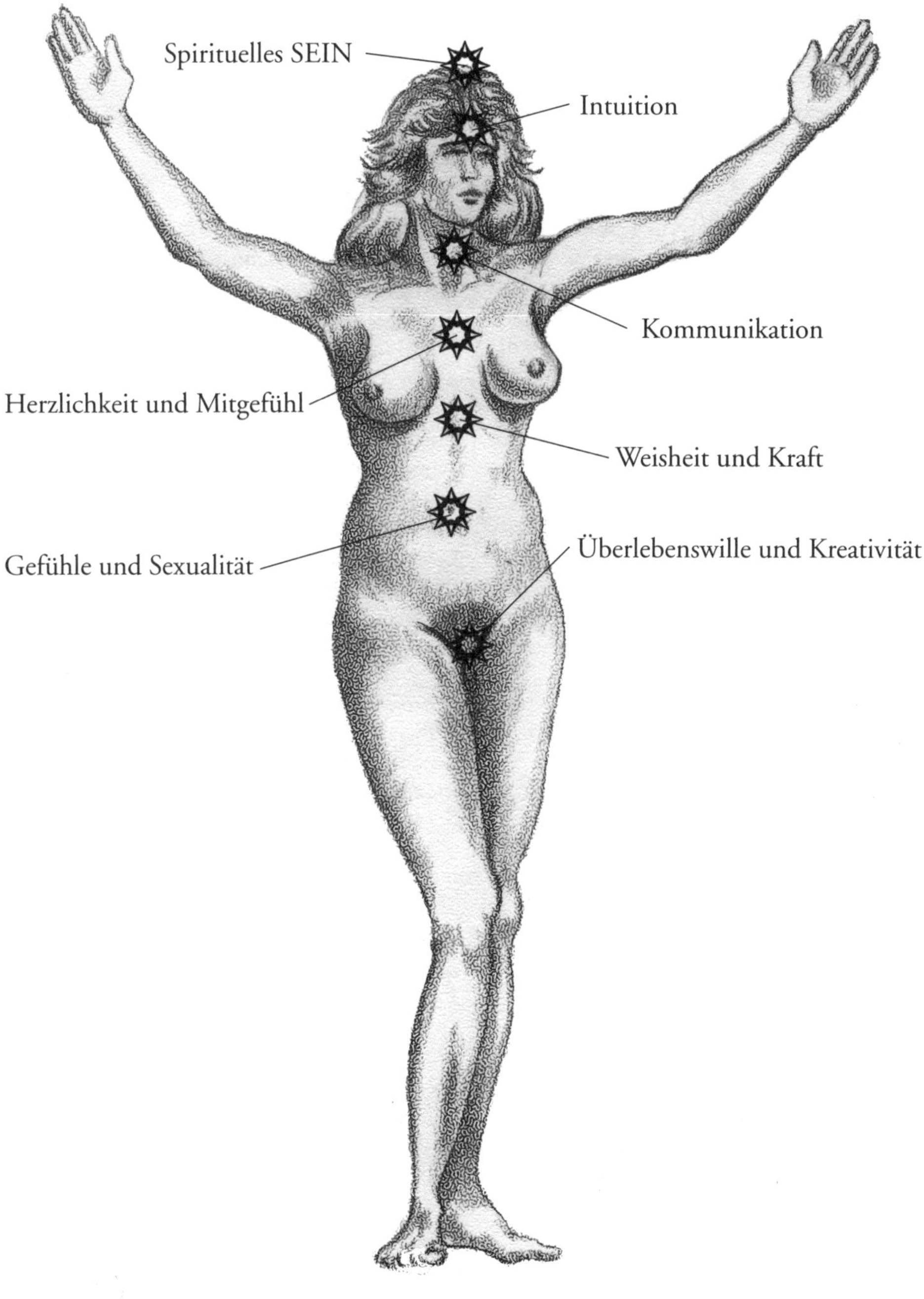

Hände:
die Fähigkeit zu geben und zu nehmen;
Grad unseres Wirklichkeitssinns;
wie zielstrebig wir sind;
Angst, etwas zu unternehmen

Unterarme:
die Mittel zur Verwirklichung unserer Ziele;
Minderwertigkeitsgefühle

Ellenbogen:
die Intensität der Verbindung
zwischen der Kraft der Ober- und der
Handlungsfähigkeit der Unterarme

oberer Rücken:
(vor allem zwischen den Schulterblättern)
unterdrückte Wut

unterer Rücken:
Bindeglied zwischen der Bewegung von
Unterkörper und Rumpf;
Männer speichern an dieser Stelle sehr viele
Emotionen, die sich vom Bauch hierher
verlagert haben

Gesäßmuskeln:
Festhalten der Gefühle;
Unfähigkeit loszulassen;
anale Blockierung

Abziehmuskeln:
Lebensprobleme, in die die Sexualität
hineinspielt

Fußgelenke:
unseren inneren und äußeren
Gleichgewichtssinn

Arme:
Zustand des Herzzentrums;
Liebesfähigkeit;
die Fähigkeit, sich in der Welt
zurechtzufinden;
die Fähigkeit, Bindungen einzugehen

Oberarme:
Grad unserer Handlungsfähigkeit und
-freiheit;
Angst vor Rückschlägen und Entmutigung

Schultern:
unsere Art, die „Last der Welt" zu tragen;
Angst vor Verantwortung;
(besonders Frauen speichern an dieser Stelle
sehr viele Emotionen)

Rücken:
wo wir alle unsere unbewussten Emotionen
und Verspannungen speichern

Becken:
Sitz der Kundalini-Energie;
Wurzel der grundlegenden
Lebensbedürfnisse und darauf
ausgerichteten Handlungen

Achillessehne:
Fragen der Selbstkontrolle;
die Fähigkeit loszulassen

Unterschenkel:
Zielstrebigkeit;
Angst, etwas zu unternehmen

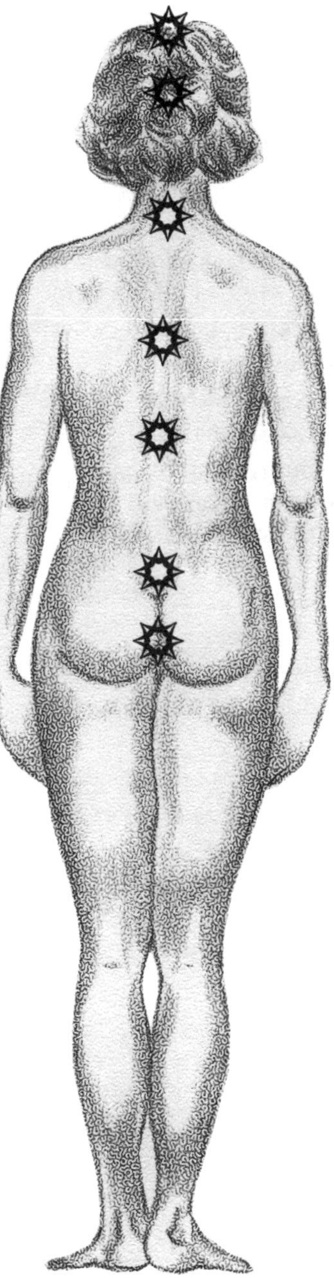

Vorne/hinten-Trennung

Vorderseite:
das Bild, das wir der Welt zeigen; die gesellschaftliche Maske; speichert unsere emotionalen Regungen wie Liebe, Begehren, Trauer, Freude, Kummer und so weiter; „Herzschmerzen“ werden in den Schultern und zwischen den Rippen gespeichert; auch im Bauch halten wir viele Gefühle fest

Rückseite:
speichert sehr viel unbewusste Gedanken und Emotionen; „Versteck“ der Fragen und Probleme, die wir vermeiden, mit denen wir uns nicht auseinanderzusetzen wagen; die „Müllkippe“ für die Dinge, die wir nicht zur Kenntnis nehmen möchten; zwischen den Schulterblättern, auf den Schultern und in den Muskeln entlang der Wirbelsäule ist sehr viel Angst und Wut gespeichert

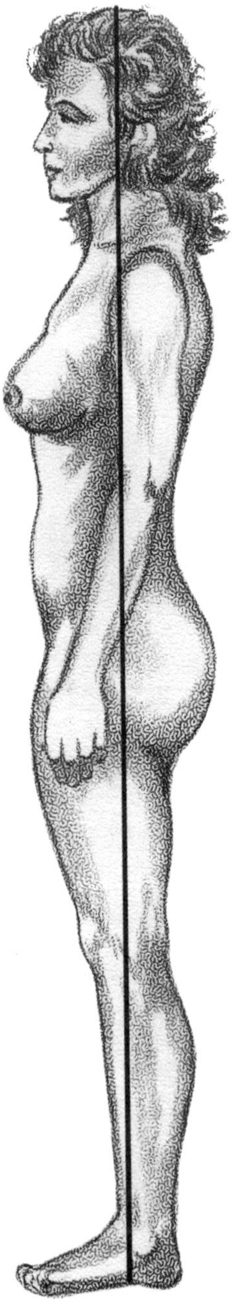

Rechts/links-Trennung

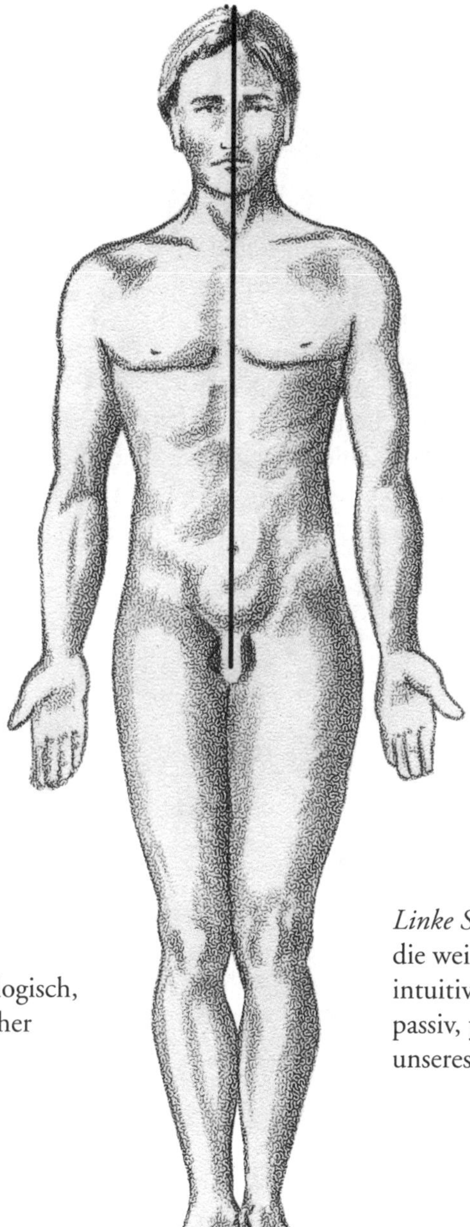

Rechte Seite:
die männliche Seite
verstandesorientiert, logisch,
aggressiv, yang, Speicher
unserer Wut

Linke Seite:
die weibliche Seite
intuitiv, empfänglich,
passiv, yin, Speicher
unseres Kummers

$\frac{\textit{Kopf}}{\textit{Rumpf}}$*-Trennung*

$\frac{\text{Verstand}}{\text{Gefühle,}}$

$\frac{\text{Psyche}}{\text{Körper}}$

$\frac{\text{Sublimierung}}{\text{Trieb}}$

$\frac{\text{Logik}}{\text{Intuition}}$

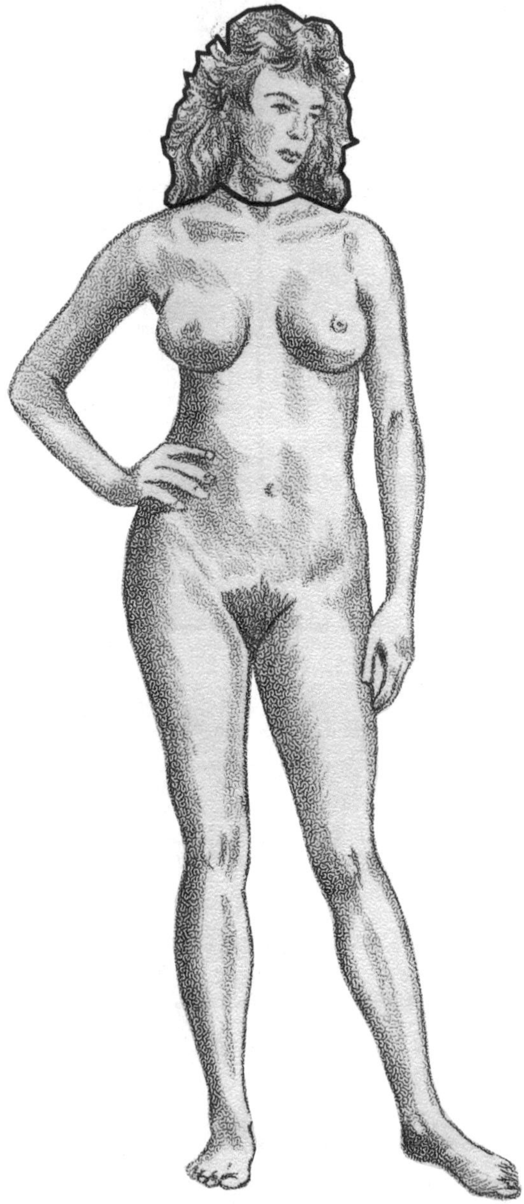

Oben/Unten-Trennung

Kleiner Oberkörper
―――――――――
großer Unterkörper
(am häufigsten bei Frauen zu finden):
Schwierigkeiten im sozialen Umgang; Hemmungen, sich zu äußern; Unbehagen vor Initiativen; schwache Selbstbehauptung; Kontaktschwierigkeiten; Neigung zu Zurückgezogenheit und Häuslichkeit; in sich ruhende aber passive Persönlichkeit

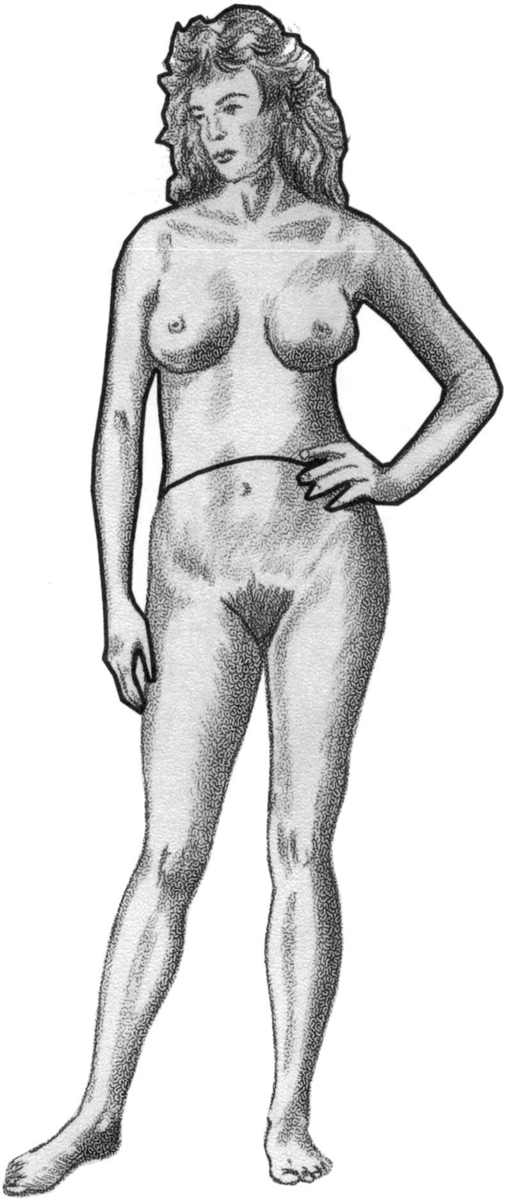

Großer Oberkörper
―――――――――
kleiner Unterkörper
(am häufigsten bei Männern zu finden):
übermäßig aggressiv; übersteigerter Wille zur Selbstbehauptung; Extraversion; Kontaktfreudigkeit; Feigheit vor emotionaler Stärke; Angst vor tiefer gefühlsmäßiger Bindung; aktive Persönlichkeit

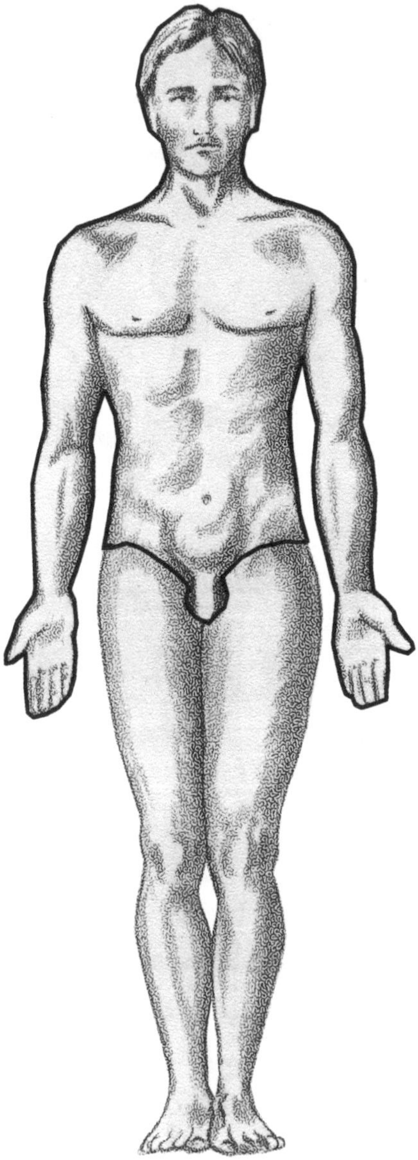

Rumpf: der eigentliche „Kern“ des Körpers; im Kontakt mit der Außenwelt nur wenig aktiv; neigt eher zur Reflexion; mehr auf das Selbst bezogen als auf die Welt

Gliedmaßen: Brücken zur Außenwelt; befähigen uns zur Bewegung durch den Raum; für den Kontakt mit der Außenwelt die aktivsten und wichtigsten Teile des Körpers

Druckpunkte zur Lösung von gestauten Emotionen

(Körpervorderseite)

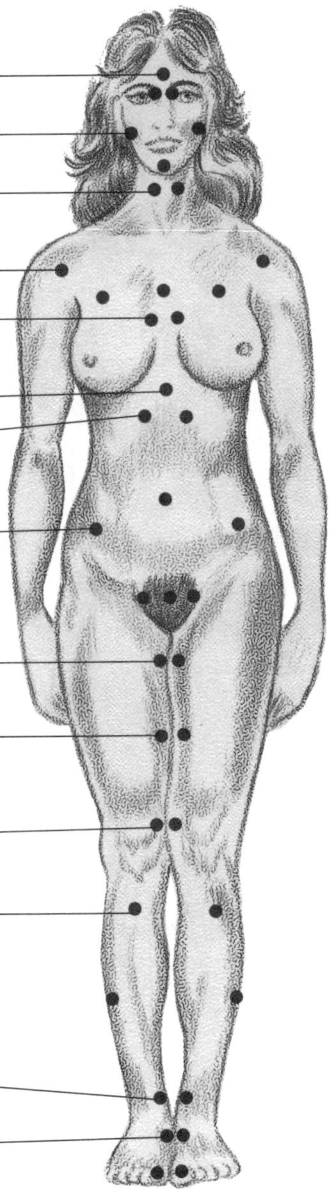

Beginnen Sie bei den Füßen und arbeiten Sie sich bis zum Kopf vor

Druckpunkte zur Lösung von gestauten Emotionen

(Körperrückseite)

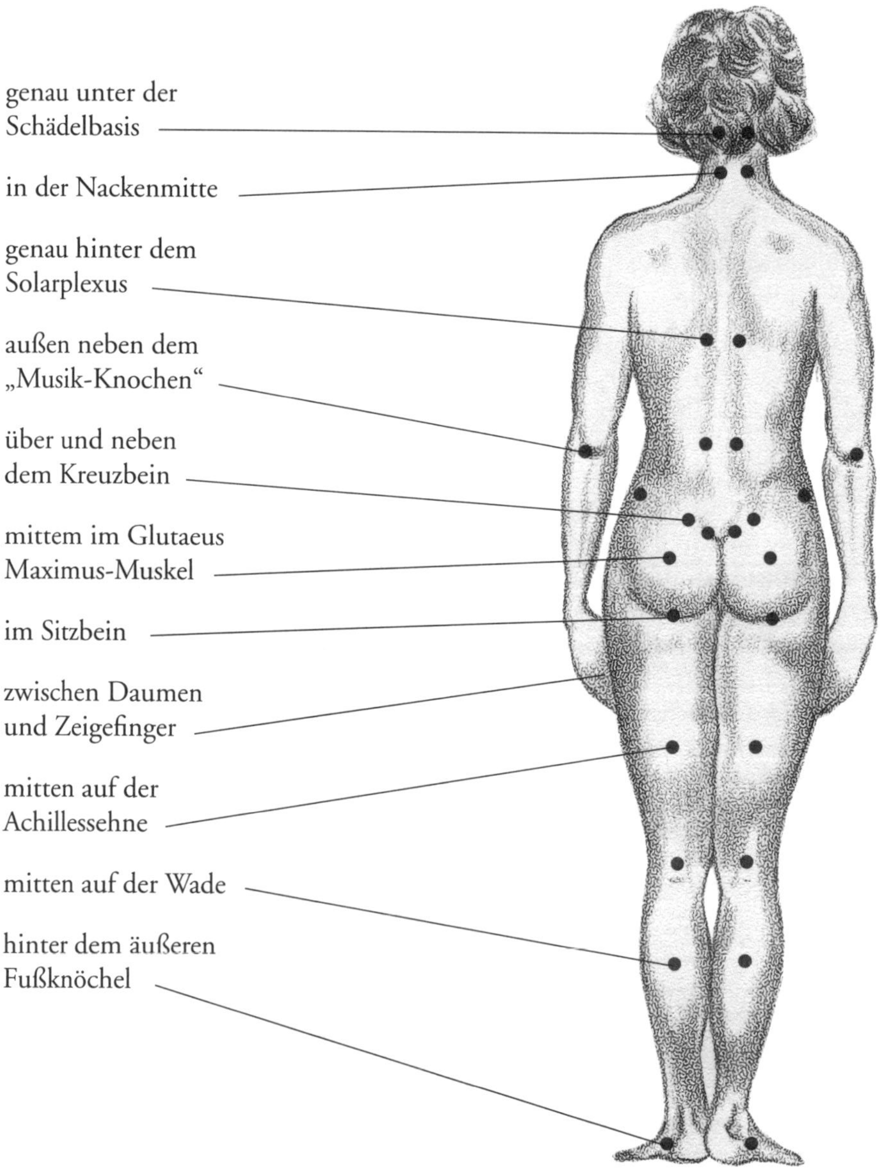

Während man also in China mit den verschiedenen Manifestationen der Lebenskraft *Chi* arbeitete, haben die indischen Yogis vornehmlich das feinstoffliche Energiesystem der Energiekanäle *(Nadi)* und der Lebenskraft von *Jivan* und *Prana* aktiviert. Wenn man ihren Berichten glauben darf, lässt sich auf diese Weise der unsterbliche Energiekörper verwirklichen, der ja auch ein Ziel des Tao-Yogas aus China ist. Beide Systeme, das chinesische wie das indische, arbeiten auf die „Verbrennung" von Blockaden hin, die den Fluss der Lebenskraft in den feinstofflichen Energiekanälen der Meridiane oder *Nadis* behindern. Daraus darf man umgekehrt schließen, dass es gerade die Schlacken vergangener negativer mentaler und emotionaler Eindrücke sind, die den Körper vorzeitig altern lassen und krank machen. Diese Schlacken zu verbrennen ist das indirekte Ziel von Yoga oder *Chi Kung (Qi Gong)*. Es ist, wie wir in einem anderen Kapitel gesehen haben, auch das Ziel von *Rebirthing* und anderen Ansätzen der modernen Körpertherapie.

Die Frage ist nun, wie könnten sich alte Emotionen mit Hilfe von Reiki gezielt aus dem Bewusstseinsstrom entfernen lassen? Dass dies wie von selbst bis zu einem gewissen Grad bei jeder Reiki-Behandlung passiert, steht außer Frage. Aber wie könnte ein Behandlungsprotokoll mit Reiki aussehen, das alte Blockaden direkt anspricht? Dazu müssen wir uns zuerst nochmals in Erinnerung rufen, dass wir das vergangene Unangenehme erst wieder gegenwärtig machen und fühlen müssen, bevor es sich auflöst. Es wartet auf unsere bewusste Berührung, dann können wir es auch ganz natürlich loslassen. Ihr Körper wird Ihnen genügend Hinweise auf jene Erfahrungen geben, die Sie in der Vergangenheit abgelehnt haben oder denen Sie wegen ihres traumatisierenden Effekts mit großem Widerstand begegnet sind. Gerade an diese Erfahrungen wollen Sie in der Behandlung rühren.

Bevor Sie also mit der Behandlung beginnen, nehmen Sie sich ausreichend Zeit und betrachten Ihren Körper unter dem Blickwinkel der in den Abbildungen dieses Kapitels dargestellten Informationen über emotionale Blockaden im Körper. Um unparteiischer zu sein, können Sie auch einen guten Freund oder eine gute Freundin bitten dabeizusein, denn vier Augen sehen mehr als zwei.

Betrachten Sie Ihre typische Haltung. Sind die Muskeln an der Vorderseite des Körpers vielleicht verspannter als die an der Rückseite? Ist eine Schulter hochgezogen und deswegen permanent höher als die andere? Entsprechen die Proportionen auf der linken denen auf der rechten Körperhälfte? Streckt sich der Kopf beim Gehen dem restlichen Körper voraus? Wie ist das Größenverhältnis von Ober- und Unterkörper beschaffen? Ist der eine merklich größer als der andere oder merklich strukturierter als der andere? Notieren Sie sich Ihre Beobachtungen und achten Sie dann auf kleinere Details wie zum Bespiel die Art der Emotionen, die in bestimmten Bereichen Ihres Körpers gespeichert sind. Hinweise dazu finden Sie in den ersten beiden Abbildungen des Kapitels.

Nach dieser wichtigen vorbereitenden Betrachtung Ihres Körpers beginnt die eigentliche Behandlung. Sie wollen vor allem die verspannten Bereiche Ihres Körpers nun direkt mit der Reiki-Energie behandeln. Es wird Ihnen weiterhelfen, wenn Sie zuerst eine besonders blockierte Partie Ihres Körpers behandeln, wo sehr viele Emotionen gestaut sind. Zum Beispiel das Herz, in dem wir ja alle eine Reihe von Verletzungen und Schmerzen tragen. Abgerundete Schultern, die das Herz beschützen sollen, sind in dieser Hinsicht ein untrügliches Zeichen. Im Bereich von Leber und Gallenblase stauen sich hingegen eher Wut und Widerwille. Wenn in Ihnen eine Menge unausgesprochene Wut brodelt, können Sie dort mit der ersten Behandlung ansetzen. Fühlen Sie einfach nochmals in sich hinein und stellen Sie fest, wo die dickste „emotionale Ladung" sich ballt. Sollten Sie sich unsicher sein, fragen Sie Ihren Freund oder Ihre Freundin um Rat, die Ihnen bei der Analyse Ihrer Körperseele hilft.

Verzichten Sie bei dieser Behandlung auf jeden Fall auf Musikberieselung, denn diese würde Sie nur ablenken, so dass Sie nicht fühlen können, was Sie fühlen wollen. Anstatt auf Empfindungen und Gefühle geht Ihre Bewusstheit dann automatisch zur Musik, was nicht das Ziel Ihrer Bemühungen ist. Vielmehr wollen Sie sich voll und ganz auf Ihre inneren Prozesse konzentrieren.

Wenn Sie sich entschieden haben, lassen Sie die von Ihnen gewählte Partie des Körpers Reiki ziehen. Sollten Sie bereits die Einstimmung in den zweiten Reiki-Grad erhalten haben, können Sie auch über das zweite und dritte Symbol des zweiten Grades eine sehr tragfähige Brücke zu den in ihnen schlummernden Gefühlen herstellen. Über diese Brücke wird sich der Prozess der Bewusstwerdung und Transformation beschleunigt vollziehen.

Lassen Sie die Reiki-Energie einige Minuten strömen und lauschen Sie in Ihre Körperseele. Wenn Ihr Geist zur Ruhe gekommen ist und Sie einfach nur fühlen und still in sich lauschen, geben Sie sich die Anweisung, dass die mit Reiki bestrahlte Partie Ihres Körpers zu Ihnen sprechen möge, so dass Sie erfahren können, was Sie wissen möchten, auch wenn Sie sich bis zu diesem Zeitpunkt nicht die Zeit genommen haben es zu hören – trotz aller versteckten Botschaften Ihres Körpers und Ihrer Seele. Nur selten wird diese Antwort in klaren Worten zu Ihnen kommen – eher in Form einer besonderen Gefühlsstimmung oder eines spontanen Erinnerungsfetzens als Bild oder nur als Ahnung. Verweilen Sie mit Ihren Reiki-Händen mindestens 10 bis 15 Minuten auf derselben Stelle.

Dabei bleibt Ihr Geist wie die glatte Oberfläche eines Bergsees an einem windstillen Sommertag – wie ein Spiegel, der alles widerspiegelt, aber an diesen Bildern selbst unbeteiligt bleibt. Sie beobachten und fühlen, was auch immer geschieht, lassen sich aber nicht von eigenen Vorstellungen oder Urteilen ablenken. Während die Reiki-Energie durch Ihre Hände in die behandelte Körperpartie strömt, bleibt Ihre Bewusstheit wie ein passiver Beobachter von Körper und Seele im Hintergrund. Natürlich werden im Laufe der Behandlung auch Gedanken, Erinnerungen und emotionale Reaktionen auftauchen, die sie aber ebenfalls einfach im Spiegel Ihrer Bewusstheit auftauchen, vorüberziehen und verschwinden lassen – ohne sich einzumischen.

Sollten sich das Gefühl unsäglicher Schwere einstellen oder Sie schläfrig und dösig werden, stehen Sie einfach auf und setzen die Reiki-Behandlung so bequem wie möglich im Stehen fort. Die Müdigkeit zeigt an, dass Sie durch eine Schicht innerer Widerstände hindurchgehen. Diese haben Sie bisher davon abgehalten, die nun aufbrechenden Erinnerungen und Gefühle zu spüren.

Es hilft, wenn Sie sich für diese Art der Behandlung jeweils 30 bis 40 Minuten Zeit nehmen und pro Sitzung mindestens drei Körperpartien behandeln, wo Sie emotionale Blockierungen festgestellt haben.

Ziel dieser Übung ist es, einfach zu fühlen, was Sie bisher zu fühlen vermieden haben. Nicht weinerliches Selbstbemitleiden steht an oder endlose Selbstbespiegelung, die uns in der Psycho-Falle festhält. Wir wollen nur fühlen, was da ist, dass wir uns in unserem Dasein frei bewegen und frei handeln können. Dies geht jedoch nur, wenn wir unsere Blockierungen unvoreingenommen und vorurteilslos wahrnehmen, damit sie sich im Ozean der Bewusstheit hier und jetzt wie von selbst auflösen können. Das heißt aber, dass die Quelle unserer Unfreiheit gleichzeitig das Tor zur Freiheit repräsentiert.

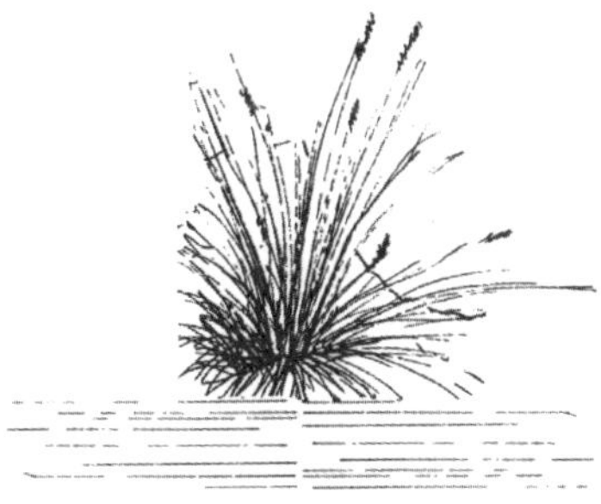

KAPITEL 18

Reiki und erweitertes Bewusstsein

Als Reiki immer populärer wurde, begannen auch sogleich die Versuche, mit universaler Lebensenergie die Qualität des Bewusstseins und vor allem des Massenbewusstseins zu heben. Unter diesem Leitstern hat sich so manche Gruppe formiert, zumeist für begrenzte Zeit, zur Unterstützung oder Durchsetzung eines konkreten Ziels. Reiki für den Weltfrieden, Reiki gegen das Waldsterben, Reiki gegen atomare Verseuchung, Reiki für die Regeneration des Bodens, Reiki für das Ende eines bestimmten der zahllosen kleinen Kriege und Konflikte auf der Erde. Diese Liste ließe sich beliebig fortsetzen.

Objektiv können wir den Einfluss solcher und ähnlicher Bemühungen nur schwer messen. Sie lassen sich nicht quantifizieren. Deswegen können wir nicht genau und mit Sicherheit sagen, wie weit und in welcher Hinsicht Reiki den Gang der Dinge auf der Welt beeinflussen kann. Die Nachrichten, die wir heute Tag für Tag der Zeitung entnehmen oder auf der Mattscheibe vor uns vorbeiflimmern sehen, werden uns wahrscheinlich kaum in der Ansicht bestärken, dass Reiki tatsächlich einen Einfluss auf die Politik oder auf bestimmte, ausschließlich vom kurzfristigen Profit motivierte unmenschliche Entscheidungen einiger weniger haben kann. Wir können aber auch umgekehrt argumentieren, dass die Welt ein noch unwohnlicherer und unmenschlicherer Ort wäre, gäbe es nicht so viele, die Reiki in die Welt strahlen, mit dem Gedanken des Friedens und Mitgefühls für alle Wesen.

Jeder Gedanke hat ein Energiefeld. Jeder Gedanke hat Kraft, vor allem wenn wir ihn mit den unerschöpflichen Reserven universaler Lebenskraft energetisch verstärken. Und zumindest eine positive Wirkung lässt sich nicht leugnen. Wenn Menschen unter dem Gedanken, mit Reiki die Welt zu verbessern, zusammenkommen, dann profitieren zumindest sie selbst davon. Sie begegnen einander im Geist des Respekts, der Ganzwerdung, Heilung und Liebe, und sie werden durch diese Begegnung ihre eigene Menschlichkeit vertiefen. Das allein ist schon ein großer Nutzen.

Mag auch das Erscheinungsbild des Planeten wenig rosig sein, so muss uns diese Tatsache allein noch längst nicht an Reiki zweifeln lassen. Wie gesagt, die Bemühungen von zehntausenden Menschen auf allen Erdteilen ist unmöglich nur verschwendete Zeit und Energie. Wenn so viele Menschen universale Lebenskraft und ihre guten Wünsche zum Nutzen der gesamten Schöpfung miteinander teilen, kann dies nicht ohne Wirkung bleiben. Selbst die Wissenschaft kann inzwischen akzeptieren, dass Beten tatsächlich den Verlauf einer Krankheit positiv beeinflussen kann. Der Internist

Larry Dossey stieß auf eine Reihe von Daten und Untersuchungen, die diese These bestätigen und fasste seine eigenen Recherchen in einem Buch zusammen, das bei seinem Erscheinen als eine Pionierleistung gefeiert wurde.[30] In den USA schaffte es sogar den Sprung in die Bestsellerlisten. Larry Dossey erwähnt in seiner Untersuchung Reiki nicht. Das ist auch nicht notwendig, weil Reiki sich stillschweigend als eingeschlossen verstehen darf. Wir brauchen uns nur zu fragen: „Was ist Reiki, wenn nicht das stille, wortlose und in alle zehn Himmelsrichtungen ausstrahlende Gebet universaler Lebensenergie zum Nutzen und zum Wohle jener, die diese Energie brauchen?"

Daraus folgt logischerweise, dass die direkte Anwendung universaler Lebensenergie zur Verbesserung der Situation aller Wesen unserer Welt, ja unseres Kosmos in jeden Fall hilfreich und nützlich sein muss. Wer der Welt auf diese Weise helfen will, braucht nicht lange zu suchen, um fündig zu werden und ein angemessenes Betätigungsfeld für seine Bemühungen zu finden. Die Räume auf unserem Planeten werden immer enger. Die Spielräume für wahrhaft menschlichen Austausch ebenfalls. Fraglos brauchen alle Wesen (wir selbst eingeschlossen) mehr Energie. Es ist also eine würdige Aufgabe, wenn wir Reiki dafür einsetzen, die Lebensqualität und die Qualität des Massenbewusstseins zu heben. Wir werden die auf dem Planeten dominante Schwingungsfrequenz erhöhen, und sei es nur um wenige Striche auf der endlosen Skala, die von den höllischen bis zu den paradiesischen Daseinsformen reicht, wie es alle Weltkulturen unter der Vorstellung eines goldenen, leidfreien Zeitalters kennen.

Ich selbst habe in der Vergangenheit diesen Ansatz oft genug betont und mich für die Anwendung von Reiki zum Nutzen unserer Welt eingesetzt. Im Überschwang der achtziger Jahre schien uns frisch gebackenen Reiki-Lehrern alles möglich und machbar. Die Dämmerung des *New Age* erhob sich gerade am Horizont und schien alles mit dem rosigen Glanz eines neuen Lichts zu überziehen. Damals betrachteten wir jedes neue Hindernis und jeden Rückschlag nur mehr als eine Fußnote im Buch des unaufhaltsamen spirituellen Fortschritts. Wir mögen wohl ein wenig zu optimistisch gewesen sein. Zumindest legt die Entwicklung der Welt in den letzten zwanzig Jahren diesen Schluss nahe.

Natürlich sind auch alle der damals voraussehbaren positiven Entwicklungen eingetroffen. Zum Beispiel haben viele wissenschaftliche Veröffentlichungen, zahlreiche systematische Untersuchungen und auch die persönliche Erfahrung von zahllosen Menschen inzwischen trotz aller Zweifel bestätigt, dass Geist und Materie in eine nicht auflösbare Wechselwirkung eingebunden sind – und dass Bewusstsein tatsächlich der primäre und dominierende Faktor der Wirklichkeit ist. Aber diese unleugbaren wissenschaftlichen und statistischen Belege, Einsichten und Erfahrungstatsachen werden nicht genug berücksichtigt, nicht hervorgehoben, nicht an Schulen und Universitäten gelehrt. Und in den Medien, die vom Negativen leben, zieht man sie irrational ins Lächerliche. Auch Schülern und Studenten impft man weiterhin das

[30] Larry Dossey, Healing Words – The Power of Prayer and the Practice of Medicine, New York, 1993, Harper Collins. Ich betrachte dieses Buch als einen weiteren wichtigen Puzzlestein auf dem Weg zu einer fundierten und auf Fakten beruhenden Rezeption der Vorstellung, dass Energie und menschliche Intention tatsächlich heilen kann.

mechanistische Weltbild ein, das nur einen Teilaspekt selbst der materiellen Wirklichkeit und nur einen noch sehr viel winzigeren Ausschnitt unserer menschlichen Wirklichkeit erklären kann.

Zweifellos haben wir heute auch besseren Zugang zu den verschiedenen Bewusstseinstechniken der alten Weisheitstraditionen. Wenn wir wollten und einige der in Buchform bereits veröffentlichten Übungsanweisungen konsequent für einige Jahre oder sogar Jahrzehnte befolgten, könnten wir tatsächlich für uns den unsterblichen GEIST-Körper verwirklichen. Gerade was die taoistische Überlieferung, aber auch was einige Aspekte der tantrischen Tradition Indiens, Chinas und Tibets anbelangt, haben wir heute schwarz auf weiß die Textgrundlage für Übungen, die in der Vergangenheit absoluter Geheimhaltung unterlagen und nicht einmal in schriftlicher Form fixiert waren, weil der Lehrer sie nur mündlich an seine Schüler weitergab – oder schweigend direkt von Bewusstsein zu Bewusstsein übertrug. Ja selbst als Praktizierende auf dem Weg des Reiki dürfen wir uns durchaus gelegentlich fragen, ob wir die Möglichkeiten der universalen Lebensenergie tatsächlich ausgeschöpft haben, oder ob wir mit unserer Praxis vielleicht nur an ihrer Oberfläche kratzen und eigentlich sehr viel mehr erreichen könnten.

Zum Beispiel empfahl Dr. Hayashi direkt nach der Einstimmung in den ersten Grad, einige Zeit lang täglich für mehrere Stunden zu üben. Aber wer tut das schon? Die Einwände gegen mehr Praxis und intensivere Bewusstseinsarbeit sind immer dieselben, und vordergründig auch berechtigt: „Wer hat dafür die Zeit? Wie soll ich das bei meinem Alltagsstress schaffen?“ Das ist sicher richtig. Andererseits ist es so leicht sich im Schlaf der gewohnten Existenz zu wiegen, vom Strom des Massenbewusstseins mitgerissen zu werden und darin in völliger Unbewusstheit der wahrhaft unendlichen Möglichkeiten unseres menschlichen Daseins zu versinken. Nichts ist leichter als das, weil wir es alle tun, auch wenn einige eigentlich eines Besseren belehrt sein könnten. Im Grunde geht es bei der Frage spiritueller Disziplin wohl nur darum, ihren Wert zu ermessen und dann die Prioritäten entsprechend zu setzen. Wenn Reiki, wie es heißt, also tatsächlich mit der Zeit und genügend Übung die direkte Erfahrung jener Lebenskraft verstärkt, aus der alle Erscheinungen unserer geistigen und sinnlichen Existenz hervorgehen, frage ich mich, warum ich dann nicht abends weniger fernsehe und morgens früher aufstehe, um mehr Zeit zu einer simplen Form des Übens zu haben, die diese universale Lebenskraft für mich fühlbarer und verfügbarer macht? Besonders wenn es nicht nur um mein eigenes Wohl geht, sondern um Glück und Menschlichkeit in der Welt.

Zweifellos sind alte Muster der Selbstverleugnung und Angst nahezu aus der Oberfläche unseres Bewusstseins getilgt oder sind im Begriff sich zu verabschieden. Hass und Misstrauen zwischen Ländern, sozialen Gruppen und Rassen sind an einigen Orten unseres Erdballs der Bewusstheit unserer gemeinsamen Menschlichkeit gewichen. Aber an anderem Ort, oder in neuen Gewändern tauchen die alten Vorurteile und Feindbilder gleichzeitig wieder auf. Wir sind aufgerufen, sie wahrzunehmen und uns ihrer zu erwehren. Immer noch gibt es zu viele Anzeichen, dass der Mensch den Menschen (und sein eigenes Menschsein) verachtet; dass der Mensch den Menschen ausbeutet, wo er nur kann; dass der Mensch grausam und jeder ein potentieller Folterer ist. Die Eigenschaften der Grausamkeit und des Unrechts schleichen sich ein wie neue und gefährliche Varianten eines alten, geschwächten Virus, den wir nahezu ausgerottet glaubten. Aktuelle Trends beweisen es.

Reiki bleibt ein wichtiger Faktor für die Erweiterung und Vertiefung des menschlichen Bewusstseins, trotz aller Widersprüche in der Entwicklung und in den Rückschritten der letzten zwanzig Jahre. Reiki wird zur weiteren Entwicklung der Menschheit beitragen, trotz aller Widerstände gegen Mitgefühl, Menschlichkeit und den kreativen, weil Leben erhaltenden Umgang mit unseren Ressourcen. Die exponentielle Zunahme seiner Verbreitung in den vergangenen beiden Jahrzehnten beweist, dass seine Form der Annäherung an die universale Lebensenergie wirklich alle Menschen auf allen fünf Kontinenten ansprechen kann. Alle diese Menschen haben nämlich zumindest eines gemeinsam: Sie wollen, wie Buddha es formulierte, „mit Liebem vereint, und von Unliebem, das ihnen Leid bereitet, getrennt sein".

Verkürzt können wir sagen, dass nur zwei Motive für alles menschliche Handeln verantwortlich sind. Eines dieser Motive ist, dass wir uns wohl fühlen wollen, das andere, dass wir vermeiden wollen, uns schlecht zu fühlen. Und zweifellos ist der kleinste gemeinsame Nenner aller Reiki-Praxis der, dass Reiki unser Wohlbefinden vermehrt, von Heilkrisen einmal abgesehen, die ein kurzfristiges Unwohlsein auslösen. Im Endeffekt werden wir uns längerfristig mit jeder Behandlung besser fühlen, weil wir nach und nach immer mehr alten Ballast abwerfen. Wir reduzieren die Frequenzen niederer Schwingung in unserem Körper-GEIST-Kontinuum allmählich vom Übermaß auf das für unser Leben in einem physischen Körper notwendige Maß. Blockierte Energien kommen in Fluss und neue, durch unsere negativen Erfahrungen im Alltag bedingte Blockierungen können sich gar nicht erst in unserem Körper-GEIST-Kontinuum festsetzen.

Um uns von der Wichtigkeit dieser Wirkung zu überzeugen, brauchen wir uns nur kurz zu vergegenwärtigen, wie viel negative Energie im modernen Alltag auf uns niederprasselt. Wobei „negativ" nicht mit einer moralischen Wertung gleichzusetzen ist. Im Kontext unserer geistig-seelischen Reifung heißt dies nur, dass wir alle jene Faktoren als unzuträglich (also „negativ") einstufen, die diese Reifung behindern und uns von unserer Entwicklung zu einer umfassenderen und tieferen Menschlichkeit ablenken. In anderem Kontext können dieselben Energien durchaus „positiv" sein. Deswegen ist regelmäßige Eigenbehandlung mit Reiki ungeheuer wichtig. Um den Herausforderungen des modernen Alltags zu begegnen, und um nicht von ihnen verschluckt zu werden und darin unterzugehen, brauchen wir eine regelmäßige Disziplin. Andernfalls sind unsere geistig-seelische Gesundheit und unser inneres Gleichgewicht in Gefahr. Auf dem Reiki-Weg ist Reiki selbst die beste Praxis, aber auch Yoga und Meditation können helfen. Weil Reiki uns nicht nur physisch gesund macht, sondern auch den Geist beruhigt, sind regelmäßige Eigenbehandlungen die ideale Voraussetzung zur Bewältigung des großen Drucks, dem wir am Arbeitsplatz und auf Grund des uns durch die Umstände aufgezwungenen hektischen Lebensstils ausgeliefert sind.

Die Langsamkeit ist etwas Göttliches. Nur haben wir sie uns abgewöhnt. Langsamkeit, Gleichmaß, Harmonie der Bewegungen – und schon meldet sich das Bewusstsein. Der Körper beginnt, sich an jeder Kleinigkeit zu freuen, wir sind aufmerksam und hellwach. Wir empfinden die ganze Frische der Welt. Wir kommunizieren. Wir öffnen unsere Sinne der ganzen Fülle des Daseins.

– Yogini Lalita Devi –

Die meisten assoziieren mit dem Begriff der spirituellen Praxis das Ziel einer großartigen Erleuchtung in ferner Zukunft, in der wir dann fürchterlich weise und darüber hinaus allem Irdischen enthoben sein werden. Solche Erleuchtung ist nicht nützlich und außerdem nicht einmal gesund. Sie ist ein gewaltiger Irrtum, der uns daran hindern kann, Erleuchtung hier und jetzt ganz einfach und simpel zu leben. Sicher, in alter Zeit, als das Lebenstempo langsam war, und man sich nur eine organische schrittweise Entwicklung vorstellen konnte, musste auch der Weg lang und die Erleuchtung weit in der Ferne erscheinen. Heute leben wir in einer Welt der augenblicklichen Datenübertragung, der schrumpfenden Räume und vollen Terminkalender, in der alles jetzt und sofort zu geschehen hat. Wir sind für lange, allmähliche Wege zu direktem Verständnis nicht mehr geschaffen. Das heißt, wir können auf Grund unserer Lebenserfahrung begreifen, dass die Erleuchtung entweder hier und jetzt gegenwärtig ist – oder sie niemals kommen wird.

Viele Meister haben in der Vergangenheit voraus gesehen, dass die Zeit anbrechen wird, in der nur der unmittelbare Weg der Erleuchtung im Augenblick ein wirksames Gegenmittel gegen die Verrohung und Entmenschlichung der Welt liefern wird. Zum Beispiel hat der tibetische Meister Padmasambhava vorausgesagt, dass im Zeitalter des Verfalls nur der *Dzog Chen* wirklich helfen wird. Das heißt, er hat schon vor gut 1200 Jahren gewusst, dass eine Zeit kommen wird, in der wir Erleuchtung nur dann begreifen, wenn wir einfache Wege finden, sie hier und jetzt zu fühlen. Der indische Vedanta verfolgt einen ähnlichen Ansatz. Dieser direkte Weg bedeutet, dass wir Erleuchtung und Freiheit Augenblick für Augenblick als unser eigenes WAHRES WESEN erfühlen, und zwar in genau den Wahrnehmungen und Vorstellungen, die unsere Freiheit und Erleuchtung eigentlich zu verdecken scheinen.[31] Das heißt, wir erkennen und erleben im Begrenzten das Unbegrenzte und im Leidhaften die Energie und Offenheit, die alles Leiden auflösen.

Letztlich ist Erleuchtung nichts anderes als erdverbundene Klarheit und Nüchternheit, die aber nicht an äußeren Erscheinungen haftet, sondern immer vollkommen bewusst in sich selbst ruht. Erleuchtet sein bedeutet, dass wir unseren mentalen Ballast

[31] Diesem Weg ist zum Beispiel im CORE EMPOWERMENT TRAINING® eine zeitgemäße Form gegeben. Die Übung des direkten Fühlens verschiedener Widerstände und begrenzender Vorstellungen und ihre Auflösung ist darüber hinaus detailliert beschrieben in Paula Horan & Narayan Choyin Dorje, *Satsangs der Selbstbefreiung*, Aitrang 2003, Windpferd Verlag

abwerfen und demnach auch alle Identifikation mit jenen Vorstellungen, Gedanken und Emotionen, die wir häufig als Teile unseres Ichs sehen, die aber bei näherer Betrachtung offenbaren, dass sie nicht das Ich sind. Kurz – erleuchtet sein, heißt, das ununterbrochene Auf und Ab des Lebens nicht allzu persönlich zu nehmen – und alles mit Mitgefühl zu umfangen. In den letzten fünfzehn Jahren hatte ich das große Glück recht viel Zeit mit drei Menschen zu verbringen, die in den Augen vieler als „erleuchtet“ gelten. Nach meinen Beobachtungen haben diese Menschen unendlich viel zu geben, aber das größte Geschenk ist ihre erdverbundene Nüchternheit. Sie lassen sich nicht zu impulsiven Handlungen hinreißen, aber sind auch nicht auszurechnen oder manipulierbar, sondern bleiben absolut spontan. Sie hängen an nichts und sind immer bereit zu teilen, auch ihre Wut oder was man früher einmal treffend als einen „heiligen Zorn“ bezeichnete. Sie handeln wohlüberlegt und im Allgemeinen sehr rational, selbst bei ihren gelegentlichen Ausbrüchen scheinbar „verrückter Weisheit“, wenn sie unsere fixen Ideen und etablierten Wertvorstellungen arg strapazieren. Erleuchtete Menschen haben Mitgefühl. Sie fühlen, was vor sich geht. Sie sind auf ihr Umfeld eingestimmt. Sie können ein Übermaß an Liebe verschenken, die aber nicht in süße Sentimentalität ausartet, sondern sich, wenn angemessen, als unnachgiebige Härte manifestieren kann. Man kann nichts Bestimmtes von ihnen erwarten, aber man kann sich in tiefstem Sinn auf sie verlassen.

Erleuchtetes Mitgefühl basiert auf der zum Teil aus schmerzlicher Erfahrung gewonnenen Erkenntnis, dass jede Investition in unsere eigenen täuschenden Vorstellungen vergeblich ist und uns am Ende nicht befriedigen wird. An unsere eigenen täuschenden Vorstellungen zu glauben heißt, dass wir vom Bild des Wassers in einer Fata Morgana tatsächlich trinken und unseren Durst damit stillen wollen. Aber das geht nicht. Es gibt kein Wasser, da ist nichts als Sand. Wir können das eingebildete Wasser aus einer Fata Morgana nicht trinken. Mit anderen Worten, nicht der äußere Anlass wie die Beförderung, der neue Wagen oder unser Lebenspartner bereiten uns Freude. Die eigentliche Ursache für unsere Freude ist unsere Fähigkeit, sie zu empfinden, sie zu fühlen – und dann mit dieser uns eigenen Freude alles zu berühren. Wenn Freude in uns ist, können wir über vieles Freude empfinden. Wir können uns immer freuen. Auf den Anlass kommt es dann nicht mehr an. Wenn die Freude hingegen nur an den äußeren Anlass gekettet bleibt, vergeht sie auch mit dem äußeren Anlass. Manchmal kann sie sich nicht einmal andeutungsweise zeigen, weil von Anfang an die Enttäuschung überwiegt. Weil wir nicht wirklich aus uns herausgehen können, die Welt nicht wirklich berühren wollen.

Das Mitgefühl eines erleuchteten Menschen ist dieser sich aus sich selbst speisenden Freude ähnlich. Es entsteht aus sich heraus und wird immer empfunden. Wir können es spüren und fühlen uns in seiner Gegenwart für einen Augenblick erleichtert. Das heißt, Mitgefühl basiert nicht auf Überlegenheit. Es hat nichts damit zu tun, dass der Erleuchtete höher entwickelt ist und uns aus seiner hohen Warte mit Mitgefühl überschüttet, quasi wie mit Bedauern für unsere Beschränktheit. Das wäre der Gipfel der Arroganz. Mitgefühl verweist vielmehr auf eine Fähigkeit, die wir alle haben, aber nur selten einsetzen – nämlich tatsächlich zu fühlen, was im Augenblick in uns und in anderen vorgeht. Dann sind wir auch frei, weil wir uns nicht mehr an wandelbare und höchst vergängliche Äußerlichkeiten klammern, sondern eben nur fühlen, was auf uns zukommt oder uns verlässt. Mitgefühl ist also gekoppelt mit einer seltenen Begabung. Sie gestattet uns, dass wir aus stumpfer Identifikation mit den sich ewig wandelnden Erscheinungen erwachen und uns stattdessen mit der Bewusstheit identifizieren, welche diese Erscheinung in der Gegenwart wahrnimmt. Bewusstheit macht frei. Aber sie wird uns nur gewährt, wenn wir uns nach Freiheit sehnen, wenn wir wirklich frei sein wollen. Wir wollen deswegen die Sehnsucht und den Wunsch nach Freiheit hegen und in uns zur Flamme entfachen. Dann erkennen wir schließlich, dass die Freiheit, die wir suchen, nicht in der Außenwelt zu finden und auch nicht von uns getrennt ist. Wir selbst in unserem WAHREN WESEN sind diese Freiheit. Mitgefühl, Bewusstheit, Freiheit – alle sind sie nur Begriffe, die über sich selbst hinausweisen zu einer nicht weiter bestimmbaren, aber trotzdem untrüglichen Erfahrung. Wahres Mitgefühl kann sich nur in vollkommener Freiheit aus der Bewusstheit unmittelbaren Fühlens entfalten. Es gibt Menschen, die das können. In ihrer Gegenwart fühlt man sich anfänglich besonders wohl – bis das Feuer zu heiß wird und unsere kleine Ich-Vorstellung Angst bekommt, darin zu verbrennen.

Zum Thema Freiheit wird heute viel gesagt und geschrieben. Sie wird in Sonntagsreden beschworen und als demokratische Tugend gelobt. Trotzdem nimmt unsere äußere Freiheit eher ab als dass sie sich vermehrte. In der streng regulierten Außenwelt der modernen Massengesellschaft ist sie jedenfalls nicht zu finden. Die einzige Freiheit dort besteht darin, dass wir ein bestimmtes Produkt kaufen – an Stelle eines anderen, aber sehr ähnlichen. Wie oben festgestellt, sind wir selbst als WAHRES WESEN die Freiheit, die wir suchen, aber eigentlich nicht zu suchen bräuchten. Sie offenbart sich von selbst, wenn wir in uns spüren und wirklich wahrnehmen, wie unsere Gedanken und Emotionen aus dem Nichts entstehen und ins Nichts vergehen. Und wie sie in ihrem Kommen und Gehen substanzlos und unfasslich bleiben. Dies lässt sich sehr einfach erfahren und schenkt das freudige Gefühl einer grenzenlosen inneren Freiheit.

Bevor wir die Freiheit von der Gefangenschaft in unsere eigenen Gedanken und Emotionen wirklich genießen dürfen, wird uns noch eine Aufgabe gestellt. Wir sollen den wahren Terroristen entlarven, der unser Leben zur Hölle macht – unser eingebildetes Ego, das eine Sicherheit braucht, die es auf der Welt nicht geben kann, weil in der Welt stets alles sich im Fluss befindet. Der wahre Bösewicht ist der sich ewig klammernde Geist, in der nimmer endenden Schleife von Wunsch und Widerstand gefangen; hin und her geworfen zwischen „Gut" und „Böse", „positiven" und „negativen" Erfahrungen. Aber ein absolutes „Gut" und „Böse" gibt es nicht, denn alle ihre Spielarten hängen jeweils von einem ganz bestimmten Gesichtpunkt ab. Sie sind ein Mischmasch von Interpretationen, die wir der Wirklichkeit überstülpen. Aus der Sicht eines tibetischen Yogi mag es „gut" und „richtig" erscheinen, Rind- oder Yak-Fleisch zu essen, weil man mit einmaligem Töten viele Mahlzeiten sicherstellt. Bei der Ernte der Pflanzen für vegetarische Kost büßen unzählige Insekten und kleinste Wesen ihr Leben ein. Vegetarische Kost ist deswegen, so folgert der ein oder andere tibetische Yogi, wenn nicht direkt „böse", so doch zumindest nicht so tugendhaft, wie sie sich

Bewusst, gesund und frei

Der Geist ist schwach, der sich an etwas klammern muss.
Er will immer wieder zum Abfallhaufen des Anhaftens zurück.
Die Besuche auf dem Müllplatz quetschen und bedrücken das Nervensystem.
Schwache Nerven können den Entschluss zur Freiheit nicht tragen.
Nur ein gefestigter Geist ist zu einem festen Entschluss fähig
Nur er kann die Kräfte meistern, die ihn begleiten.
Als erstes musst du dich entscheiden.
Du musst wirklich von Schmerz und Leid frei sein wollen,
Wenn du tatsächlich von deiner Krankheit genesen möchtest.
Die beste Medizin heilt allen Schmerz.
Sie heißt: Vergessen und vergeben.
Fühle jetzt den Gedanken, der den Schmerz verursacht
Und lass fühlend ihn in Leerheit sich lösen.
Tu es, und zwar sofort,
in diesem Augenblick!

– H. W. L. Poonjaji (Papaji) –

immer anpreisen will. Für den Hindu-Yogi hingegen ist der Verzehr von Rindfleisch das absolut Böse, weil im Körper des Rindes unzählige Brahmas, also Götter wohnen. Das bedeutet: ob etwas als „gut“ oder „böse“, „schön“ oder „hässlich“, „wertvoll“ oder „wertlos“ eingestuft wird, hängt einzig und allein von der Sichtweise ab. Es liegt an den Wertvorstellungen des Betrachters.

Die Welt der polaren Erfahrungsgegensätze und ihre Achterbahn der Emotionen erweist sich immer mehr als ein Hirngespinst – als bloße Interpretation von Ereignissen durch einen befangenen Geist, der hin und her geworfen ist zwischen Angst und Hoffnung. Selbst die moderne Hirnforschung stimmt dieser Einschätzung im Wesentlichen zu. Und wie bestimmte fortgeschrittene Techniken der Hirntomographie inzwischen einwandfrei nachgewiesen haben, gibt es nur einen Ausweg aus dieser Sackgasse fehlgeleiteter Emotionalität: eine regelmäßige spirituelle Praxis.[32] Die tägliche Eigenbehandlung mit Reiki kann ähnliches leisten wie die Meditation oder andere Formen der spirituellen Praxis, denn auch sie hilft uns, uns aus den gewohnheitsmäßigen Mustern eines Geistes zu lösen, der alle Erfahrung ausschließlich in Form der Dualität polarer Gegensätze verarbeiten kann. Mit regelmäßiger Reiki-Praxis lernen wir, uns wieder zu fühlen. Der aufgeregte Geist kommt zur Ruhe und seine automatischen Werturteile verlieren ihre Dringlichkeit und hypnotisierende Überzeugungskraft.

Wie wir bereits gesehen haben und viele es aus eigener Erfahrung wissen, ist Reikis schönstes Geschenk an uns seine Gabe eines ruhigen Geistes und einer erhöhten Vitalität. Zusammen sind sie die Grundlage, dass wir uns als ganze Menschen und im fundamentalen Sinne gesund fühlen können. Reiki wirkt gleichzeitig und augenblicklich auf den gesamten Körpergeist (das untrennbare Kontinuum von Körper, an den Körper gebundenem Intellekt und GEIST). Ein ruhiger GEIST in einem mit Energie gesättigten und erfrischten Körper bedeutet, dass das Immunsystem optimal funktionieren kann, welches in Wechselwirkung die Gesundheit und das allgemeine Wohlbefinden verstärkt. Aus der Zangenbewegung ergibt sich jedoch ein noch weiter reichender Effekt – über die Heilung und Ganzwerdung des Körpergeistes kann es zu einer vollkommenen Transformation des Körpergeistes kommen.

Nach einigen Jahren relativ regelmäßiger Reiki-Praxis bleibt der Geist nicht derselbe. Er durchläuft einen qualitativen Entwicklungssprung, der sich in der Art und Qualität der sich in uns abspulenden Gedanken zeigt und auch in unserer wachsenden Bereitschaft, diese Gedanken einfach kommen und gehen zu lassen. Wir verfangen uns nicht mehr so schnell im Netz unserer Gedanken und Meinungen. Zuerst macht sich diese qualitative Veränderung unseres Bewusstseins während den eigentlichen Behandlungen mit Reiki bemerkbar, aber dann erstreckt sie sich auf unser ganzes Dasein. Es tauchen weniger unwillkürliche und ablenkende Gedanken auf, was zu einer weiteren und anhaltenden Entspannung und Lockerung unseres Körpers beiträgt.

32 Siehe auch: Dalai Lama und Daniel Goleman: *Destruktive Emotionen*, München, 2003, Carl Hanser Verlag.

Die Tatsache, dass eine Flut unzusammenhängender reaktiver Gedanken und Emotionen physische Verspannung hervorruft, ist allgemein und auch in der psychosomatischen Medizin anerkannt. Millionen von verspannten Einzelpersonen summieren sich zu einer verspannten und unzufriedenen Gesellschaft, in der jeder auf schwer erklärliche Weise unglücklich und unerfüllt ist. Unsere eigene Gelöstheit und Entspannung sind für die Welt also ein wahres Geschenk. Wenn wir gelöst und von unnötigen Spannungen und Sorgen frei sind, werden wir die generelle Grundstimmung der Verspannung in unserem Umfeld nicht noch zusätzlich verstärken. Mit unserer entspannten Ausstrahlung gehen wir anderen nicht so leicht auf die Nerven, sondern mindern ihre unbewusste Verspannung sogar und erleichtern ihnen die Last ihrer Sorgen.

Mit unserem entspannten Geist können wir in unserem Leben alles nehmen wie es kommt. Jede Erfahrung ist neu und einmalig und nicht durch den Filter der Erinnerungen belastet. Wenn wir in uns ruhen, folgen wir der Intelligenz unseres Herzens, die uns erlaubt wahrzunehmen und zu fühlen, was sich im Augenblick tatsächlich abspielt. Verlassen wir uns hingegen entsprechend unserer Konditionierung ausschließlich auf die wertenden Interpretationen unseres Intellekts, laufen wir sehr leicht Gefahr, das Offensichtliche zu übersehen. Wir verlieren uns auf der Suche nach der Ursache eines „Problems" und seiner möglichen Lösung in nicht endenden wollenden Gedankenketten. In den meisten Fällen sagt uns unser Bauchgefühl, wo es lang geht – manchmal sogar mit großer Deutlichkeit. Langatmige Gedankengymnastik führt uns dagegen immer weiter in die Irre, so dass wir weiter von einer Lösung entfernt sind als vor dem Einsetzen unserer Gedanken. Wir brauchen uns nur umzuschauen, unsere Mitmenschen zu betrachten, dann wissen wir in den meisten Fällen intuitiv, was gespielt wird und welche Lösungen sich anbieten. Alle Kräfte, die unser Leben und den ganzen Planeten bis zur Zerstörung belasten, sind direkt sichtbar vor unseren Augen. Aber wir übersehen das Offensichtliche, weil wir alles tun, unsere Fähigkeit des direkten Wahrnehmens und Fühlens abzutöten – weil wir unsere direkten sinnlichen und intuitiven Wahrnehmungen abstumpfen, die uns vor der Dummheit unserer überschlauen Gedanken retten könnten.

Alle bisherigen Überlegungen zur Wirkung von Reiki auf das Bewusstsein des Einzelnen und der Masse lassen sich zu einer Kernaussage zusammenfassen: Reiki hebt die Schwingungsfrequenz im Körper des Praktizierenden. Das heißt, es fließt mehr universale Lebensenergie durch seinen Körpergeist. Je mehr Menschen Reiki praktizieren, desto mehr und feinere Energie kann durch sie hindurch und aus ihnen heraus in die Umwelt strömen. Auf diese Weise erhöht Reiki mit der Zeit ganz natürlich die Schwingungsfrequenz des gesamten Planeten. In diesem Feld höherer Schwingungsfrequenz finden die alten destruktiven Muster keinen Halt, an den sie sich klammern können. Sie schmelzen ganz einfach dahin.

Wenn wir uns die Wirkung von Reiki auf die Umwelt als Rad vorstellen, das sich unaufhörlich dreht, dann kommt unserer eigenen Praxis des Usui-Systems die Rolle der Nabe und der Speichen zu, die das Rad am Rollen und in einem fließenden Gleichgewicht halten. Alles Reden ändert nichts: Ohne unsere eigene Reiki-Praxis kann Reiki nicht wirken, nicht auf die Welt und nicht auf die Menschen. Reiki wirkt nur, wenn wir uns selbst oder andere damit behandeln. Selbst wenn wir mit vielen anderen zu einem bestimmten Zweck zusammenkommen, um zum Beispiel Reiki für den Weltfrieden zu geben, hängt der Effekt von der Tiefe unserer eigenen und der Praxis aller ab, mit denen wir dieses gemeinsame Ziel verfolgen. Wir wollen Reiki also durch unsere eigene Praxis pflegen, wenn wir der Welt mit Reiki wirklich helfen wollen. Wir wollen seine Energie spüren und sie wie mit feinen Fühlern in ihrer ganzen Differenziertheit und Kraft wahrnehmen und würdigen können. Natürlich ist es eine Binsenwahrheit, dass Reiki als universale Lebensenergie immer fließt und immer gegenwärtig ist. In diesem Sinne ist es unabhängig von unserem Tun oder Lassen. Die Frage ist nur, wie sehr können wir andere mit Reiki inspirieren und zur Praxis anleiten, wenn wir selbst von Reiki nicht wirklich berührt, bewegt und transformiert sind?

Usui hat uns ein leuchtendes Beispiel gesetzt. Die wenigen aus seinem Leben bekannten Einzelheiten deuten mehr als nur verzagt an, dass er selbst sehr ausgiebig, regelmäßig und geduldig mit verschiedenen traditionellen Übungswegen aus der buddhistischen und taoistischen Tradition gearbeitet haben muss. Diese gingen seinem direkten Reiki-Erleben voraus und mündeten schließlich in die transformierende Erfahrung auf dem heiligen Berg Kurama, die wir zu Recht als die Quelle der Reiki-Überlieferung betrachten. Usui begann seine leider allzu kurze eigene Lehrtätigkeit erst, nachdem er Reiki vollkommen in den eigenen Körpergeist integriert und seine Wirkung in der Behandlung von Mitgliedern seiner Familie getestet hatte. Aus der Intensität der Wirkung auf andere über mittlerweile viele Generationen können wir auf die Intensität und Tiefe von Usuis spiritueller Disziplin rückschließen.

Unsere Aufgabe als Praktizierende des Reiki-Systems ist demnach, dem Beispiel Usuis zu folgen. Wir wollen unsere Erfahrung der Reiki-Kraft ständig vertiefen und verfeinern und auf diese Weise ihre Wirkung auf die Welt verstärken. Im Verlauf unseres persönlichen Entwicklungsprozesses werden wir nach und nach wahrscheinlich eine unerwartete Entdeckung machen. Wir werden nämlich feststellen, dass unsere Reiki-Wirkung auf die Welt umso weiter reicht, je mehr wir uns ganz auf unsere Praxis konzentrieren und in ihrem Fokus die alltäglichen Phänomene zunehmend wie durchscheinende Traumgebilde wahrnehmen. Je mehr wir üben und je häufiger wir Reiki mit anderen teilen, desto heilender ist der von uns ausgehende Einfluss, ohne dass wir uns groß anstrengen oder bewusst dazu motivieren müssten. Wenn unser Verständnis und unsere Erfahrung gereift sind, wird Reiki sich durch uns wie von selbst ausbreiten – gemäß der taoistischen Weisheit des *Wu-Wei*, des „Tuns ohne beabsichtigtes Hinzutun“. Unser Reiki bleibt absolut unaufdringlich, aber erweist sich stets als wirkungsvoll.

Im Grunde ist es also vollkommen gleich, welchem Vorgehen wir zur Verbreitung der Reiki-Botschaft den Vorzug geben – ob der eher auf Gesundheit und Weltveränderung, also ganz auf die Außenwelt gerichteten Variante oder der Vorstellung, dass universale Lebenskraft uns dazu einlädt unserem eigenen Weg spiritueller Entwicklung zu folgen. Wichtig ist nur, dass wir aufrichtig und von Herzen bei der Sache sind. Unsere Bemühungen werden wie gewünscht florieren, vorausgesetzt, dass wir auch tatsächlich selbst praktizieren, was wir anderen nahe bringen möchten. Dies ist der beste Ansatz, der schließlich dazu führen wird, dass wir mit unserer Reiki-Praxis unseren persönlichen Beitrag zur Transformation des Massenbewusstseins leisten können. Wir brauchen unseren eigenen Geist und durch ihn schließlich auch den Geist anderer nur langsam und allmählich über die eigene Praxis mit der Kraft der universalen Lebenskraft zu sättigen. Dies ist eine recht traditionelle Vorstellung, die sich viele spirituellen Wege teilen. Die Beschreibung des idealen Praktizierenden aus der Sicht des *Kegon-Sutras* im folgenden Zitat beschreibt mit poetischer Emphase gleichzeitig auch das Idealbild des Reiki-Praktizierenden.

[33] Die Kegon-Schule ist im Westen eher unter dem chinesischen Namen ihrer wichtigsten Schrift, dem sogenannten Hua Yen-Sutra als Hua Yen-Schule bekannt. Sie hat eine Menge mit der Tendai-Schule gemeinsam, zu der Dr. Usui auf Grund seines Familienhintergrundes gehörte. Wir dürfen deswegen vermuten, dass er mit ihren Lehren und Bewusstseinstechniken vertraut war. In deutscher Übersetzung gibt es eine detaillierte Einführung in das holistische Weltbild der Kegon- und Tendai-Überlieferung. Siehe: Chang Garma C. C., *Die buddhistische Lehre von der Ganzheit des Seins*, Bern, München, Wien, 1989, O. W. Barth Verlag.

Getreu, standhaft und unbeirrbar sind ihre großen Gelübde. Sie üben, was sie sagen, und was sie sagen wird von ihnen niemals zurückgenommen oder widerrufen. Um einem einzigen Lebewesen zur Reife zu verhelfen, durchwandern sie zahllose Universen. Auf diese Weise dienen sie allen Lebewesen ohne Unterlass. Vom großen und allumfassenden Erbarmen erfüllt, behandeln sie alle Menschen gleich. Zu ihren Aktivitäten gehört, dass sie mit den Augen zu riechen vermögen, mit der Nase zu schmecken, mit der Zunge zu tasten, mit dem Körper zu denken. Ihr Geist vermag dabei zu sein bei allen Erfahrungen auf allen Gebieten … Auch wenn es im WAHREN WESEN *weder Vergangenheit, Gegenwart noch Zukunft gibt, können sie die unermesslichen Lehren in Vergangenheit, Gegenwart und Zukunft erläutern und ihre Zuhörer befähigen, die Sphäre erleuchteten Seins zu erspüren.*[33]

Glossar

AKUTE KRANKHEIT: heftige, aber kurze Erkrankung.

ÄTHERKÖRPER: der BIOPLASMA-KÖRPER, die energetische Entsprechung des physischen Körpers; das LFELD.

ASTRALKÖRPER: einer der feinstofflichen Körper, der höher schwingt als der Ätherkörper und eng mit den Emotionen verbunden ist.

AURA: eine feinstoffliche, unsichtbare Essenz, die vom Körper der Lebewesen abstrahlt.

BIOENERGETIK: Eine Form der Psychotherapie mit vielen Körperübungen, von Wilhelm Reich-Schüler Alexander Lowen entwickelt. Die Bioenergetik-Übungen erzeugen im Körper elektromagnetische Energie, die Energieblockaden durchbrechen und die gestaute Energie wieder natürlich fließen lassen können.

BIOPLASMAKÖRPER: die russische Bezeichnung für den ÄTHERKÖRPER.

CENTERING: die Sammlung der Bewusstheit im Hara oder Bauchzentrum; dabei lösen wir uns von aller Verstandestätigkeit und werden eins mit dem universalen Bewusstsein.

CHAKREN: Die Energiezentren im ÄTHER-KÖRPER. Sie hängen eng mit den endokrinen Drüsen des physischen Körpers zusammen.

CHRONISCHE KRANKHEIT: eine lang anhaltende Erkrankung.

EBENE DER VERURSACHUNG: die Daseinsebene, auf der sich jede Krankheit zuerst ankündigt, gleichbedeutend mit dem Gesetz von Ursache und Wirkung. Der KÖRPER DER VERURSACHUNG gehört zu den feinstofflichen Körpern; in ihm sind alle Erfahrungen aller vergangenen Leben gespeichert.

EINSTIMMUNG: die Einweihungen in die Reiki-Kraft; sie erhöhen die Schwingungsfrequenz des Körpers und öffnen in den Chakren einen besonderen Kanal für die heilenden Energien des Reiki.

ELEMENTARGEISTER: Gedankenformen, die sich verselbständigt und ein Eigenleben gewonnen haben. Medial veranlagte Menschen können viele verschiede Erscheinungsformen von Elementargeistern unterscheiden. Elementargeister sind nicht mit den Naturgeistern zu verwechseln.

EMANENZ: 1. etwas Herausragendes, Vorzügliches; 2. „Hoheit" (Anrede für einen Kardinal).
emanieren: aus einer Quelle hervorbrechen; Strahlen aussenden.
Essenz: 1. eigentliche Wesenheit einer Sache; 2. nicht-materielle Entität, inneres Wesen, als *Essentia* Voraussetzung der *Existentia*.
Diese drei Worte stehen für die Dreieinigkeit der EMANENZ.*) Dieses Wort habe ich geprägt, um das Verschmelzen der noch dominierenden Dreieinigkeit in einem neuen Begriff zu veranschaulichen. Die ersten drei Gesetze der hennetischen Wissenschaft stoßen uns in dieselbe Richtung: Sie repräsentieren die drei Facetten des wesensmäßig e i n e n absoluten Gesetzes. Die Schleier seines Bewusstseins verwehren dem Menschen die klare

und unzweideutige Erkenntnis der Wahrheit, und deswegen hat er dieses absolute Gesetz bisher nur durch das Prisma der Dreieinigkeit wahrnehmen können. In unserer Zeit nun ist die Menschheit in ihrer Entwicklung an einen entscheidenden Punkt angelangt: Sie steht vor der Feuer-Taufe.
Das Feuer der Liebe läutert die Psyche. Wir sehen den Schleier sich heben. EMANENZ kann erscheinen, sich in unserem Leben und wir uns in ihr manifestieren.

ENERGIEBLOCKADEN: alle Stellen im ÄTHERKÖRPER und im physischen Körper, an denen der Energiefluss gestaut ist.

EXORZISMUS: ein Ritual zugunsten eines Menschen, der sich von einem „bösen Geist" besessen glaubt.

FEINSTOFFLICHER KÖRPER: jeder der für das normale Auge unsichtbaren Energiekörper (ÄTHERKÖRPER, ASTRALKÖRPER und KÖRPER DER VERURSACHUNG); alle feinstofflichen Körper haben eine höhere Schwingungsfrequenz als der physische Körper.

GEISTHEILUNG: Heilung durch die Aussendung gebündelter Energie, häufig in Form einer Fernheilung.

HEILUNG: jede geringfügige bis grundlegende Veränderung, die das natürliche Gleichgewicht und damit die Gesundheit wiederherstellt.

KANAL: ein Mensch, der sich feineren Energien geöffnet hat, dass sie durch ihn hindurchströmen können; deswegen ist er in der Lage, höhere Stufen der Bewusstheit zu verkörpern und anderen Menschen zu vermitteln.

KIRLIAN-PHOTOGRAPHIE: eine von Semjon Kirlian in Rußland entwickelte Methode der photographischen Erfassung der Aura.

KRANKHEIT: jede Veränderung im Körper, die seine natürliche Funktion beeinträchtigt; gleichzeitig eine Aufgabe und Gelegenheit, Neues zu lernen und persönlich zu wachsen.

KRISTALLGITTER: eine geometrische Anordnung von Kristallen, die ihre Ladung und Leistung vergrößert.

L-FELD: das von Burr und Northrup entdeckte „Lebensfeld", entspricht dem BIOPLASMA oder ÄTHERKÖRPER.

MAGISCHE CHIRURGIE: eine Form der GEISTHEILUNG, die direkt auf den ÄTHERKÖRPER einwirkt und von ihrer äußeren Erscheinung an einen chirurgischen Eingriff erinnern mag.

MOBILISIERUNG DER TOXINE: die Ausscheidung der letzten Reste krankheitsverursachender Giftstoffe aus dem Körper, sowohl bei akuten als auch bei chronischen Erkrankungen häufig von einer heilenden Krise begleitet.

*) EMANENZ: Seinsweise eines Menschen, der zielgerichtet sein Bewusstsein erweitert, in tieferen Schichten der Psyche verwurzelt und mit allen Erscheinungen verbunden ist. Folglich stimmt er mit seinem höheren (universellen oder göttlichen) Selbst besser überein. Seine unmittelbare Bewusstheit erhöht die Schwingungsfrequenz seiner psychophysischen Verkörperung und lässt seine Schwingungen frei nach außen strahlen. Andere erfahren diese als eine Emanation der Kraft der Liebe, die ebenso das Wesen ihres eigenen Selbst, ja das Wesen jedes Selbst ist.

MUSTER: gewohnheitsbedingte Verhaltensstrukturen; sie lassen sich häufig auf eine traumatisierende Erfahrung in der Vergangenheit zurückverfolgen.

PLASMATISCHES STRÖMEN: eine unter Umständen heftige Aufhebung energetischer Sperren, die eine große Menge Energie durch den feinstofflichen und physischen Körper strömen lässt.

SCHWINGUNGSEBENE: die Frequenz, mit der die Lebensenergie jeweils auf einer bestimmten Ebene des Daseins schwingt.

VERARBEITEN: die Erfahrungen und das Wissen aus einer Therapie sich in das eigene Leben integrieren.

Über die Autorin

Laxmi Paula Horan ist in der Reiki-Welt geschätzt. Ihr Buch *Die Reiki Kraft*, 1989 unter dem Autorennamen Paula Horan erschienen, war eines der ersten zum Thema und erfreut sich immer noch großer Beliebtheit. Die vorliegende Neuausgabe wurde vollständig überarbeitet und dem heutigen Wissensstand angepasst. Außerdem sind viele Einsichten aus ihrer Entwicklung aus den letzten fünfzehn Jahren in die Überarbeitung eingeflossen und geben dem Buch einen neuen, vielschichtigen und abgerundeten Gesamteindruck.

Laxmi ist Zeit ihres Lebens eine Pionierin auf den spirituellen Pfaden dieser Welt gewesen. Von 1992 bis zum Tod ihres Satgurus *Papaji* (H. W. L. Poonja) 1997 verbrachte sie eine Menge gemeinsame Zeit mit ihm in Lucknow in Indien. Ihm verdankt sie auch den Namen Laxmi. Papaji war ein lebender Buddha und vollendeter Meister in der direkten Nachfolge des berühmten *Shri Ramana Maharshi* von Tiruvanamalai. Um Papajis Beitrag zu ihrem spirituellen Werdegang zu würdigen, fasste Paula Horan den Entschluss, ihre Leser künftig nur noch als Schülerin ihres Meisters und deswegen als Laxmi anzusprechen. Wie für viele andere von Papajis Schülern öffnete seine Präsenz für sie eine Reihe von direkten Erfahrungen des Einsseins und der unteilbaren Liebe, die jetzt zuweilen spontan wie ein Funke auf ihre eigenen Schüler überspringen.

Systematisch vermittelte sie diesen Ansatz der nicht-dualen Weisheit erstmals in *Reiki – Der Weg zur Erfüllung* (1995). Das Buch bietet dem sorgfältigen Leser eine Möglichkeit der erfahrungsmäßigen Annäherung an Unteilbarkeit von Reiki-Energie und spontanem Dasein, aus der sich ein tiefes Gefühl der Erfülltheit im Leben entfalten kann. Ihr neuestes Buch, *Satsangs der Selbstbefreiung* (2003), verfolgt einen ähnlichen Zweck, denn es lädt in seinem 40-Tage-Programm zu einem freundlichen Umgang mit den Herausforderungen und Prüfungen des menschlichen Daseins ein.

Gegenwärtig lebt sie zusammen mit ihren Partner Narayan Choyin Dorje in einer verschlafenen Kleinstadt am Meer in Goa, Südindien. Sie führt regelmäßige Ausbildungen in verschiedenen Formen spirituell orientierter Wellnessanwendungen durch und ist Leiterin von Seven Palms Spa Consulting.

Laxmi ist im Internet unter www.laxmidharma.org und zu erreichen.

Ihre bisherigen Buch- und Musikveröffentlichungen sind: *Die Reiki Kraft* (1989 und 2005); *Die Kraft aus der Mitte des Herzens* (1991); *Reiki – Der Weg zur Erfüllung* (1995); *Core Empowerment* (1998); *Reiki: 108 Questions and Answers* (1998); *The Ultimate Reiki Touch* (1999); *Centering Meditation* (2000); *Satsangs der Selbstbefreiung* (2003); und *Ozon – der unsichtbare Heiler* (2003)

Empfohlene Literatur

Kapitel 1

Arnold L./Nevius S.: The Reiki Handbook a Manual for Students and Therapists of the Usui Shiki Ryoho System of Healing, Psi Press, Herrisburg, 1982

Baginski, Bodo/Sharamon, Shalila: Reiki Universale Lebensenergie, Synthesis Verlag, Essen, 7. Auflage 1989

Moss, T.: The Body Electric, J.P. Tarcher, Los Angeles, 1979

Ray, Barbara: The Reiki Factor, Expositions Press Smithtown, 1982

Interpretationen des feinstofflichen Körpers nach der Methode von Kirlian erhalten Sie von: Dr. Bara Fischer, P. O. Box 8160, Santa F6, New Mexico 87504, U.S.A.

Kapitel 4

Meek, G., Hrsg.: Heiler und Heilprozesse, Hirthammer Verlag, Freiburg, 1980

Tiller William: „The Positive and Negative Space/Time Frames as conjugate Systems" in, Krippner Stanley, Hrsg., Future Science, Doubleday, Garden City, 1977

Kapitel 5

Kehoe, John: Mind Power: Erkennen, Transformieren, Handeln Der praktische Weg zu Gesundheit, Lebensfreude und Erfolg, Windpferd Verlag, Durach, 1. Auflage 1989

Price, R.: The Abundance Book, Quartus Books, Austin, 1987

Price, R.: The Manifestation Process: 10 Steps to the Fulfillment of Your Desires, Quartus Books, Austin, 1983

Price, R.: The Superbeings, Quartus Books, Austin, 1986

Kapitel 10: zu Lösung von Energieblockaden

Horan Paula: A Phenomenological Case Study of a Mexican Spiritualist Psychic Surgeon (Inauguraldissertation zur Erlangung der Doktorwürde), The University for Humanistic Studies, San Diego, 1986

Sharamon, Shalila/Baginski Bodo: Das Chakra-Handbuch, Windpferd Verlag, Aitrang, 48. Auflage 2004

Uhl, Marianne: Chakra-Energie-Massage, Windpferd Verlag, Aitrang, 8. Auflage, 2004

Kapitel 10: zu Farbe und Klang

Behrendt, Joachim Ernst: Nada-Brahma: Die Welt ist Klang, Rowohlt Verlag, Reinbek 5. Auflage, 1988

Cousto, Hans: Die kosmische Oktave, Synthesis Verlag, Essen, 1. Auflage, 1984

David, W.: The Harmonics of Sound, Color and Vibration: A System for Self-Awareness and Soul Evolution, Marina Del Rey, DeVorss & Co, 1980

Dinshah, D.: Let There Be Light, im Selbstverlag erscheinen bei: Dinshah Health Society, 100 Dinshah Drive, Malaga, New Jersey, 08328, U.S.A.

Dinshah, D.: The Spectro-Chrome System, im Selbstverlag erscheinen bei: Dinshah Health Society, 100 Dinshah Drive, Malaga, New Jersey 08328, U.S.A.
Hunt. R.: The Seven Keys to Color Healing: Diagnosis and Treatment Using Color, Harper&Row, New York, 1971
Nelson J.: The Metaphysical Properties of Color, im Selbstverlag erschienen bei: J. Nelson, 2572 46th Street, San Diego Calif., 92105, U.S.A.
Tonkassetten zur Dinshah Methode erhalten Sie bei: Jon Monroe, 950 Agua Fria, Santa Fé, New Mexico 87501, U.S.A.
Farbfilter zur Dinshah Methode erhalten Sie bei: Multimedia Studio, 219 Shelby, Santa Fé, New Mexico 87501, U.S.A.

Kapitel 10: zu Kristalle

Alper, F.: Exploring Atlantis: Volumes 1 and 2, Phoenix Arizona Metaphysical Society, 1981
Baer R./Baer V.: Windows of Light: Quartz Crystals and Self-Transformation, San Francisco, Harper & Row, 1984
Baer R./Baer V.: The Crystal Connection: A Guidebook for Personal and Planetary Transformation, San Francisco, Harper&Row, 1986
Deaver, Korra: Die Geheimnisse des Bergkristalls Heilen, Meditieren und Pendeln mit den magischen Kräften des Quarzes, Windpferd Verlag, Durach, 3. Auflage, 1989
Lorusso, J./Glick, J.: Healing Stoned: The Therapeutic Use of Gems and Minerals, Albuquerque, Brotherhood of Life, 1979
Nelson J.: Guide to: Crystals, im Eigenverlag erschienen bei: J. Nelson, 2572 46th Street, San Diego, Calif. 92105, U.S.A.
Nelson, J.: Guide to: Metaphysical Properties of Stones, im Eigenverlag erschienen bei: J. Nelson, 2572 46th Street, San Diego, Calif 92105, U.S.A.
Raphaell, Katarina: Wissende Kristalle, Ansata Verlag, Interlaken, 1986
Raphaell, Katarina: Heilen mit Kristallen, Droemer/Knaur, München, 1988
Sharamon, Shalila/Baginski, Bodo: Edelsteine und Sternzeichen die geheimnisvolle Kraft edler Steine und ihre Beziehung zu den zwölf Tierkreiszeichen, Windpferd Verlag, Aitrang, 32. Auflage 2003

Kapitel 10: zu Harmonisierung der Chakren

Leadbeater, C.W.: Der sichtbare und der unsichtbare Mensch, Hermann Bauer Verlag, Freiburg, 6. Auflage 1987
Motoyama, H. Theories of the Chakren: Bridge to Higher Consciousness, Wheaton, Theosophical Publishing House, 1981
Sharamon, Shalila/ Baginski Bodo: Das Chakra-Handbuch, Windpferd Verlag, Aitrang, 48. Auflage, 2004
Uhl, Marianne: Chakra-Energie-Massage, Windpferd Verlag, Aitrang, 4. Auflage 1990

Kapitel 10: zu Centering

Benson, H.: The Relaxation Response, New York, Berkeley Press, 1978
Chia, Mantak: Tao Yoga ein praktisches Lehrbuch zur Erweckung der heilenden Urkraft, Ansata Verlag, Interlaken, 1. Auflage 1985
Price, J.: Practical Spirituality, Austin, Quartus Books, 1985

Kapitel 11

Airola, Paavo: Are You Confused?, Phoenix, Health Plus Publishing, 1974
Airola, Paavo: Natürlich gesund: ein praktisches Handbuch biologischer Heilmethoden, Rowohlt Verlag, Reinbek, 1987
Airola, Paavo: How to Keep Slim, Healthy and Young with Juice Fasting, Phoenix, Health Plus Publishing, 1974
Blackie, M.: The Patient, Not the Cure: The Challenge of Homeopathy, Santa Barbara, Woodbridge Press Publishing 1978
Cousens, Gabriel: Spiritual Nutrition and the Rainbow Diet, Cassandra Press, San Rafael CA, 1987
Chang, S.: The Complete Book of Acupuncture, Millbrae, Celestial Arts, 1976
Gerson, Max: Eine Krebstherapie, Hyperion Verlag, Freiburg, 1960
Kaptchuk, Ted: Das große Buch der chinesischen Medizin, 0.W. Barth Verlag, München, 1. Auflage 1988
Kulvinskas, Viktoras: Leben und Überleben: Kursbuch ins 21. Jahrhundert, Hirthammer Verlag, Freiburg, 1980
Lad, Vasant: Das große Ayurweda Heilbuch, Die umfassende Einführung in das Ayurveda. Mit praktischen Anleitungen zur Selbstdiagnose, Therapie und Heilung, Windpferd Verlag, Aitrang, 14. Auflage 2004
Lad, Vasant/Frawley, David: Die Ayurweda Pflanzen-Heilkunde, Windpferd Verlag, Aitrang, 6. Auflage 2003
Laut, P.: Rebirthing: The Science of Enjoying All Your Life, San Rafael, Trinity Publishers
Orr, Leonard/Ray, Sondra: Rebirthing in the New Age, Millbrae, Celestial Arts, 1977
Ray, Sondra: Celebration of Breath, Millbrae, Celestial Arts, 1983
Wigmore, A.: The Hippokrates Diet, Wayne, Avery Publishing Group, 1984

Kapitel 15

Baginski, Bodo/Sharamon Shalila: Reiki Universale Lebensenergie, Synthesis Verlag, Essen, 7. Auflage 1989
Gerson, Max: Eine Krebstherapie, Hyperion Verlag, Freiburg, 1960
Hay, Louise: Gesundheit für Körper und Seele, Heyne Verlag, 1989
Kübler-Ross, Elisabeth: Befreiung aus der Angst, Kreuz Verlag, Stuttgart, 1983
Kübler-Ross, Elisabeth: Über den Tod und das Leben danach, Silberschnur-Verlag, 3. Auflage 1985

Kapitel 16

Dychtwald, Ken: Körper-Bewußtsein, Synthesis Verlag, Essen, 5. Auflage, 1986
Lowen, Alexander: Körperausdruck und Persönlichkeit Grundlagen und Praxis der Bioenergetik, Kösel Verlag, München, 3. Auflage 1988
Mindell, Arnold: Der Leib und die Träume, Junfermann Verlag, Paderborn, 1. Auflage 1987
Rolf, Ida: Rolfing, Hugendubel Verlag, München, 1. Auflage 1988

Paula Horan

Ozon – der unsichtbare Heiler

Ozon tötet Pilze, Bakterien und Viren, entgiftet und fängt freie Radikale

Die Ozontherapie ist eine anerkannte Verjüngungs- und Revitalisierungs-Behandlung, denn die besondere Struktur des Ozons macht es zu einem der besten „Fänger" für die zu Recht gefürchteten freien Radikale. Ozon gilt außerdem als das Mittel, um Bakterien, Viren und Pilze zu eliminieren. Ozon hat zwei Seiten, eine gefahrvolle und eine schützende bzw. heilende. Es darf nicht als Gas eingeatmet werden. Zum medizinischen Gebrauch wird es aus reinem Sauerstoff hergestellt und unter Umgehung der Atemwege als Ozon-Sauerstoff-Gemisch angewendet. Dann ist es ein Heilmittel. Um erste Erfahrungen zu sammeln, kann man ozonisiertes Olivenöl (Fisteln, Fußpilz etc.), ozonisiertes Wasser (Wunden, Verbrennungen, Herpes, Candida etc.) oder andere kosmetische Produkte einsetzen.

232 Seiten · ISBN 3-89385-418-5 · www.windpferd.de

Paula Horan &
Narayan Chöyin Dorje

Satsangs der Selbstbefreiung

Die neun Prinzipien der Selbstheilung mit einem 40-Tage-Programm

Satsang kommt aus der indischen Vedanta-Tradition und heißt wörtlich „im Angesicht der Wahrheit sitzen". Ohne äußeren Lehrer wird dies zur Begegnung mit der eigenen Wahrheit und folglich mit sich selbst. Im Satsang der Selbstbefreiung übernimmt die wachsende Bewusstheit die Rolle des Meisters.

Satsangs streben nicht an, an Problemen zu arbeiten oder „besser" zu werden, sondern es geht darum, der eigenen Wahrheit zu begegnen: Das geschieht, wenn Gewohnheiten entmachtet werden und das Fühlen gestärkt wird. Der Praxisteil umfasst ein Übungsprogramm mit 40 Satsangs der Selbstbefreiung, in dem die neun Prinzipien der Selbstheilung angewendet werden.

240 Seiten · ISBN 3-89385-413-4 · www.windpferd.de

Mark Hosak/Walter Lübeck

Das große Buch der Reiki-Symbole

Das umfassende Werk über die Symbolkraft des Reiki

Die traditionellen Symbole des Usui-Systems der Natürlichen Heilung mit Reiki nehmen eine Schlüsselstellung in dieser einzigartigen Tradition ein. Ohne sie und ihre Mantren ist Reiki nicht denkbar. Die zur Ausübung von Reiki nötigen Einweihungsrituale und auch komplexe Heilungen lassen sich nur auf der Grundlage der Symbole Usuis so sicher und effektiv, wie man es von Reiki gewohnt ist, durchführen.

In diesem ungewöhnlichen Buch werden weltweit erstmalig detaillierte und fachlich korrekte Erklärungen zu den Symbolen und Mantren gegeben. Die spirituellen Traditionen, in denen sie entwickelt wurden, ihre kalligraphisch korrekte Schreibweise, die Bedeutungen und Funktionen im Bereich von Heilung und die spirituelle Persönlichkeitsentwicklung werden im Einzelnen erläutert.

624 Seiten · ISBN 3-89385-445-2 · www.windpferd.de

Walter Lübeck

Rainbow Reiki

Neue Techniken zur Erweiterung des Reiki-Systems um kraftvolle spirituelle Fähigkeiten

Rainbow Reiki ist ein erprobtes System komplexer Energiearbeit. Grundlage von Rainbow Reiki, einer gelungenen Kombination alter und neuer Methoden, ist das Usui-System des Reiki.

Rainbow Reiki erweitert das Usui-Reiki-System um hochwirksame Techniken der Energiearbeit und gibt Möglichkeiten zur direkten Zusammenarbeit mit feinstofflichen Wesen beziehungsweise Lehrern. Die Herstellung von Reiki-Essenzen ist ebenso Teil des Systems wie geführte Aura- und Chakra-Arbeit, der Umgang mit Kraftplätzen, auch die Schaffung neuer eigener Kraftplätze mittels Reiki-Mandalas gehört dazu.

240 Seiten · ISBN 3-89385-407-X · www.windpferd.de

Walter Lübeck

Das große Reiki-Heilbuch

Die Hausapotheke der universellen Lebensenergie

Das Wesentliche bei der Anwendung von Reiki ist die Erfahrung, dass es alle Lebensprozesse unterstützt. Deshalb ist die universelle Lebensenergie, welche die Essenz von Reiki bildet, auch so universell einsetzbar. Reiki ist ein in seiner Weise einzigartiges Instrument der Energieheilung.

Das Reiki-Heilbuch enthält eine große Bandbreite praktischer Anwendungen bei speziellen körperlichen und geistigen Problemen und bezieht dabei die allgemeine Gesundheitsvorsorge mit ein, wozu insbesondere die Verbindung von Reiki und Ernährung gehört. Den Kern des Buches bilden spezielle Behandlungspositionen für einzelne Beschwerden, die alle von Zeichnungen begleitet werden.

Die neuen Kapitel über die Verbindung von Reflexzonen mit Reiki sowie die Beiträge von Dr. med. Kleppik bereichern „das Reiki-Heilbuch" um weitere effektive Behandlungs-Varianten.

224 Seiten · ISBN 3-89385-430-4 · www.windpferd.de

Fons Delnooz & Patricia Martinot

Reiki – die Berufung zum Heilen

Die unsichtbare Welt hinter Reiki · Energetische Werkzeuge für ein tieferes Verständnis der Reiki-Erfahrung

Mit der Einweihung in Reiki betritt man eine bislang unbekannte und komplexe Welt. Was genau nach dem Eintritt in die „unsichtbare" Welt geschieht, erfährt man hier: Ob und warum Energie fließt – oder auch nicht, wie die Energie in der Praxis gereinigt und gestärkt werden kann … Es ist ein Buch für Menschen, die sich zum Heilen berufen fühlen – und dieser Aufgabe hingebungsvoll folgen. Es beschreibt den kompletten Ausbildungsweg zum berufenen Reiki-Praktizierenden und -Meister und zeigt auch seine hohen Anforderungen. In einzigartiger Weise begleiten kraftvolle farbige Praxisvorlagen die Anleitungen, Symbole und Zeichnungen mit heilkräftiger, öffnender und schützender Wirkung.

220 Seiten · ISBN 3-89385-409-6 · www.windpferd.de